「考えて解く」力がつく

理科・社会

小学 **6** 年生

3ステップで、情報の活用力を高める！

ステップ **1** ▶ ステップ **2** ▶ ステップ **3**

情報を読み取る　　　　考える　　　　表現する

KUMON

この本の使い方

○３つの問題パターンで、少しずつレベルアップ！

ステップ 1

問題文や資料から
情報を読み取って
判断する。学習の
基本も確かめられる。

ステップ 2

問題文や資料から
必要な情報を
選び出し
それをもとに考える。

ステップ 3

選び出した情報を
もとに自分の考えを
まとめて
文章で表現する。

各ステップには「ねらい」があって、「つけたい力（判断力・思考力・表現力）」の★で、どんな力が身につくかがわかるようになっているよ。

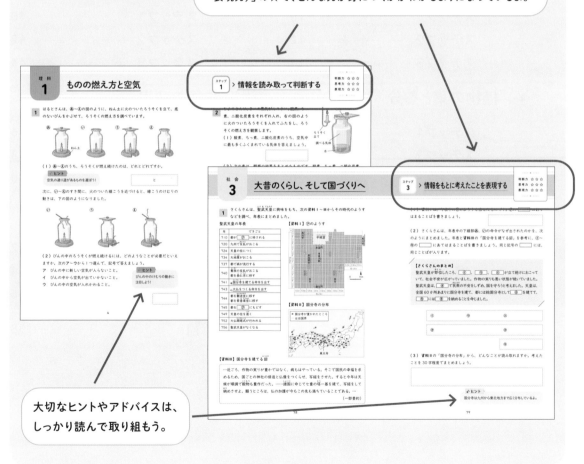

大切なヒントやアドバイスは、しっかり読んで取り組もう。

○各教科の最後にある「まとめ問題」にチャレンジして、この本で身についた力を確かめよう！

目　次

理 科

【写真・資料提供】
ColBase（https://colbase.nich.go.jp/）／Cynet Photo ／朝日新聞社／Cynet Photo ／犬山城白帝文庫／京都国立博物館／
建仁寺寄託　京都国立博物館所蔵／皇居三の丸尚蔵館／国立国会図書館所蔵／清浄光寺（遊行寺）蔵／川越市立博物館／
大山寺縁起絵巻「東京大学史料編纂所所蔵 模写」／東京大学法学部附属明治新聞雑誌文庫所蔵／平等院

社　会

もののもえ方と空気

1　はるとさんは、あ〜えの図のように、ねん土に火のついたろうそくを立て、底のないびんをかぶせて、ろうそくの燃え方を調べています。

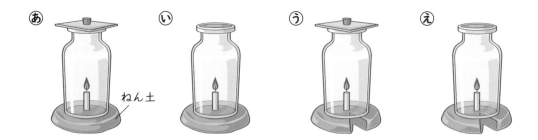

ねん土

（1）あ〜えのうち、ろうそくが燃え続けたのは、どれとどれですか。

> 💧 **ヒント**
>
> 空気の通り道があるものを選ぼう！

	と	

次に、い〜えのすき間に、火のついた線こうを近づけると、線こうのけむりの動きは、下の図のようになりました。

（2）びんの中のろうそくが燃え続けるには、どのようなことが必要だといえますか。次の**ア〜ウ**から1つ選んで、記号で答えましょう。

ア　びんの中に新しい空気が入らないこと。

イ　びんの中から空気が出ていかないこと。

ウ　びんの中の空気が入れかわること。

> 💧 **ヒント**
>
> びんの中のけむりの動きに
> 注目しよう！

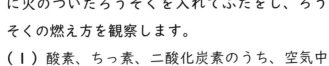
2 ひよりさんは、3つの集気びんの中に、酸素、ちっ素、二酸化炭素をそれぞれ入れ、右の図のように火のついたろうそくを入れてふたをし、ろうそくの燃え方を観察します。

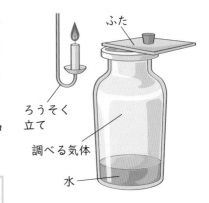

ふた
ろうそく立て
調べる気体
水

（１）酸素、ちっ素、二酸化炭素のうち、空気中に最も多くふくまれている気体を答えましょう。

（２）次の表は、観察の結果をまとめたものです。酸素、ちっ素、二酸化炭素のうち、ものを燃やすはたらきがある気体を答えましょう。

酸素中の燃え方	ちっ素中の燃え方	二酸化炭素中の燃え方
明るいほのおで、激（はげ）しく燃えた。	すぐに火が消えた。	すぐに火が消えた。

 ヒント
ものを燃やすはたらきがある気体の中ではよく燃えるよ！

3 れんさんは、ろうそくが燃える前と燃えた後の空気を石灰水（せっかいすい）で調べます。

（１）右の図のびんをよくふると、石灰水が白くにごるのは、燃える前の空気と、燃えた後の空気のどちらが入ったびんですか。

燃える前の空気
石灰水

（２）石灰水の変化から、ろうそくが燃えた後にできる気体は何ですか。

 ヒント
石灰水を使うと何の気体があるかわかったよね！

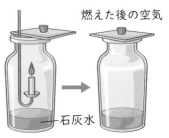

燃えた後の空気
石灰水

ものの燃え方と空気

1 かえでさんは、ろうそくの火が長く燃え続ける方法を考えています。

かえで：図１のように、火のついたろうそくに底のないびんをかぶせると、火は燃え続けましたが、図２のように、細長いプラスチックのつつをかぶせると、火は消えてしまいました。

先　生：なぜ、図２では火が消えてしまったのでしょうか。その理由を考えてみましょう。

かえで：図２で火が消えたのは、（❶）ため、ろうそくのまわりに、ものを燃やすはたらきがある（❷）が減ったからです。

先　生：その通りです。では、図２でろうそくが燃え続けるには、どのようにすればいいでしょうか。その方法を考えましょう。

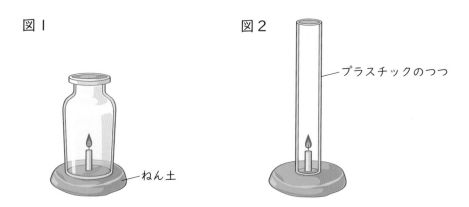

図１　　　　　　　　　　　　図２

プラスチックのつつ

ねん土

（１）❶の（　）にあてはまることばを、次の**ア**～**ウ**から１つ選んで、記号で答えましょう。また、❷の（　）にあてはまる気体を書きましょう。

ア　新しい空気が入ってこなかった

イ　燃えた後の気体が上からにげてしまった

ウ　つつの中の温度が上がりすぎた

❶　　　　　　　❷

かえでさんは、図２でろうそくが燃え続ける方法を考えます。

かえで：つつに穴(あな)をあけると、ろうそくが燃え続けると思います。

先　生：いい考えです。では、１つだけ穴をあけるとしたら、どの位置に穴を
あければよいでしょうか。

かえで：つつの（❸）のほうに穴をあければよいと思います。ろうそくが燃え
た後の空気は、ろうそくのほのおであたためられて（❹）のほうへ動
きます。そのため、ほのおよりも（❸）に、新しい空気が入ってくる
穴をあけると、つつの中の空気の流れがひと続きになり、燃える前の
空気と燃えた後の空気が混ざらないので、ろうそくは燃え続けます。

（２）❸、❹の（　）にあてはまることばを書きましょう。同じ番号の（　）
には、同じことばが入ります。

❸	❹

2 ゆうきさんの家族は、バーベキューをしています。

ゆ う き：燃えている木炭を消すには、水をかければいいよね。

お父さん：だめだよ。ぬれたら、明日の朝、使えなくなってしまうからね。も

のが燃え続けるには、次の**ア〜ウ**の３つの条件が必要なんだけど、
このうちの１つでもなくすと、火を消すことができるよ。

　　　ア　燃えるものがある。　　　　　**イ**　酸素がじゅうぶんにある。

　　　ウ　ものが燃え続ける最低温度以上である。

ゆ う き：そうか。じゃあ、燃えている木炭をかんの中に入れてふたをしてお
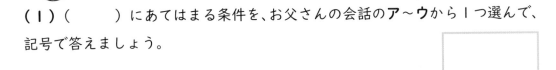
くと、「（　　　）」の条件がなくなるから、火が消えるね。

（１）（　　　）にあてはまる条件を、お父さんの会話の**ア〜ウ**から１つ選んで、
記号で答えましょう。

（２）下線部について、火が消えた後のかんの中で増える気体を答えましょう。

ものの燃え方と空気

1　あおいさんたちは、理科の授業で次のような【問題】を見つけて、【予想】を立てて【実験1】を行っています。

【問題】　火が消えることと、びんの中の気体にはどのような関係があるのか。

【予想】　びんの中の酸素がすべてなくなると、火は消えると思う。

【実験1】

①びんの中の空気にふくまれる酸素と二酸化炭素の体積の割合を、右の図のように気体検知管で調べる。

②びんの中に火のついたろうそくを入れてふたをし、火が消えたら、①と同じように酸素と二酸化炭素の体積の割合を調べる。

気体検知管

【結果1】　＜びんの中の空気にふくまれる気体の体積の割合＞

	酸素の割合	二酸化炭素の割合	他の気体の割合
燃える前の空気	21%	0.04%	約79%
燃えた後の空気	17%	4％	約79%

あおい：燃えた後の空気に酸素が17％も残っていたから、わたしたちの【予想】がまちがっていることがわかったね。

ゆうき：0.04％しかなかった二酸化炭素が4％に増えているよ。他の気体の割合はほとんど変化していないから、火が消えるのは二酸化炭素が増えたことも関係しているのかな。

あおい：【結果1】より、酸素が減ることが原因で火が消えるとすると、酸素の割合が（❶）％以下になると火が消え、二酸化炭素が増えることが原因で火が消えるとすると、二酸化炭素の割合が（❷）％以上になると火が消えるといえるね。

ゆうき：そうだけど、この実験だけでは火が消えた原因はわからないよね。【実験2】を行って調べてみよう。

ステップ 3 > 情報を読み取って表現する

（１）❶、❷の（ ）にあてはまる数を書きましょう。

❶	❷

【実験2】

　3つの集気びんА～Сに、次のような割合で気体を入れ、右の図のように、それぞれに火のついたろうそくを入れてふたをし、燃え方を調べる。

集気びんА：ちっ素80％、酸素20％
集気びんВ：ちっ素75％、酸素20％、二酸化炭素5％
集気びんС：ちっ素85％、酸素15％

ろうそく

【結果2】　　　＜びんの中の気体の燃え方＞

集気びんА	しばらく燃えた後に消えた。
集気びんВ	しばらく燃えた後に消えた。
集気びんС	すぐに消えた。

（２）あおいさんは、【結果2】からわかることを、次のようにまとめました。㋐～㋤の　　　　にあてはまる記号を書きましょう。

　2つの集気びん　㋐　と　㋑　の結果から、酸素の割合が減ると、火が消えることがわかります。また、2つの集気びん　㋒　と　㋓　の結果から、二酸化炭素の割合が増えても、火はしばらく燃え続けることがわかります。

㋐	㋑	㋒	㋓

（３）火が消えることと、酸素と二酸化炭素の割合がどのように関係しているかを説明し、【問題】に対するまとめを書きましょう。

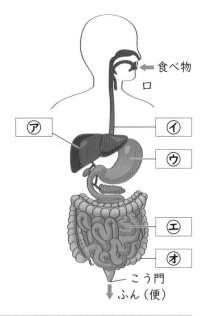

理科 2 からだのつくりとはたらき

1 みつきさんは、食べ物の消化と吸収について、調べています。

（１）右の図は、口からこう門までの食べ物の通り道です。㋐〜㋔の □□□□ にあてはまる臓器を書きましょう。

> **ヒント**
> ㋐は、食べ物は通らないけど、消化に関係したり、養分の一部を一時的にたくわえて、必要なときに全身に送り出したりするはたらきをしているよ！

㋐	㋑	㋒	㋓	㋔

（２）みつきさんは、調べたことを発表しています。❶〜❸の（　）にあてはまることばを書きましょう。

みつき

> 口から入った食べ物は、口からこう門へと続く（❶）を通る間に、だ液や胃液などの（❷）によって、からだに吸収されやすい養分に変えられます。そして、水分とともに主に（❸）で吸収されます。

❶	❷	❸

> **ヒント**
> ❸で吸収されなかったもののうち、水分などが大腸で吸収されて、残りはふん（便）として、こう門から、からだの外に出されるよ！

ステップ 1 > 情報を読み取って判断する

2 ゆうとさんは、右の図のように、吸う空気とはいた空気のちがいを調べています。

吸う空気

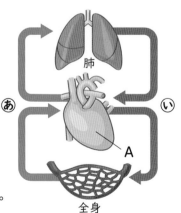

空気を集める。

石灰水

はいた空気

石灰水

（１）ゆうとさんは、調べた結果を、次のようにまとめました。㋐、㋑の 　　　　 にあてはまることばを書きましょう。

> ふくろに石灰水（せっかいすい）を入れてよくふると、 ㋐ 　　 空気を入れたふくろだけが白くにごったので、はいた空気は吸う空気より ㋑ 　　 が多いことがわかりました。

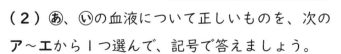

㋐　　　　　　　　　　　　　　㋑

（２）はいた空気より、吸う空気に多くふくまれている気体を答えましょう。

3 右の図は、血液の流れを表しています。

（１）肺（はい）と全身に血液を送り出すＡの臓器を答えましょう。

（２）㋐、㋑の血液について正しいものを、次のア〜エから１つ選んで、記号で答えましょう。

ア　㋐、㋑はどちらも二酸化炭素が多い血液である。

イ　㋐、㋑はどちらも酸素が多い血液である。

ウ　㋐は二酸化炭素が、㋑は酸素が多い血液である。

エ　㋐は酸素が、㋑は二酸化炭素が多い血液である。

肺

㋐　　　㋑

Ａ

全身

理　科 2　からだのつくりとはたらき

1 ひかるさんは、血液のじゅんかんについて【調べたこと】をまとめ、先生と話しています。

【調べたこと】

・心臓（しんぞう）は、規則正しくゆるんだり縮んだりしている。

・血液は、心臓のはたらきで、肺（はい）と全身に運ばれる。

・血液は、酸素や養分などを全身に運ぶはたらきをしている。

・かん臓は、運ばれてきた養分の一部をたくわえる。

・食べ物は消化管を通る間に、吸収（きゅうしゅう）されやすい養分に変えられて、小腸（しょうちょう）の血管から血液に入る。

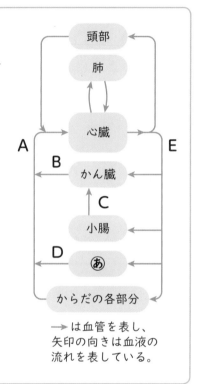

→ は血管を表し、矢印の向きは血液の流れを表している。

先　　生：下線部 のような心臓の動きを（❶）といい、心臓はこの動きによって、血液を肺と全身に送っています。血液は、からだの各部分に酸素や養分をわたし、二酸化炭素などを受け取り、心臓にもどってきます。そして、血液は肺へ送られ、二酸化炭素を空気中に出して、酸素を取り入れます。このことから、心臓から肺へ送られる血液と、肺から心臓にもどる血液には、どのようなちがいがあるといえますか。

ひかる：肺から心臓にもどる血液は、心臓から肺へ送られる血液と比べて（❷）と考えられます。

先　　生：その通りです。では、血液の他のはたらきや、全身を流れる血液のちがいについて、もっと考えてみましょう。

情報を読み取って考える

（１） ❶の（　）にあてはまることばを書きましょう。また、❷の（　）にあてはまることばを、次の**ア〜エ**から１つ選んで、記号で答えましょう。

ア　酸素も二酸化炭素も多い

イ　酸素が多く、二酸化炭素が少ない

ウ　酸素が少なく、二酸化炭素が多い

エ　酸素も二酸化炭素も少ない

> **ヒント**
>
> 心臓の動きが血管につたわったものを、脈はくというよ！

❶	❷

先　生：血液は、からだの中で不要になったものも運びます。それは、どこへ、どのように運ばれますか。

ひかる：不要になったものは、血液によって、図のあの（❸）に運ばれます。そこで、不要になったものが血液から取り除かれて（❹）がつくられ、ぼうこうに一時的にためられてから、からだの外に出されます。

（２） ❸、❹の（　）にあてはまることばを書きましょう。

❸	❹

（３） ひかるさんは、先生との会話の後、全身を流れる血液のちがいについて、次のようにまとめました。㋐〜㋒の □□□ にあてはまる血管を、図のＡ〜Ｅから１つずつ選んで、記号で答えましょう。

> 酸素が一番多い血液が流れている血管は □㋐□ で、不要になったものが一番少ない血液が流れている血管は □㋑□ であることがわかりました。
> また、**【調べたこと】** より、食後に養分が一番多くふくまれている血液が流れている血管は □㋒□ であることがわかりました。

㋐	㋑	㋒

からだのつくりとはたらき

理科 **2**

1 さとるさんとなおさんは、授業で行った【実験1】について話し合っています。

〈さとるさんのノートの一部〉

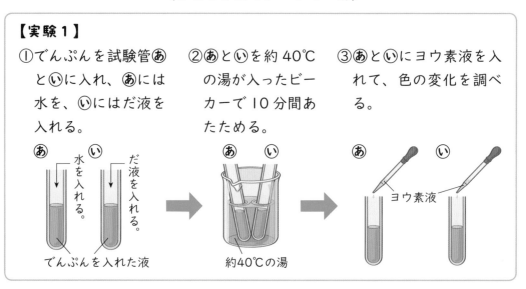

【実験1】

①でんぷんを試験管あといに入れ、あには水を、いにはだ液を入れる。

②あといを約40℃の湯が入ったビーカーで10分間あたためる。

③あといにヨウ素液を入れて、色の変化を調べる。

水を入れる。　だ液を入れる。　でんぷんを入れた液

約40℃の湯

ヨウ素液

さとる： ヨウ素液を入れると、あの液の色は（❶）けど、いは（❷）から、だ液がでんぷんを別のものに変化させたことがわかるね。

な　お： そうだね。でも、どうして約40℃の湯であたためたのかな。だ液は、温度が高いほうがよくはたらくからかな。

さとる： 実験をして確かめてみよう。

（1）❶、❷の（　）にあてはまることばを書きましょう。

❶	❷

（2）【実験1】で、だ液を入れない試験管あを用意したのは、何を確かめるためですか。「だ液がなければ」に、続けて書きましょう。

だ液がなければ、

2人は、【実験1】でだ液を約40℃にあたためた理由を、【実験2】を行って調べることにしました。

【問題】 【実験1】で、どうしてだ液を約40℃にあたためたのか。

【予想】 だ液は温度が高いほうが、よくはたらくからだと思う。

【実験2】

試験管③～⑤にでんぷんとだ液を入れ、それぞれ約0℃の水、約40℃の湯、約80℃の湯が入ったビーカーに10分間入れた後、試験管③～⑤にヨウ素液を入れて、色の変化を調べる。

（３） ２人の【予想】が正しいとき、どのような実験結果になりますか。それぞれの試験管の実験結果を書きましょう。

> ヨウ素液を入れると、

な お：試験管③と⑤が青むらさき色に変化して、試験管⑤だけが変化しなかったから、【予想】はまちがっていたね。

さとる：どうしてこんな結果になったんだろう。【実験2】で調べる温度をまちがえたのかな。

先　生：いいえ。だ液はどこではたらくか、考えてみましょう。

な お：口の中です。そうか。だ液は（　　　　）から、【実験1】では約40℃にあたためたんですね。

（４） 下線部 は、【問題】に対するまとめです。（　　　　）にあてはまることばを、「体温」ということばを使って書きましょう。

植物の葉と養分

1 りくとさんは夕方、ジャガイモの3枚の葉をアルミニウムはくで包み、次の日に表のようにしてから、葉にでんぷんがあるかを実験で調べています。

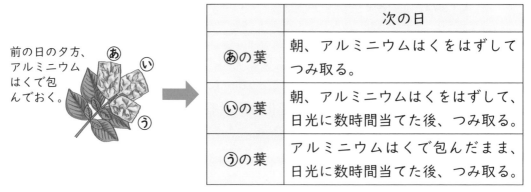

前の日の夕方、アルミニウムはくで包んでおく。

	次の日
㋐の葉	朝、アルミニウムはくをはずしてつみ取る。
㋑の葉	朝、アルミニウムはくをはずして、日光に数時間当てた後、つみ取る。
㋒の葉	アルミニウムはくで包んだまま、日光に数時間当てた後、つみ取る。

でんぷんの調べ方

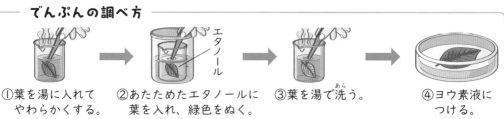

①葉を湯に入れてやわらかくする。　②あたためたエタノールに葉を入れ、緑色をぬく。　③葉を湯で洗う。　④ヨウ素液につける。

（1）㋐の葉の実験は、どのようなことを確かめるために行いましたか。正しいものを、次の**ア～ウ**から1つ選んで、記号で答えましょう。

ア 葉にでんぷんがないこと。

イ 葉にでんぷんがあること。

ウ 葉ででんぷんをつくれること。

（2）ヨウ素液につけたとき、色が変わる葉を、次の**ア～エ**から1つ選んで、記号で答えましょう。

ア ㋐の葉のみ　　　　**イ** ㋑の葉のみ

ウ ㋒の葉のみ　　　　**エ** ㋑と㋒の葉

（3）りくとさんは実験からわかったことを、次のようにまとめました。

　　　　にあてはまることばを書きましょう。

㋑と㋒の葉の結果から、植物の葉に　　　　が当たると、でんぷんができます。

2 さやかさんは、根ごとほり出したホウセンカを、右の図のように色水につけて、植物のからだの中の水の通り道を調べています。

だっし綿

水面の位置

色水

（１）色水の量の変化として正しいものを、次の**ア〜ウ**から１つ選んで、記号で答えましょう。

ア 増える。

イ 減る。

ウ 変わらない。

ヒント
植物は根から水を取り入れてからだ全体に運んでいるよ！

（２）くきを横に切ったときの切り口のようすを、次の**ア〜エ**から１つ選んで、記号で答えましょう。

ア 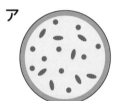 イ ウ エ

ヒント
水の通り道が、赤く染まって見えるよ！

3 葉がついたホウセンカと、葉を取ったホウセンカにふくろをかぶせて 20 分後に、ふくろの内側を観察します。

 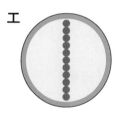

あ葉がついたホウセンカ

い葉を取ったホウセンカ

ポリエチレンのふくろ

（１）あといでは、どちらのほうが多く、ふくろの内側に水てきがついていますか。

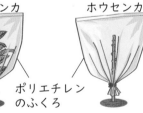ヒント
水蒸気（すいじょうき）は主に葉から出ていくよ！

（２）植物のからだから、水が水蒸気となって出ていくことを何といいますか。

植物の葉と養分

1 あかねさんたちは、蒸散について調べる実験をしています。ただし、ホウセンカの中にふくまれる水の量は、実験中に変化しないものとします。

【方法】

①3本のメスシリンダーあ～うに水 100 mL を入れる。

②同じ大きさのホウセンカの枝を用意して、下の図のように、あには葉のついた枝、いには葉を取ったくきだけの枝、うには何も入れないで、それぞれ3時間日光に当てた後、水の体積を調べる。

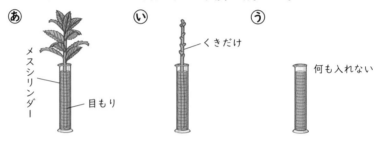

【結果】　　　　　　　　　〈水の体積〉

	あ	い	う
実験前（mL）	100	100	100
3時間後 (mL)	72	96	98

先　生：この実験で、葉から蒸散した水の量は何 mL になりますか。

あかね：メスシリンダーあの【結果】から、28 mL になると思います。

えりか：わたしは、メスシリンダーあの減少量の 28 mL には、葉から蒸散した水の量だけではなく、水面から出ていく水の量とくきから蒸散した水の量もふくまれていると思います。

先　生：その通りです。メスシリンダーうの水の量が減少していることから、水面から水が出ていったことがわかりますね。このような現象を（❶）といいます。メスシリンダーいでも、この現象によりうと同じ量の水が減ったとすると、くきから蒸散した水の量は（❷）mL になります。では、葉から蒸散した水の量を、計算してみましょう。

（１）❶、❷の（　）にあてはまることばや数を書きましょう。

> **ヒント**
>
> コップの水も置いておくと減るよね！

❶	❷

（２）あかねさんは会話の後、この実験で葉から蒸散した水の量を求めて、葉から蒸散した水の量とくきから蒸散した水の量を比べています。㋐の ☐ にあてはまる式を、下の**ア～ウ**から１つ選んで、記号で答えましょう。また、㋑、㋒の ☐ にあてはまる数を書きましょう。

> メスシリンダー㋐でも、（１）の❶の現象により、㋒と同じ量の水が減り、くきから蒸散した水の量が㋑と同じになるとすると、葉から蒸散した水の量は、 ㋐ という式で求められるので、 ㋑ mLになります。よって、葉から蒸散した水の量は、くきから蒸散した水の量の ㋒ 倍です。

ア　（㋐の減少量）－（㋑の減少量）

イ　（㋐の減少量）－（㋒の減少量）

ウ　（㋐の減少量）－（㋑の減少量＋㋒の減少量）

㋐	㋑	㋒

あかね：どうして、くきより葉から蒸散した水の量のほうが多いのかな。

先　生：ホウセンカの葉をけんび鏡で観察してみましょう。右の図のように、穴（あな）が見えますね。蒸散では、この穴から水蒸気（すいじょうき）が出ていきますよ。

あかね：つまり、（　　　）ので、葉から蒸散した水の量のほうが多かったんですね。

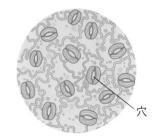

穴

（３）（　　　）にあてはまることばを、次の**ア～ウ**から１つ選んで、記号で答えましょう。

ア　くきには水蒸気が出ていく穴が１つもない

イ　くきには水蒸気を取り入れる穴がある

ウ　くきより葉のほうが水蒸気が出ていく穴が多い

植物の葉と養分

1 たくやさんたちは、植物のからだのはたらきについて話し合っています。

たくや：ぼくたちは、食べ物などから養分を取り入れて成長しているけど、植
　　　　物はどのようにして成長のための養分を得ているのかな。

ひろき：５年生の学習で、植物の成長には日光が必要だとわかったよね。植物
　　　　と日光には何か関係がありそうだね。実験で調べてみよう。

【方法】

①前の日の午後から、光が当たらない暗い場所に置いておいたジャガイモ
　の葉を、次の日に日光に５時間当てる。

②ジャガイモの葉を、下の図のようにしてヨウ素液につけ、色の変化を調
　べる。

| 葉を湯に入れて | 葉をあたためたエタ | 葉を湯で洗う。 | ヨウ素液に |
| やわらかくする。 | ノールに入れる。 | | つける。 |

【結果】

葉をヨウ素液につけると、青むらさき色に変化した。

たくや：どうして葉をあたためたエタノールに入れたのかな。

か　な：葉をエタノールから取り出したとき、エタノールが緑色になって、葉
　　　　は白っぽくなっていたよ。このことから、葉の緑色の色素をとかし出
　　　　して（　　　）ために、葉をエタノールに入れたと考えられるね。

（１）（　　　）にあてはまることばを、次の**ア〜ウ**から１つ選んで、記号で答
えましょう。

ア　ヨウ素液をしみこみやすくする

イ　ヨウ素液と反応しやすくする

ウ　ヨウ素液の色の変化を見やすくする

たくや

【結果】から、葉に日光が当たると、でんぷんができることがわかったね。

この実験だけでは、それはわからないよ。日光に当てる前から、葉にはでんぷんがあったかもしれないよ。

ひろき

かな

わたしもこの実験だけでは、葉に日光が当たると、でんぷんができるとはいえないと思う。日光に当てなくても5時間置くと、でんぷんができるかもしれないよ。

（２）たくやさんは、ひろきさんとかなさんとの会話から、葉を２枚追加して、もう一度実験をやり直すことにしました。たくやさんの考えが正しくなるように、実験の【方法】を書きましょう。ヨウ素液の反応の調べ方は、「実験と同じ方法でヨウ素液の変化を調べる」と書きましょう。

（３）（２）のように実験を行って、葉に日光が当たるとでんぷんができることがわかりました。最初にたくやさんたちが考えた「植物はどのようにして成長のための養分を得ているのか」という問題に対するまとめを書きましょう。

1 月について述べた次の（１）〜（４）のうち、正しいものには〇、正しくないものには×をかき、下線部を正しいものに直しましょう。

（１）球の形をしている。

（２）太陽のまわりを回っている。

ヒント

4年生の学習も思い出そう！

（３）クレーターと呼ばれるくぼみがある。

（４）東の空から出て、北の空を通り、西へしずむ。

（１） | 正

（２） | 正

（３） | 正

（４） | 正

2 かおりさんはある日、右の図のような半月を観察しました。

（１）観察したときの月の方位を、次のア〜ウから１つ選んで、記号で答えましょう。

ア　南東

イ　南

ウ　南西

（２）かおりさんは、月の見え方について説明します。㋐、㋑の□□□にあてはまることばを書きましょう。

> 月は、太陽の光を反射して光っているので、観察したときの太陽の位置は図の□㋐□側にあると考えられます。また、月と太陽の□㋑□は毎日少しずつ変わっていくので、月の形は日によって変わって見えます。

ヒント

月が光っている側に太陽があるよ！

㋐　　　㋑

ステップ 1 > 情報を読み取って判断する

判断力 ☆☆☆
思考力 ☆☆☆
表現力 ☆☆☆

3 しょうたさんは、右の図を使って、月の形の見え方を調べています。

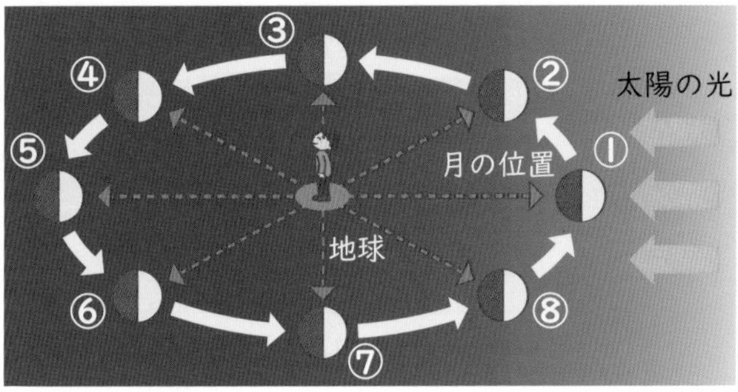

（1）②、③、⑤、⑥、⑦の位置に月があるとき、地球から見た月の形を、次の**ア**～**キ**から1つずつ選んで、記号で答えましょう。

ア

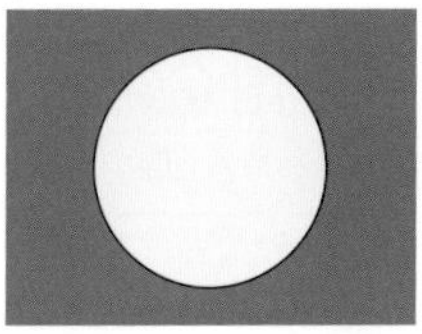

イ

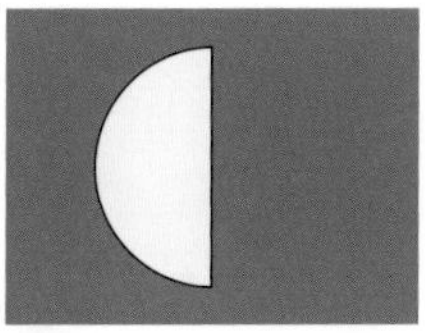

ウ

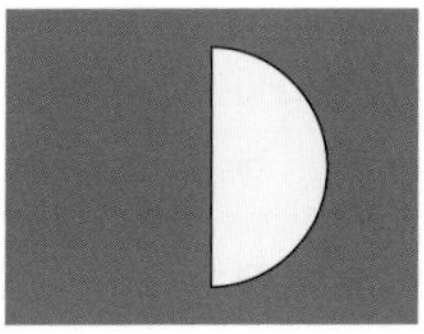

エ

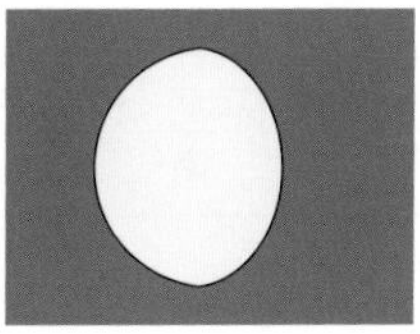

オ

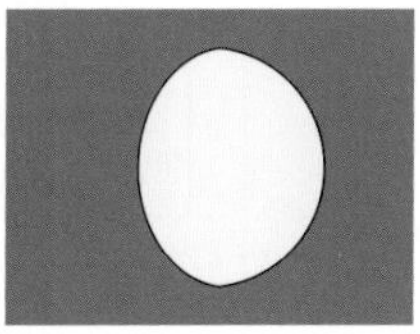

カ

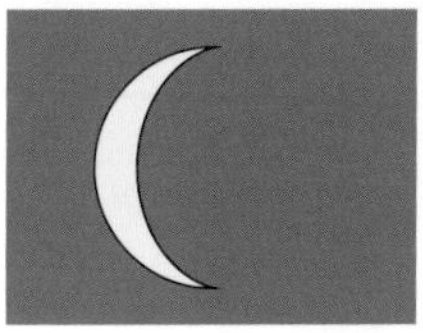

キ

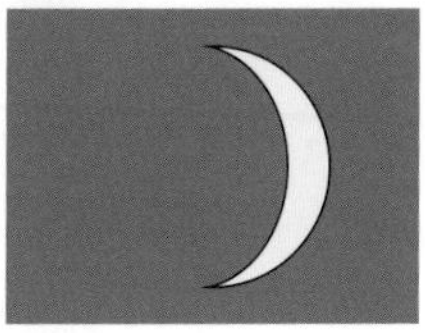

②	③	⑤
⑥	⑦	

（2）月が①の位置にあるときには、月を見ることができません。この月を何といいますか。

（3）月はおよそ1か月かけて、もとの位置にもどります。月が③から⑦の位置まで動くのに、約何週間かかりますか。

（4）月の位置が太陽から遠くなるにつれて、月の形はどのように見えますか。次の**ア**～**ウ**から1つ選んで、記号で答えましょう。

ア　丸く見える。　　**イ**　見えなくなる。

ウ　半分だけかがやいて見える。

月と太陽

1 たくみさんは、1月22日と1月30日の太陽がしずんだ（日ぼつ）直後に、同じ場所で月の位置と形を観察して、記録しました。

〈たくみさんの記録〉

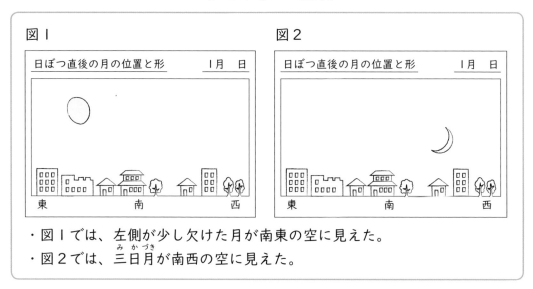

・図1では、左側が少し欠けた月が南東の空に見えた。
・図2では、三日月（みかづき）が南西の空に見えた。

たくみ：記録カードに日付を書き忘（わす）れてしまって、図1と図2のどちらが1月22日の記録か、わからなくなっちゃった。

ま　い：月の位置から考えたら、わかると思うよ。月が出る時刻（じこく）は、毎日50分くらいずつおそくなっているから、月の動きを考えると、観察した時刻がだいたい同じなら、日付が早いほうが月の位置は、より（❶）にあるはずだよ。だから、1月22日の記録は、図（❷）になるんじゃない。

たくみ：なるほど、月の位置からわかるのか。それなら、月の形からも、観察した日がわかるかもしれないね。

ま　い：そうだね。月の形の変わり方を、図かんで調べてみよう。

（1）❶、❷の（　）にあてはまる方位や数を書きましょう。

❶　　　　　　　❷

２人は、図かんで見つけた図３について話し合っています。

ま　い：図３は、地球、

月、太陽の位置
を表しているも
のだね。地球は、
矢印の方向に１
日１回転してい
るらしいよ。

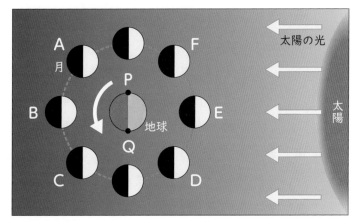

図３

たくみ：日ぼつは、昼か
ら夜に変わると
きだから、ぼくは地球の図の（❸）の位置で観察したことになるね。

ま　い：本当だね。（❸）の位置で観察すると、地球から見て太陽の光は右側
から当たっているから、日がたつにつれて、月の光っている部分が（❹）
なっていくね。このことから、図１と図２のどちらが１月 22 日の記
録かわかるよ。

たくみ：そうだね。それに、月が図の（❺）の位置にあるとき、満月が見られ
るから、月の左側が少し欠けている図１の月は、図３の（❻）の位置
にあったこともわかるね。

（２）❸～❻の（　）にあてはまることばや記号を書きましょう。同じ番号の（　）
には、同じ記号が入ります。

❸	❹	❺	❻

（３）日によって、月の形が変わって見える理由を、次の**ア〜エ**から１つ選ん
で、記号で答えましょう。

ア　月と地球のきょりが変わるから。　　**イ**　月の形が変わっているから。

ウ　太陽の光が当たっている部分の見え方が変わるから。

エ　月に当たる太陽の光の色が変わるから。

月と太陽

1 ゆきさんは、月の満ち欠けについて先生と話しています。

ゆ き：満月の夜のことを、十五夜（じゅうごや）というのはどうしてですか。

先　生：昔は、月の満ち欠けをもとに１か月を決めていました。これを旧れき
といいます。十五夜とは、旧れきの毎月 15 日の夜のことで、旧れき
では新月の日を１日とするので、15 日の夜が満月になります。その
ため、満月の夜のことを十五夜といいますよ。

ゆ き：初めて知りました。同じように考えると、三日月（みかづき）は新月から３日目の
月ということですか。

先　生：その通りです。旧れきでは、毎月１日が新月、３日が三日月、15 日
が満月と、日によって月の形が決まっていますよ。江戸（えど）時代の松尾芭
蕉（まつおばしょう）の俳句（はいく）に「明けゆくや二十七夜（にじゅうしちや）も三日の月」というのがあります。
「27 日の明け方に見える月は、夕暮（ゆうぐ）れに見られる三日月のような月だ」
という意味です。では、旧れきをもとに、松尾芭蕉が見た月を考えて
みましょう。

（１）次の文は、新月の日には、昼も夜も月が見られない理由を説明しています。
　　 　　　　 にあてはまることばを書きましょう。

　　新月のときは、地球から見て、月が太陽と同じ方向にあり、　　　　　 面を地球
　　に向けているので、月を見ることができません。

（２）松尾芭蕉が見た月のようすを表しているものはどれですか。次の**ア～エ**
から１つ選んで、記号で答えましょう。

ア　　　　　　　**イ**　　　　　　　**ウ**　　　　　　　**エ**

ゆ　き：本で調べてみると、正確には満月から次の満月までは約29.5日かか
　　　　るということがわかりました。このことから、月は約29.5日で地球
　　　　のまわりを1周すると考えたんですが・・・。

先　生：では、ゆきさんの考えが正しいかどうか、下の図を使って考えてみま
　　　　しょう。

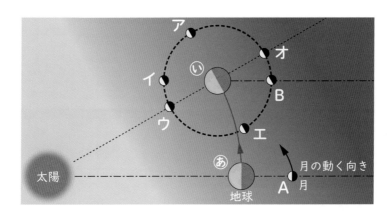

先　生：月が地球のまわりを回っているように、実は地球も太陽のまわりを回っ
　　　　ています。地球が⑥の位置にあるとき、Aの位置の月の形は満月に見
　　　　えますね。次に、月がAの位置から地球のまわりを1周すると、地
　　　　球は⑩の位置に、月はBの位置にきます。このとき、地球から見て
　　　　Bの位置の月の形は、満月には見えませんね。

（3）地球が⑩の位置にあるときに、満月に見える月を、図のア〜オから1つ
選んで、記号で答えましょう。

（4）下線部 のゆきさんの考えは正しくありません。月が地球のまわりを1周
するのにかかる日数は、満月から次の満月までにかかる日数と比べて、どのよ
うになりますか。

（5）（4）のようになる理由を、書きましょう。

27

土地のつくりと変化

1　だいちさんは、下の図のような、しま模様（もよう）が見られるがけを観察しています。

（１）がけがしま模様に見える理由を説明します。⑦、①の□□□□にあてはまることばを書きましょう。

> がけがしま模様に見えるのは、
> ⑦ 、大きさ、形などがちがうつぶでできたものが、それぞれ層（そう）になって積み重なっているからです。このような層の重なりを、 ① といいます。

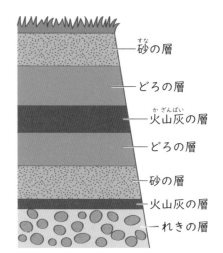

- 砂（すな）の層
- どろの層
- 火山灰（かざんばい）の層
- どろの層
- 砂の層
- 火山灰の層
- れきの層

⑦	①

（２）砂、どろ、れきをつぶの大きいほうから順に並（なら）べると、どのようになりますか。次の**ア**〜**エ**から１つ選んで、記号で答えましょう。

ア　砂、どろ、れき　　**イ**　砂、れき、どろ

ウ　れき、砂、どろ　　**エ**　れき、どろ、砂

（３）だいちさんは、砂の層と火山灰の層を観察して、つぶの形を比べています。⑦、①の□□□□にあてはまることばを書きましょう。

> ⑦ の層のつぶはまるみを帯びているが、 ① の層のつぶは角ばっています。

💡**ヒント**

何のはたらきでできた層か、考えよう！

⑦	①

（４）層の中から、大昔の生き物のからだや生活のあとなどが残ったものが見つかりました。これを何といいますか。

2 みなみさんは、右の図のように、れき・砂・
どろを混ぜた土を水そうに流しこみます。
しばらくおいて、もう一度土を流しこみ、
地層(ちそう)のでき方を調べます。

とい　水そう　水

れき・砂・どろを混ぜた土

（１）横から見た水そうのようすを、次の
ア〜ウから１つ選んで、記号で答えましょ
う。

ア
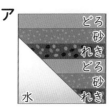
どろ
砂
れき
どろ
砂
水　　れき

イ
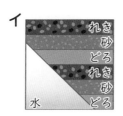
れき
砂
どろ
れき
砂
水　　どろ

ウ
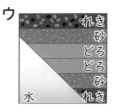
れき
砂
どろ
どろ
砂
水　　れき

（２）みなみさんは、地層のでき方について、次のようにまとめました。㋐、
㋑の[＿＿＿]にあてはまることばを書きましょう。

　　水のはたらきによって、[　㋐　]されたれき・砂・どろは、海や湖の底に、つ
　ぶの[　㋑　]によって分かれてたい積します。このようなたい積が何度もくり返さ
　れて、地層ができます。

㋐　　　　　　　　　㋑

3 地震(じしん)や火山の噴火(ふんか)について、説明します。㋐、㋑の[＿＿＿]にあてはまること
ばを書きましょう。

　　地震によって、地表に[　㋐　]という大地のずれが現れることがあります。火山
　が噴火すると、火口から火山灰がふき出たり、[　㋑　]が流れ出たりします。

㋐　　　　　　　　　㋑

土地のつくりと変化

1 　しんごさんとみくさんは、自然博物館に行って地層（ち そう）について学びました。2人は次のような【問題】を見つけて、話し合っています。

【問題】

　あるがけで、右の図のように、ななめのしま模様（も よう）の地層が見られた。この地層は、どのようにしてできたのか。

砂（すな）
どろ

しんご：地層は、がけの表面だけでなく（❶）にも広がっていたね。博物館の人から、ぼくたちが調べた地層は、砂の層とどろの層が交ごに何段（なん だん）も重なっていることを教えてもらったよ。だから、この地層は（❷）のはたらきによってできたことがわかるね。

み　く：そうだね。【問題】を解決するために、まず、（❷）のはたらきによって運ばれてきたものが、どのように積もって、しま模様になるのかを実験で調べてみよう。

（1）❶、❷の（　）にあてはまることばを書きましょう。同じ番号の（　）には、同じことばが入ります。

❶　　　　　　　　　　❷

2人は、地層のしま模様のでき方を、次のような【方法】で調べます。

【方法】
①砂・どろ・れきを混ぜたものと水を、空きびんに入れてふたをしてふる。
②しばらく置いておいて、積もり方を調べる。

（２）実験の結果として正しいものを、次の**ア〜エ**から１つ選んで、記号で答えましょう。

ア　砂・どろ・れきが混ざったまま、びんの底に積もった。

イ　びんの底にれきが積もり、その上に砂とどろが混ざったまま積もった。

ウ　下から砂、どろ、れきの順にびんの底に積もった。

エ　下かられき、砂、どろの順にびんの底に積もった。

（３）しんごさんは、（２）の結果から考えられることを、次のようにまとめました。㋐、㋑の　　　　にあてはまることばを書きましょう。

つぶの大きさが　㋐　ものからしずむため、川から運ばれてきた砂、どろ、れきのうち、最も河口からはなれたところには　㋑　が積もります。

㋐	㋑

しんご：実験から、地層のしま模様のでき方がわかったね。でも、どうして海の底でできた地層が陸上で見られるのかな。

み　く：博物館の人から、地震などで大地が変化することによって、地層がななめにかたむいたり、海の底などでできた地層がおし上げられて陸地になったりすることも教えてもらったよ。

（４）【問題】に対するまとめとして、次の**ア〜ウ**を地層ができた順に並べて、記号で答えましょう。

ア　海の底に、砂とどろが何層も重なった水平な地層ができた。

イ　大地の変化により、地層がななめにかたむいて陸上におし上げられた。

ウ　長い年月の間に、大量の砂やどろが海の底に流れこむことが、何度もくり返された。

　　　　　　→　　　　　→

土地のつくりと変化

1 ちはるさんは、土地の高さがちがう地点の地層（ちそう）について本で調べ、次のノートのようにまとめました。

〈ちはるさんのノート〉

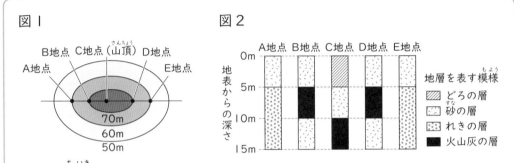

図１

図２

・この地域（ちいき）の地層は水平に重なり、それぞれの地層の厚さは一定である。
・㋐火山灰（かざんばい）の層は、同じ時の火山の噴火（ふんか）によって積もったものである。
・地層の上の層ほど新しく、断層（だんそう）は見られない。

ちはる：図１は、ある山の地図で、図の線は等高線を表しています。また、山頂のＣ地点の高さは75ｍです。図２は、図１のＡ～Ｅの5地点で行ったボーリング調査の結果です。図１、図２をもとにして、この山の断面図における地層を、図に表したいんですが・・・。

先　生：下線部㋐より、図２で見られる火山灰の層は（　　　　）にたい積したものなので、同じ高さの位置にあることがわかります。このことから、火山灰の層を基準に考えていくといいですよ。

ちはる：図２のＢ、Ｃ、Ｄ地点に火山灰の層が見られますが、どのように考えればいいでしょうか。

先　生：例えば、土地の高さが75ｍのＣ地点では、地表からの深さが10～15ｍのところに火山灰の層があるので、75－10＝65ｍ、75－15＝60ｍより、高さ60～65ｍのところに火山灰の層があります。同じように考えて、この山の断面図における地層を図に表してみましょう。

（１）たい積する時期を説明して、（　　　）にあてはまることばを書きましょう。

（２）この山の山頂の、地表近くの地層では、１番上に何の層が見られますか。〈ちはるさんのノート〉から考えましょう。

（３）ちはるさんは、先生から教わったことを参考に、山の断面図における地層を図に表します。右の図に、山をA～Eの地点を結ぶ線で切った断面図をかき、図２の「地層を表す模様」を使って、断面図の中に地層のようすをかき入れましょう。

> **✋ヒント**
> 最初に火山灰の層から考えて、その上と下にある層をかき入れていこう！

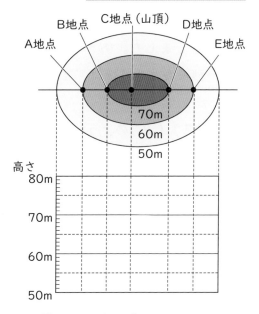

ちはる：たい積しているものから、地層がたい積したときの海の深さがわかると聞きました。ⓘ山の高さ50～75mのところでは、海の深さがどのように変化したかも知りたいです。

先　生：流れる水のはたらきによって運ばれてきたものは、つぶが小さいものほど軽いので、河口から遠くに運ばれ、海の深いところにたい積します。このことを参考に考えるといいですよ。

（４）下線部ⓘを（３）の図をもとに、理由も説明して答えましょう。

> 高さ50～75mのところでは、たい積しているもののつぶの大きさが

水よう液の性質

1 ゆかさんは、右の図のような、5種類の水よう液の性質を調べています。

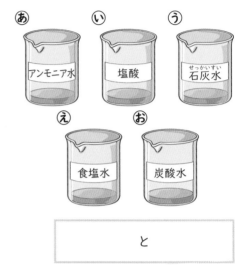

あ アンモニア水　い 塩酸　う 石灰水（せっかいすい）
え 食塩水　お 炭酸水

（1）あ〜おのうち、つんとしたにおいがする水よう液は、どれとどれですか。

| と |

（2）それぞれの水よう液を蒸発皿（じょうはつざら）に取り、熱しました。あ〜おのうち、白いものが残った水よう液は、どれとどれですか。

| と |

（3）（2）のような水よう液にとけているものを、次のア〜ウから1つ選んで、記号で答えましょう。

ア　固体　　　イ　液体　　　ウ　気体

2 右の図のようにして、ペットボトルに二酸化炭素を半分ほど入れました。その後、ふたをしてよくふると、ペットボトルがへこみました。

ペットボトル
水
二酸化炭素
気体ボンベ
水そう

（1）ペットボトルがへこんだ理由として正しいものを、次のア〜ウから1つ選んで、記号で答えましょう。

ア　二酸化炭素が液体に変化したから。

イ　二酸化炭素が水にとけたから。

ウ　水の体積が小さくなったから。

（2）ふった後のペットボトルの中の液体を石灰水に入れると、石灰水はどうなりますか。

（3）炭酸水を石灰水の中に入れると、石灰水が白くにごりました。炭酸水にとけているものを答えましょう。

3 すみれさんは、アンモニア水、塩酸、石灰水、食塩水、炭酸水を、それぞれ右の図のようにリトマス紙につけて、水よう液の性質を調べています。

（１）調べた結果について説明します。㋐、㋑の □ にあてはまることばを書きましょう。

> 塩酸と ［ ㋐ ］ は、青色のリトマス紙を赤色に変えたので、［ ㋑ ］性の水よう液です。

ヒント

水よう液は3つになかま分けできるよ！

㋐	㋑

（２）赤色のリトマス紙を青色に変えた水よう液を、すべて答えましょう。

4 だいきさんは、うすい塩酸と水に、アルミニウムや鉄を入れました。

（１）金属があわを出してとけたものを、右の図のア～エからすべて選んで、記号で答えましょう。

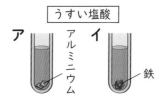

うすい塩酸
ア アルミニウム イ 鉄

（２）だいきさんが、（１）で金属がとけた液から、水を蒸発させると、固体が出てきました。㋐、㋑の □ にあてはまることばを書きましょう。

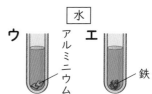

水
ウ アルミニウム エ 鉄

> 出てきた固体ともとの金属は性質が ［ ㋐ ］ ため、水よう液には金属を ［ ㋑ ］ に変化させるものがあります。

㋐	㋑

水よう液の性質

6年1組の理科の授業では、実験によって水よう液をグループ分けして、水よう液の性質を調べています。

先　生：ここに、5種類の水よう液A～Eを入れたビーカーがあります。水よう液A～Eは、アンモニア水、塩酸、食塩水、炭酸水、石灰水のどれかです。では、班ごとに実験を1つ行い、この5種類の水よう液をグループに分けて、水よう液A～Eがそれぞれ何であるかを調べましょう。

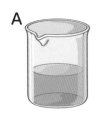
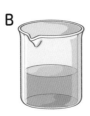

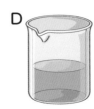

あやか

わたしたちの班では、水よう液を蒸発皿に少量ずつ取ってゆっくりと加熱し、水を蒸発させました。水よう液Bと水よう液Dは、白い固体が出てきましたが、他の水よう液は何も残りませんでした。

ぼくたちの班では、水よう液のにおいを調べました。においがしたのは、水よう液Aと水よう液Cで、鼻がつんとする、強いにおいがありました。

ふうた

ゆな

わたしたちの班では、赤色のリトマス紙を使ってグループ分けをしました。赤色のリトマス紙が青色になったのは、水よう液Bと水よう液Cです。

（１）蒸発皿に何も残らなかった水よう液では、とけていたものはどうなりましたか。正しいものを、次の**ア**〜**ウ**から１つ選んで、記号で答えましょう。

ア とけていた液体が水といっしょに蒸発した。

イ とけていた気体が空気中に出ていった。

ウ とけていた固体が姿を変えてなくなった。

（２）水よう液Ａ〜Ｃについて説明します。㋐〜㋓の□□□にあてはまることばを書きましょう。同じ記号の□□□には、同じことばが入ります。

> 強いにおいがした水よう液Ａと水よう液Ｃのうち、水よう液Ｃは ㋐ 性なので、水よう液Ａは ㋑ 、水よう液Ｃは ㋒ になります。よって、においがなく ㋐ 性の水よう液Ｂは ㋓ になります。

㋐	㋑
㋒	㋓

（３）２つの班の実験結果から、水よう液Ｄを確かめるには、だれとだれの班の実験結果を使うとよいですか。また、水よう液Ｄを答えましょう。

さんと　　　　　さん	水よう液Ｄ

（４）水よう液Ｅと、この水よう液にとけているものを答えましょう。

水よう液Ｅ	とけているもの

（５）実験を１つ追加することで、水よう液Ａ〜Ｅがすべてわかる班があります。だれの班ですか。また、追加する実験を、次の**ア**〜**ウ**から１つ選んで、記号で答えましょう。

ア 青色のリトマス紙につけて色の変化を調べる。

イ ＢＴＢ液を入れて液の色を調べる。

ウ 鉄を入れたときのようすを調べる。

さん	実験

水よう液の性質

1 もえさんは、理科クラブの 3 人の友だちに、マローブルーというハーブを使ったお茶について話しています。

もえ

マローブルーティーという、きれいなむらさき色のハーブティーに、砂糖とレモンのしるを入れると、下の図のように、うすい赤色に変わったよ。どうしてかな。

むらさき色　　　　　うすい赤色

【問題】

なぜ、マローブルーティーはむらさき色からうすい赤色に変わったのか。

【予想】

まりな：砂糖によって、色が変わったんじゃない。

けんた：レモンのしると砂糖がいっしょにはたらいたからだと思うよ。

はると：レモンのしるによって、水よう液の性質が変わったんだと思う。

---

4 人は、【問題】を解決するために、【予想】を実験で確かめます。

も　え：マローブルーはウスベニアオイという花をかんそうさせたもので、家から持ってきたから、これを使って実験しよう。

【方法】

①かんそうしたウスベニアオイの花を 10 分間水にひたして、ハーブティーの液をつくる。

②ハーブティーの液をビーカー A 〜 E に入れ、A はそのまま、B にレモンのしる、C に砂糖、D にレモンのしると砂糖、E にす（調味料）を入れる。

③液の色と、それぞれの液を赤色と青色のリトマス紙につけたときの、リトマス紙の色の変化を調べる。

情報を読み取って表現する

（１）まりなさんの【予想】が正しいとき、この実験で色が変化するビーカーを、A ～ E からすべて選んで、記号で答えましょう。

（２）ビーカー E を用意したのは、3 人のうち、だれの【予想】を確かめるためですか。

さん

4 人は、実験の【結果】を、次の表のようにまとめました。

ビーカー	A （そのまま）	B （レモンの しる）	C （砂糖）	D （レモンの しると砂糖）	E （す）
液の色	むらさき色	うすい赤色	むらさき色	うすい赤色	うすい赤色
赤色の リトマス紙	変化しない	変化しない	変化しない	変化しない	変化しない
青色の リトマス紙	変化しない	赤色に変化 した	変化しない	赤色に変化 した	赤色に変化 した

（３）もえさんは、【結果】から次のように考えました。㋐、㋑の ▢▢▢ にあてはまることばを書きましょう。

> ビーカー A と C、ビーカー B と D で、実験の【結果】が同じだったことから、砂糖は ▢㋐▢ ことがわかります。また、ビーカー E では、レモンのしるや砂糖を入れなくても、液の色が変化しました。よって、【問題】に対するまとめは、マローブルーティーは ▢㋑▢ といえます。

㋐

㋑

理科 7 てこのはたらき

1 れんさんは、右の図のようなてこを使って、ものを持ち上げます。

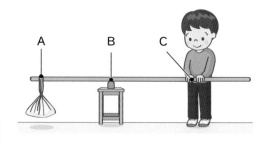

（1）A～Cのうち、支点、力点、作用点はそれぞれどこですか。

支点	力点	作用点

（2）作用点や力点の位置を変えると、手ごたえの大きさはどのようになりますか。㋐、㋑の◯◯◯◯にあてはまることばを書きましょう。

> 支点と力点の位置は変えないで、作用点を支点から遠ざけると、手ごたえは ㋐ なります。また、支点と作用点の位置は変えないで、力点を支点から遠ざけると、手ごたえは ㋑ なります。

㋐	㋑

2 てこは、次の①～③のように、支点、力点、作用点の位置によって、3つの種類に分けることができます。下のア～ウは、てこのはたらきを利用した道具です。①～③と同じ種類のてこを利用した道具を、ア～ウから1つずつ選んで、記号で答えましょう。①～③の矢印は、力の向きを表しています。

① 作用点 支点 力点

② 支点 作用点 力点

③ 作用点 力点 支点

ア ピンセット　　イ せんぬき　　ウ はさみ

①	②	③

3 ひろとさんとかいとさんは、実験用のてこに 1 個 10 g のおもりをつるします。

（1）2 人は、右の図のように、てこにおもりをつるしました。左右のそれぞれで、おもりがうでをかたむけるはたらきを、数を使った式に表しましょう。

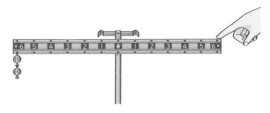

> 💡 **ヒント**
>
> （てこのうでをかたむけるはたらき）
> =（おもりの重さ）×（支点からのきょり）だね！

左のうで
右のうで

（2）2 人は、右の図のように、てこの左のうでだけにおもりをつるしました。このとき、てこの右のうでにおもりをどのようにつるせば、てこが水平につり合うかを話しています。❶〜❸の（　）にあてはまる数を書きましょう。

ひろと： このてこは、左のうでをかたむけるはたらきが（❶）だから、右のうでの支点からのきょりが 2 のところに、（❷）g のおもりをつるすと、てこが水平につり合うね。

かいと： そうだね。他に、右のうでの支点からのきょりが（❸）のところに、30 g のおもりをつるしても、てこは水平につり合うよね。

❶	❷	❸

（3）ひろとさんが、右の図のように、てこの左のうでの支点からのきょりが 5 のところに、40 g のおもりをつるし、右のうでの支点からのきょりが 2 のところに砂ぶくろをつるすと、てこは水平につり合いました。この砂ぶくろの重さは何 g ですか。

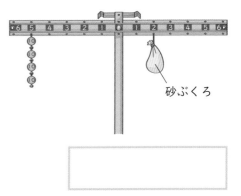

砂ぶくろ

てこのはたらき

1 あかりさんとりおさんは、てこのつり合いについて調べています。ただし、おもり1個の重さを10gとします。

あかり：右の図のように、おもりをつるすと、てこは水平につり合ったよ。

り　お：片方のうでの2点におもりをつるしたとき、うでをかたむけるはたらきはどのように考えればいいかな。もう一方のうでのおもりをつるす位置を1点にして、調べてみよう。

2人は、次のような【問題】を解決するために、【予想】を立てて、実験をしました。

【問題】

　てこの片方のうでの2点におもりをつるしたとき、うでをかたむけるはたらきは、どのようになるのか。

【予想】

　（外側の点につるしたおもりの重さ）×（外側の点の支点からのきょり）が、うでをかたむけるはたらきになる。

【方法】

①右の図のように、てこの左のうでの2点におもりをつるす。

②右のうでの1点におもりをつるして、てこが水平につり合うときの、支点からのきょりと、おもりの数、重さを調べる。

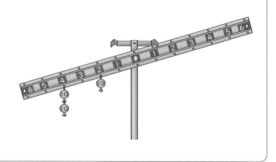

（1）2人の【予想】が正しいとき、この実験のてこの、おもりが左のうでをかたむけるはたらきを求めましょう。

2人は、実験の【結果】を、次の表のようにまとめました。ただし、てこが水平につり合わないときは、×としています。

【結果】　〈てこが水平につり合うときの右のうでのようす〉

支点からのきょり	1	2	3	4	5	6
おもりの数（個）	10	5	×	×	2	×
おもりの重さ（g）	100	50	×	×	20	×

（2）2人は実験をした後、【問題】と【予想】を確認しました。❶の（　）にあてはまる数を書きましょう。また、❷の（　）にあてはまる式を、下の**ア**〜**エ**から1つ選んで、記号で答えましょう。

あかり：この【結果】から、てこが水平につり合うときの、おもりが右のうでをかたむけるはたらきは（❶）になるので、わたしたちの【予想】がまちがっていることがわかったよ。

り　お：そうだね。じゃあ、右のうでをかたむけるはたらきから考えると、左のうでをかたむけるはたらきを表す式は、（❷）になるね。

ア　10×2　　　　　**イ**　10×2＋20×4
ウ　（10＋20）×4　**エ**　20×（2＋4）

❶	❷

（3）【問題】に対するまとめとして、てこの片方のうでの2点におもりをつるしたとき、うでをかたむけるはたらきはどのようになりますか。次の**ア**〜**エ**から1つ選んで、記号で答えましょう。

ア　内側の点につるしたおもりがうでをかたむけるはたらき
イ　内側と外側の点につるしたおもりがうでをかたむけるはたらきの和
ウ　内側と外側の点につるしたおもりの重さの和に、外側にあるおもりの支点からのきょりをかけたもの
エ　外側の点につるしたおもりの重さに、それぞれの点の支点からのきょりの和をかけたもの

てこのはたらき

1 そうたさんとかんなさんは、輪じくについて話し合っています。ただし、おもり1個の重さを10gとします。

そうた：輪じくは、大きい輪と小さい輪を組み合わせたもので、てこと同じように、小さな力で大きな力を出すことができるらしいよ。

かんな：輪じくにも、支点、力点、作用点があるのかな。

かんなさんは、【問題】を解決するために、輪じくのしくみについて調べて、ノートにまとめました。

〈かんなさんのノート〉

【問題】
わたしが調べた輪じくでは、支点、力点、作用点の位置はどこになるのだろうか。

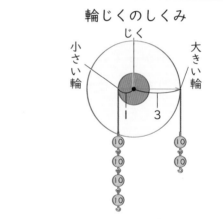

輪じくのしくみ

・大小2つの輪がじくで固定されている。
・じくを中心に2つの輪はいっしょに回転する。
・上の図のとき、輪じくは右回りに回転したが、小さい輪におもりを2個追加すると、つり合った。

（1）2人は〈かんなさんのノート〉から、輪じくのつり合いについて考えました。❶〜❸の（　）にあてはまる式や数、ことばを書きましょう。

情報を読み取って表現する

そうた：大小２つの輪を回転させるはたらきを、てこのように考えてみよう。

かんな：それぞれの輪を回転させるはたらきを式で表すと、小さい輪は40×１、大きい輪は（❶）になるから、小さい輪を回転させるはたらきのほうが、大きい輪を回転させるはたらきよりも（❷）だけ小さいよ。だから、輪じくは最初、右回りに回転して、小さい輪におもりを２個追加すると、つり合ったんだね。

そうた：じゃあ、輪じくの左回り、右回りの、輪を回転させるはたらきは、それぞれ（力の大きさ）×（輪の（❸））で求められるから、このはたらきが左右で等しいとき、輪じくはつり合うんだね。

❶	❷	❸

（２）かんなさんは、【問題】に対するまとめを、次のように考えました。㋐〜㋒の　　　にあてはまることばを書きましょう。

わたしが調べた輪じくでは、支点が　㋐　、力点が　㋑　、作用点が　㋒　になります。

㋐	㋑	㋒

（３）右の図のように、かんなさんはバットの太いほうを、そうたさんは細いほうを持ち、おたがいに反対方向に回しました。２人が調べた輪じくのしくみから、どちらのほうが、小さい力でバットを回せますか。理由も書いて答えましょう。ただし、バットの持ちやすさに、差はないものとします。

そうたさん　　かんなさん

電気の利用

1 こうたさんは、右の図のように、手回し発電機に豆電球をつないでハンドルを回し、明かりをつけています。

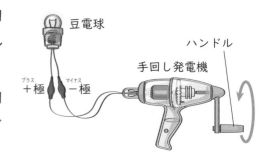

豆電球

ハンドル

手回し発電機

＋極　－極

（１）こうたさんは、ハンドルを速く回しました。豆電球の明るさは、ハンドルを速く回す前と比べて、どうなりますか。次の**ア～ウ**から１つ選んで、記号で答えましょう。

ア　明るくなる。

イ　暗くなる。

ウ　変わらない。

> **ヒント**
>
> 速く回すことで、電気をたくさんつくることができるね!

（２）ハンドルを回すのを止めると、豆電球はどうなりますか。次の**ア～エ**から１つ選んで、記号で答えましょう。

ア　だんだんと暗くなり、やがて一定の明るさになる。

イ　だんだんと暗くなり、やがて消える。

ウ　すぐに明かりが消える。　　　　**エ**　変わらない。

（３）こうたさんが行った実験のように、電気をつくることを何といいますか。

2 みきさんは、豆電球と発光ダイオードを比べるために、器具Aを使って次の実験を行い、それぞれ明かりがついている時間を調べています。

①手回し発電機と器具Aをつなぎ、ハンドルを50回回す。

器具A

②器具Aと豆電球、発光ダイオードをそれぞれつないで明かりをつける。

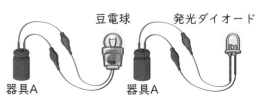

豆電球　　　発光ダイオード

器具A　　　器具A

（１）器具Ａについて説明します。㋐、㋑の □ にあてはまることばを書きましょう。

器具Ａは ㋐ といい、電気を ㋑ ことができます。

㋐	㋑

（２）長い時間、明かりがついていたのは、豆電球と発光ダイオードのどちらですか。

（３）豆電球や発光ダイオードは、電気を何に変えていますか。

● **ヒント**

電気は、熱や音、運動など、いろいろなものに変えて利用することができるよ！

3 りくさんの学校のトイレは、中に人が入ると自動で明かりがつきます。りくさんは、このしくみを、右の図のように考えました。

（１）図のセンサーが感知するものを、次のア〜ウから１つ選んで、記号で答えましょう。

ア　室内の温度　　イ　人の動き

ウ　外の明るさ

（２）図の⑥、⑪のうち、明かりがつくのはどちらですか。

（３）コンピュータは、人があらかじめ入力した指示によって動きます。コンピュータへの指示をつくることを何といいますか。

電気の利用

1 はるなさんは光電池を使って、図1のようなモーターカーをつくり、先生と話しています。

はるな：図1の角度⑤を変えると、モーターカーの速さが変わりました。どうしてでしょうか。

図1

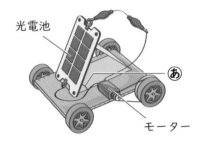

光電池

⑤

モーター

先　生：図2を見てください。これは、太陽が真上にあるときの、光電池A、Bそれぞれに当たる太陽の光の量を、矢印で表したものです。光電池Aでは10本の矢印が当たっていますが、光電池Bでは7本です。つまり、光電池の角度によって、当たる光の量が変わるので、モーターカーの速さが変わります。

図2

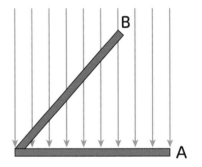

はるな：だから、太陽が真上にあるときは、角度⑤が（❶）ほど（❷）ので、モーターカーが速く走るんですね。

（1）❶の（　）にあてはまることばを書きましょう。また、❷の（　）にあてはまることばを、次の**ア～ウ**から1つ選んで、記号で答えましょう。

ア　太陽と光電池のきょりが近くなる

イ　光が光電池に当たる時間が長くなる

ウ　光電池がつくる電気の量が多くなる

❶	❷

はるなさんは次に、光電池の角度⑤を変えないで、モーターカーがより速く走る方法を【予想】し、実験することにしました。

【予想】
　鏡や虫めがねを使うと、モーターカーは速く走ると思う。

【方法】

①鏡のかげが光電池にかからない
ようにして、鏡ではね返した光
を光電池に当てる。

②レンズの大きさが光電池と同じ
くらいの虫めがねを使って、集
めた光を光電池に当てる。

光電池

鏡　　　モーター

光電池

虫めがね　　　モーター

はるな：**【予想】**とはちがう**【結果】**になりましたが、どうしてでしょうか。

先　生：先ほどと同じで、光電池に当たる光の量を考えてみましょう。鏡で
はね返した光が当たったところは、あたたかくなりますよね。また、
虫めがねは、光電池にもともと当たるはずの光を１点に集めています
よね。それぞれ光の量はどう変わっていますか。

（２） 先生の会話より、実験の**【結果】**として正しいものを、次の**ア～ウ**から
１つ選んで、記号で答えましょう。

ア 鏡や虫めがねを使っても、速さはほとんど変わらなかった。

イ 鏡を使ったときは速くなったが、虫めがねを使ったときはほとんど変わら
なかった。

ウ 鏡を使ったときはほとんど変わらなかったが、虫めがねを使ったときは速
くなった。

（３） はるなさんは学校の帰りに、右の図のような光
電池を、東、南、西側の屋根につけている家を見ま
した。正午ごろ、光電池によってつくられる電気の
量が最も大きくなる屋根を、方位で答えましょう。

上空から見た屋根

北

西　　　　　　　　東

南　　光電池

ヒント

太陽の動きを考えよう！

電気の利用

1 まみさんと中学生のお兄さんが、発光ダイオードについて話しています。

ま　　み： 昨日、学校の近くの信号機を電球から L E D に変えていたよ。

お兄さん： L E D というのは発光ダイオードのことだね。発光ダイオードは、電流が流れる向きが決まっているから、例えば、かん電池に発光ダイオードをつないで明かりがついているときに、（　　　　）と、明かりが消えるよ。発光ダイオードは、電球に比べて電気を効率よく使うことができるから、信号機はだいぶ電球から発光ダイオードに変わってきているよ。

ま　　み： そうなんだ。豆電球と発光ダイオードの明かりがついている時間を比べて、効率のよさを調べたいな。

お兄さん： じゃあ、まず、「同じ量の電気」を用意する必要があるよ。その方法を考えてみて。

そこで、まみさんは「同じ量の電気」をたくわえるために、手回し発電機と２つのコンデンサーを使って、次のような方法を考えました。

まみ

右の図のように、**手回し発電機を使って、同じ量の電気をつくり、同じ種類の2つのコンデンサーにためる。**

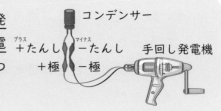

コンデンサー
＋たんし　−たんし
＋極　　　−極
手回し発電機

（１）（　　　　）にあてはまることばを書きましょう。

（２）下線部のようにするには、手回し発電機のハンドルをどのように回しますか。向き、速さ、回数を説明して答えましょう。

〈まみさんのノート〉

【方法】
①右の図のように、同じ量の電気をためたコンデンサーに、それぞれ豆電球と発光ダイオードをつなぐ。

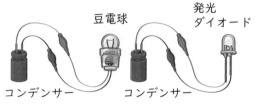

②明かりのついている時間と、ふれたときのようすを調べる。

【結果】
・明かりのついている時間は、豆電球が15秒、発光ダイオードが1分15秒だった。
・ふれると、豆電球のほうが少しあたたかく感じた。

【調べたこと】　＜電球と発光ダイオードのちがい＞

電気
100　　電球　　熱90　光10　　　電気
100　　発光ダイオード　　熱50　光50　　　数字は電気のエネルギーを100としたときの、熱や光のエネルギーに変わる割合

同じ大きさの光のエネルギーを得るのに、電球は発光ダイオードの〔　　　〕倍の電気のエネルギーが必要である。

（3）〔　　　〕にあてはまる数を書きましょう。

（4）〈まみさんのノート〉から、豆電球より発光ダイオードのほうが、効率的に電気を利用できることがわかります。しかし、雪が多く降る地域では、電球の信号機が多く使われています。【結果】と【調べたこと】から考えられる、電球の信号機が多く使われる理由を答えましょう。

電球は、

理科 9 生き物のくらしと自然環境

1 ゆうたさんは、右の図の４種類の生き物の、食べ物を通したつながりについて考えています。

ア 　ヘビ

イ 　モンシロチョウの幼虫

ウ 　カエル

エ 　キャベツ

（１）自分で養分をつくることができる生き物を、**ア〜エ**から１つ選んで、記号で答えましょう。

（２）**ア〜エ**を、食べられるものから食べるものの順に並べて、記号で答えましょう。

→　　　　　→　　　　　→

（３）（２）のように、生き物どうしが「食べる・食べられる」の関係という、１本の線のようなつながりを何といいますか。

2 右の図は、水の中の小さな生き物をけんび鏡で観察したものです。

ア 　100倍

イ 　15倍

ウ 　200倍

（１）**ア**の生き物の名前を答えましょう。

（２）**ア〜ウ**のうち、実際の大きさが最も大きい生き物を１つ選んで、記号で答えましょう。

　　ヒント
　　けんび鏡の倍率が大きいほど、小さいものを観察できるよ！

（３）池や川などの水の中の生き物は、どのような関係でつながっていますか。

という関係

ステップ 1 ＞ **情報を読み取って判断する**

判断力 ☆☆☆
思考力 ☆☆☆
表現力 ☆☆☆

3 さくらさんは、よく晴れた日に、次のような実験をしています。

①[あ]のように、植物にふくろをかぶせて、穴(あな)からストローで息をふきこむ。
②[い]のように、ふくろの中の酸素と二酸化炭素の体積の割合(わりあい)を調べる。

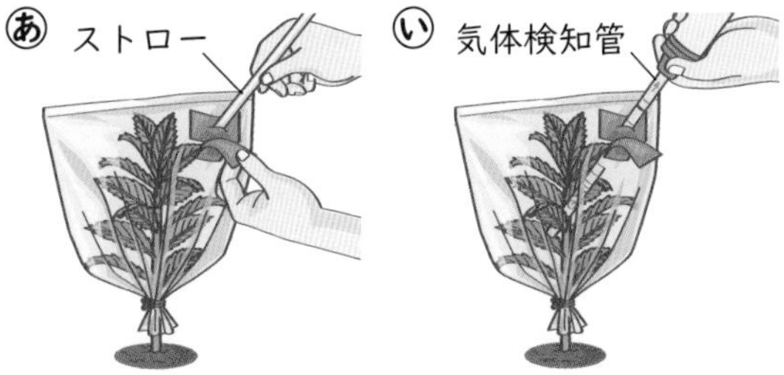

③穴をふさいで、日光に１時間当てた後、②と同じように気体の割合を調べる。

（１）実験の結果、酸素の割合が増えて、二酸化炭素の割合が減りました。このことから、さくらさんは、植物についてわかったことを、次のようにまとめました。㋐、㋑の［　　］にあてはまることばを書きましょう。

植物に日光が当たると、空気中の［　㋐　］を取り入れ、［　㋑　］を出します。

㋐　　　　　　㋑

（２）さくらさんは、③のときに、箱でおおいをして日光が当たらないようにした植物についても、１時間後に酸素と二酸化炭素の割合を調べました。割合が減ったのはどちらの気体ですか。

4 地球温暖化(おんだんか)（地球の気温が上がること）について考えます。

（１）地球温暖化は、空気中の何という気体が増加したことが原因だと考えられていますか。

（２）（１）の気体を発生させる原因となる人の活動を、次の**ア**～**ウ**から１つ選んで、記号で答えましょう。

ア　石油や石炭などの燃料を使う。　　**イ**　山に木を植える。
ウ　再生紙を利用する。

生き物のくらしと自然環境

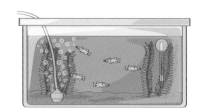

1　ゆうなさんのクラスでは、底に砂を広げた水そうに、池からくんできた水と水草を入れてメダカを飼っています。ゆうなさんとだいごさんは、メダカの水そうのそうじをしながら話しています。

ゆうな：このメダカは、家のキンギョと比べて、あまりえさをあたえなくても生きているけど、どうしてだろう。

だいご：（❶）からだよ。

ゆうな：なるほど。水そうの中でも、ⓐ生き物どうしが関わり合って生きているんだね。

だいご：水草は日光が当たると、メダカが出した（❷）を取り入れて、成長しているらしいよ。そういえば、植物がよく育つには肥料が必要だったけど、この水草は肥料がなくても、元気に育っているよね。

ゆうな：確かにそうだね。どうしてかな。先生に聞いてみよう。

（１）❶の（　）にあてはまることばを、次の**ア**〜**エ**から１つ選んで、記号で答えましょう。また、❷の（　）にあてはまることばを書きましょう。

ア　水草が、メダカにとって必要な栄養をつくっている

イ　水草によって、水そうの中の水がきれいになる

ウ　池の水の中の小さな生き物が、メダカの食べ物となる

エ　池の水の中の小さな生き物が、水そうの中の水のよごれを取ってくれる

❶	❷

（２）下線部ⓐについて、食物連鎖のはじまりとなる生き物は、どんな生き物ですか。次の**ア**〜**ウ**から１つ選んで、記号で答えましょう。

ア　自分で養分をつくる生き物　　**イ**　他から養分を取り入れている生き物

ウ　養分を必要としない生き物

ゆうな：水そうの中の水草は、なぜ肥料がなくても、よく育つのですか。

先　生：実は、水そうの底の砂が関係しています。水の中や底の砂にすみつい
　　　　た生き物がメダカのふんを分解して、それが砂の間にたまり、肥料に
　　　　なっています。このことから、メダカと底の砂の両方が、水草の成長
　　　　には必要といえますね。では、実際に実験をして確かめてみましょう。

そこで２人は、次のような実験を計画しました。

【方法】
①２つのボトルA、Bの中の条件
　を右の表のようにし、それぞ
　れに、くきの長さが同じ水草と、
　くみおきの水道水を入れる。

	メダカ	水そうの底の砂
ボトルA	5ひき	入れる
ボトルB	5ひき	入れない

②毎日水草のくきの長さをはかって、成長を比べる。

だいご：ボトルAの中の水草のほうがよく成長すれば、ⓘメダカと水そうの底
　　　　の砂の両方が、水草の成長に役立っているといえます。

先　生：ボトルA、Bだけでは、メダカが水草の成長に関わっているかはわか
　　　　りませんよ。

（３）２人は【方法】を見直して、ボトルを追加することにしました。追加す
るボトルと、下線部ⓘが確かめられる実験の結果として正しいものを、次の
ア～ウから１つ選んで、記号で答えましょう。

ア　メダカを入れないで砂を入れるボトルCを追加して実験した結果、ボト
　　ルの中の水草は、AよりBとCのほうが、成長しなかった。

イ　メダカも砂も入れないボトルDを追加して実験した結果、ボトルの中の
　　水草は、Aが最もよく成長し、Dが最も成長しなかった。

ウ　メダカを入れないで砂を入れるボトルCと、メダカも砂も入れないボト
　　ルDを追加して実験した結果、ボトルの中の水草は、AよりBとC、また、
　　BとCよりDのほうが、成長しなかった。

生き物のくらしと自然環境

1 みなとさんは、春休みの自由研究で、身近な植物であるタンポポについて調べ、レポートにまとめて、先生と話しています。

〈みなとさんのレポート〉

・タンポポの種子は、風によって遠くへ飛ばされ、いろいろな場所へ運ばれる。

・タンポポには、日本に昔からあるニホンタンポポと外国からもちこまれたセイヨウタンポポがある。

・近年は、ニホンタンポポが減少して、セイヨウタンポポが分布を広げている。

〈ニホンタンポポとセイヨウタンポポのちがい〉

ニホンタンポポ　　　セイヨウタンポポ

	ニホンタンポポ	セイヨウタンポポ
種子のでき方	風や虫により花粉が運ばれて受粉する。	受粉しなくても種子ができる。
生育場所	公園や野原などに集まっていた。	アスファルトなどに点在していた。

みなと：「どうしてニホンタンポポが減少したのか」という**【問題】**について考えました。ぼくがまとめたレポートより、セイヨウタンポポが日本にもちこまれて分布を広げたことで、ニホンタンポポが減少したと考えたんですが・・・。

先　生：いいえ。実は、セイヨウタンポポの分布が広がったことよりも、わたしたちのくらしが関係しているのですよ。

みなと：それはおどろきです。じゃあ、ぼくたちのくらしが、ニホンタンポポに、どのようなえいきょうをあたえているんですか。

情報を読み取って表現する

先　生：経済の成長により、都市部に人口が集中して、都市型のくらしがまわりの地域に広がっています。これを都市化といいます。都市化により、農地などが住宅地や工場地に変化し、ニホンタンポポが集まって育つことができる、広い野原のような場所が少なくなっています。下の図は、中心部から都市化が進んだ、ある地域のセイヨウタンポポの分布状きょうです。図から、都市化が進んだところはセイヨウタンポポの割合が多く、都市の中心からまわりへ分布が広がっていることがわかりますね。

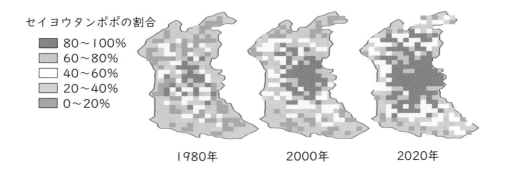

セイヨウタンポポの割合

■ 80～100%
▨ 60～80%
□ 40～60%
▧ 20～40%
▨ 0～20%

1980年　　　2000年　　　2020年

（１）下線部 について、ニホンタンポポが育つことができる場所が少なくなっていく中、セイヨウタンポポは、なぜ分布を広げていると考えられますか。
〈みなとさんのレポート〉を参考にして答えましょう。

セイヨウタンポポは、

（２）先生の会話をもとに、【問題】に対するまとめを書きましょう。

【問題】に対するまとめとして、ニホンタンポポが減少したのは、

まとめ問題

1 たいきさんは、休みの日に家族でキャンプに行きました。

テントをはる場所に大きな石があったので、たいきさんは木の棒を使って、お父さんと右の図のようなてこをつくり、石を持ち上げて動かすことにしました。

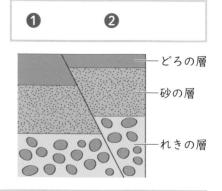

た い き：学校の授業で、てこを使うと、より小さな力でものを動かせることを学んだよ。このてこでは、（❶）になるよね。

お父さん：そうだね。このてこでは、支点から作用点までのきょりより、支点から力点までのきょりのほうが（❷）から、小さい力で石を持ち上げることができるよ。

（1）❶の（　）にあてはまることばを、次の**ア〜エ**から1つ選んで、記号で答えましょう。また、❷の（　）にあてはまることばを書きましょう。

[1問　5点]

ア　Aが作用点、Bが支点、Cが力点

イ　Aが支点、Bが作用点、Cが力点

ウ　Aが支点、Bが力点、Cが作用点

エ　Aが力点、Bが支点、Cが作用点

❶	❷

（2）キャンプ場の近くの川のがけでは、右の図のように、れき、砂、どろの層がずれて積み重なっている地層が見られました。この地層のでき方を説明しましょう。

[10点]

━ どろの層

━ 砂の層

━ れきの層

夕方になり、たいきさんの家族はバーベキューの準備をしています。

（３）バーベキューをするために、まきの置き方を考えます。まきがよく燃える置き方は、あといのどちらですか。理由も書いて答えましょう。　［10点］

　　　　あ　　　　　　　　い

た い き：まきが燃えると、二酸化炭素が出るよね。空気中の二酸化炭素が増えることは、地球温暖化の原因になることを聞いたよ。

お父さん：確かにその通りだけど、まきの場合は、もとになる木が（❸）から、空気中の二酸化炭素の量は変わらないよ。

た い き：なるほど。生き物と空気は関わり合っているんだね。

お父さん：空気だけではなく、生き物は水とも関わり合っていて、水は姿を変えながら地球上をめぐっているよ。

（４）❸の（　）にあてはまることばを、次の**ア〜ウ**から１つ選んで、記号で答えましょう。　［5点］

ア　日光に当たって、取り入れた二酸化炭素である

イ　蒸散によって、取り入れた二酸化炭素である

ウ　呼吸によって、二酸化炭素を減らしている

（５）下線部について、水はどのように姿を変えて、生き物のからだに取り入れられていますか。水のじゅんかんを説明しましょう。　［15点］

水面や地面から水が蒸発して、

問題は次のページに続きます。

2 いぶきさんのクラスは、疑問（ぎもん）に思ったことを調べて、発表しています。

（1） いぶきさんは、ドライヤーのしくみについて調べました。❶の（　）にあてはまることばを書きましょう。また、❷、❸の（　）にあてはまることばを、下の**ア～ウ**から1つずつ選んで、記号で答えましょう。

[1問　5点]

いぶき

電熱線　ファン
モーター
ふき出し口
ドライヤー

ドライヤーは、右の図のように、ファン（回転によって風を発生する）付きのモーターと電熱線を組み合わせた器具で、電気を（❶）に変えて利用しています。スイッチ1つで「冷風」と「温風」に切りかえることができ、「冷風」のときは、（❷）に電流が流れてファンが回転し、ふき出し口から風が出てきます。また、「温風」のときは、（❸）に電流が流れるため、熱い風がふき出し口から出てきます。

ア 電熱線だけ　　**イ** モーターだけ　　**ウ** 電熱線とモーター

❶	❷	❸

（2） えりなさんは、心臓（しんぞう）の動きと血液が流れるしくみについて調べました。

えりな

心臓は、ⓐふつうにしているときは15秒間に20回、運動をしているときは15秒間に35回、血液を送り出しています。また、血液によって、取り入れられた酸素を全身に運びます。運動をすると、呼吸（こきゅう）や心臓の動きが速くなるのは、運動によりからだが多くの（❹）からです。

① えりなさんが調べたところ、心臓は1回の動きで約0.06Lの血液を送り出しています。下線部あをもとに計算すると、運動をしているときに1分間に心臓が送り出す血液の量は、ふつうにしているときよりも何L多いですか。 [10点]

ヒント
まずは、ふつうにしているときと、運動をしているときの、全身に送り出す血液の量を求めよう！

② ④の（　）にあてはまることばを書きましょう。 [10点]

（3）たいがさんは、むらさきいもの粉とパンケーキのもとを混ぜて、パンケーキをつくったときのことを発表しています。たいがさんの発表から、水よう液の性質によって、むらさきいもの粉の色は、どのように変化すると考えられますか。下線部いの実験と結果を説明して、3つの水よう液の性質における、むらさきいもの粉の色の変化を答えましょう。 [15点]

たいが

むらさきいもの粉は、水を入れたときはむらさき色でしたが、パンケーキのもとを加えると、緑色になってしまいました。そこで、箱に書かれているパンケーキのもとの成分を確認（かくにん）すると、重そうがふくまれていたので、授業の実験で、重そう水をリトマス紙につけたときの色の変化を思い出しました。
また、むらさきいもの粉にレモン水（水にレモンのしるを入れたもの）を加えると、赤むらさき色になりました。

1 たくみさんとゆづきさんは、「日本国憲法」について学び、「日本国憲法」の前文を見つけました。

日本国憲法前文（部分要約）

　日本国民は、正当な　A　で選ばれた　B　を国民の代表者とし、わたしたちと子孫のために、世界の人々と仲良く協力し合い、自由のもたらす恵みを国土の全体にわたって確かなものにし、㋐政府の行いによって二度と戦争がおこることのないようにすることを決意しました。

　そして、日本国民は、主権が国民にあることを宣言して、この憲法をつくりあげました。

　㋑国の政治は、国民から厳しゅくにゆだねられたものであって、その権威は、元来国民がもっているものであり、政治の力は　C　によって使われ、そこから得られる幸福と利益は、国民がこれを受けるものです。これは人類全体の原理であって、この憲法はこの原理にもとづくものであり、わたしたちは、これに反する一切の憲法、法令、命令などは排除します。

（１）　A、Bの　　　にあてはまることばの組み合わせとして正しいものを、次のア〜エから１つ選んで、記号で答えましょう。

ア　A　選挙　　B　国民　　　　イ　A　選挙　　B　国会議員

ウ　A　投票　　B　天皇　　　　エ　A　投票　　B　公務員
　　　　　　　てんのう

（２）　下線部㋐は、右の資料の日本国憲法の三つの原則のうち、何を表しますか。

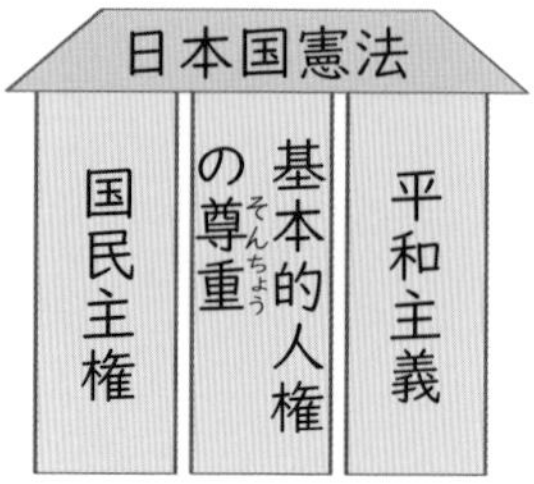

日本国憲法

国民主権

基本的人権の尊重
そんちょう

平和主義

✎ヒント

永久に戦争をほうきするとしているよ！

（3）Cの ☐ にあてはまることばを、前文の中から選んで書きま
しょう。

（4）下線部ⓘとほぼ同じ内容を表す10字程度のことばを、前文の中から選
んで書きましょう。

（5）たくみさんは、日本国憲法の中に、次の一節と天皇のおもな仕事を見つけ、
これについて考えたことを、下のようにまとめました。 ☐ にあてはまる
ことばを書きましょう。

▶日本国憲法第4条　1項（要約）
　天皇は、憲法の定める国の政治に関すること以外、政治については権限
をもたない。

▶天皇のおもな仕事
・憲法改正、法律、条約などの公布
・内閣総理大臣、最高裁判所長官の任命
・国会の召集　　　　　　・衆議院の解散
・国会議員の選挙の公示　・外国の大使などに会う
・さまざまな儀式を行う

注：天皇が行う憲法で定められた仕事を「国事行為」といいます。

【たくみさんのまとめ】
「日本国の象徴」で政治的な権限をもたない天皇は、国会議員などを選ぶ
☐ をもっていません。

日本国憲法

1 ひなさんとれんさんは、国民に保障されている権利を調べて、次の**資料Ⅰ**を見つけました。

【資料Ⅰ】 国民の権利〈国民の基本的人権〉の例

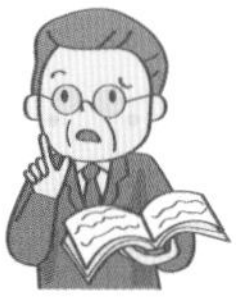
思想や学問の自由（19条・23条）

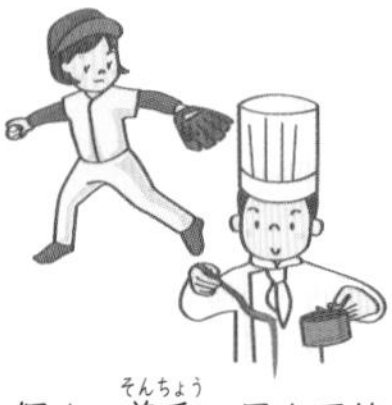
個人の尊重・男女平等（13条・14条）

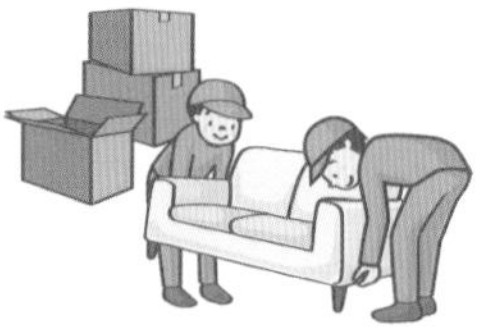
居住・移転、職業を選ぶ自由（22条）

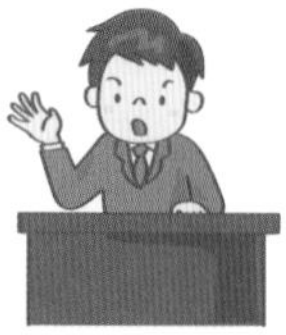
言論や集会の自由（21条）

働く人が団結する権利（28条）

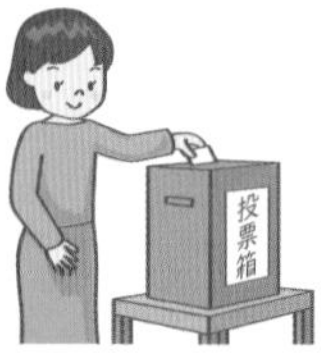

政治に参加する権利（15条）

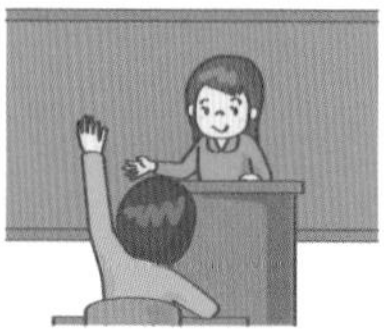
教育を受ける権利（26条）

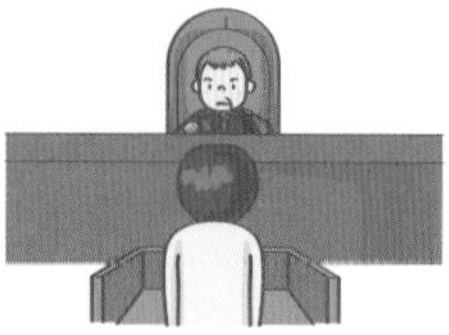
裁判を受ける権利（32条）

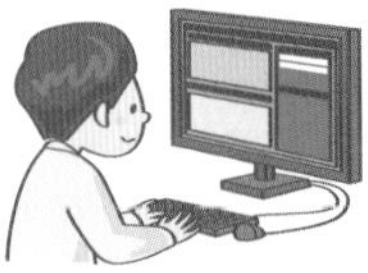
仕事について働く権利（27条）

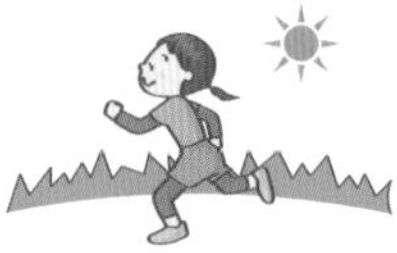
健康で文化的な生活を営む権利（25条）

（1） 右の**資料Ⅱ**では、明治時代に国会の開設を求めて演説する人を、警察官がやめさせようとしています。演説することは、現在の憲法では、国民の権利の一つとして認められています。**資料Ⅰ**からあてはまる権利を選んで、その名前を書きましょう。

【資料Ⅱ】

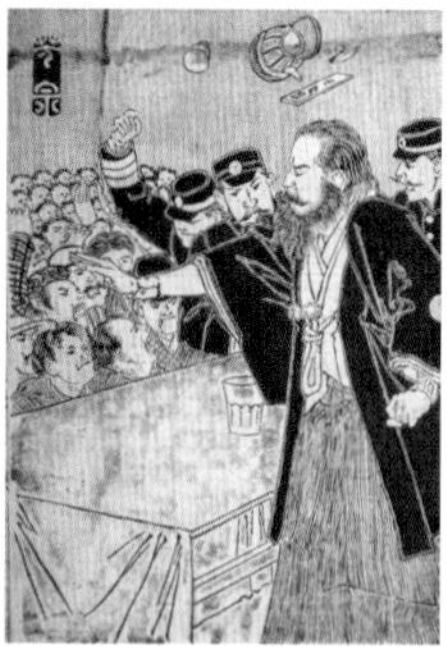

（2） **資料Ⅰ**中の政治に参加する権利の一つに「選挙権」があります。2015年に法律が改正されて、選挙権年令は、何才から何才に引き下げられましたか。㋐、㋑の □ にあてはまる数を、下の □ からそれぞれ１つずつ選んで書きましょう。

㋐ 才から ㋑ 才に引き下げられました。

15　18　20　22　25

㋐　　㋑

（3） ひなさんは、**資料Ⅰ**中の基本的人権について調べているとき、右の**資料Ⅲ**の求人ポスターには、基本的人権の尊重の観点からみて、問題点があることに気がつきました。どのような問題点があるかを、**資料Ⅰ**中の権利の名前をあげて書きましょう。

【資料Ⅲ】求人ポスター

アルバイト・パート募集！

スーパーマーケットの
品出し業務です！
★女性時給 1300 円〜
★男性時給 1100 円〜
★週３日〜交通費支給あり
　いっしょに働きませんか！

〇〇スーパー
電話　00－0000－0000

（4） れんさんは、次の日本国憲法の条文を見つけ、「基本的人権」が制限されることがあるのを知りました。

> 第13条　すべて国民は、個人として尊重される。生命、自由および幸福追求に対する国民の権利については、公共の福祉に反しない限り、立法その他の国政の上で、最大の尊重を必要とする。

注：「公共の福祉」とは、社会全体の利益をいいます。

「公共の福祉」による人権の制限が認められる場合にあてはまらないものを、次の**ア〜エ**から１つ選んで、記号で答えましょう。

ア　集まった人数が予定より少なかったので、届けを出さずに、値上げ反対のデモ行進をした。

イ　県庁の職員がストライキをする。

ウ　製造会社が協定して、製品を高い値段で販売する。

エ　選挙運動の期間中、候補者から何度か電話で投票をたのまれた。

日本国憲法

1 さくらさんは、基本的人権の一つである選挙権（参政権）について調べ、衆議院と参議院選挙の投票率の推移を示すグラフを見つけました。これを見て考えたことを、下のようにまとめました。2つのグラフから読み取れることを参考に、□□□□にあてはまることばを書きましょう。

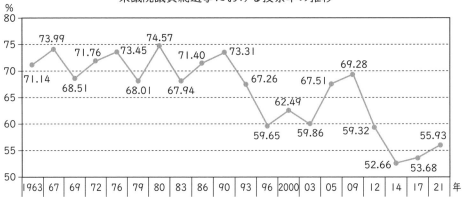

衆議院議員総選挙における投票率の推移

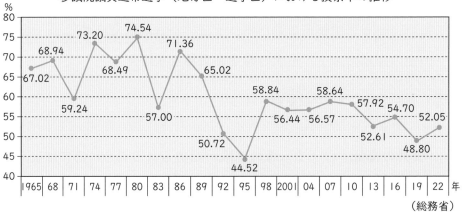

参議院議員通常選挙（地方区・選挙区）における投票率の推移

（総務省）

【さくらさんのまとめ】

以前は60％をこえていた投票率が、近年では低い状態が続いています。このままの状態が続くと、選挙の結果や政策が、□□□□可能性があるのではないでしょうか。

2 さくらさんとかいとさんは、「あたらしい憲法のはなし」という昔の教科書にあったさし絵と、日本国憲法第9条（一部要約）を見ながら話しています。

> 第9条　①日本国民は、正義と秩序を根本とする国際平和を求めていきます。国と国との戦争と、他の国を武力でおどすこと、また実際に武力を使うことは、国際紛争解決の方法としては永久に_あ放棄します。

さくら：この絵は何を表しているのかな？　いらなくなったものを、必要なものにつくりかえようとしているように見えるけど。

かいと：そうだね。日本国憲法の_い三つの原則の中の一つを絵にしているように思えるよ。

さくら：日本は、ゆいいつのひばく国で、その悲さんな経験から「非核三原則」の考え方を世界に示していると聞いたことがあるよ。

（1）憲法第9条中の下線部あで「放棄する」といっているものは何ですか。

（2）下線部いのさす「三つの原則の中の一つ」を書きましょう。

（3）下線部うの「非核三原則」の三つの内容を書きましょう。

社会 2

国の政治のしくみ

1 たくみさんとゆづきさんが、日本の政治のしくみ図を見ながら話しています。

・日本の政治のしくみ

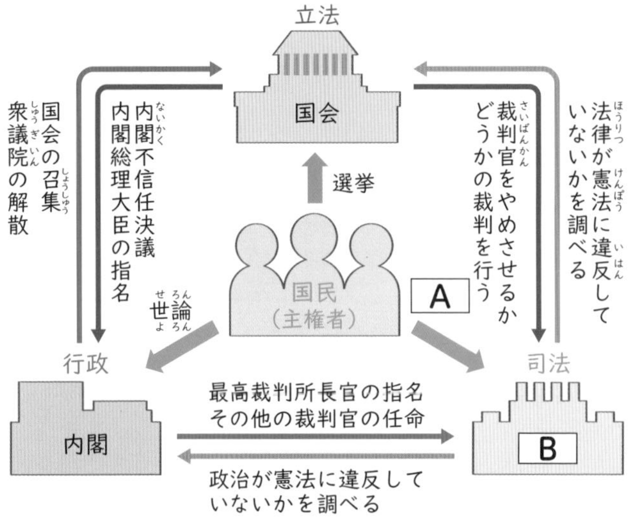

・国会の２つの議院

	㋐	㋑
人数	465人	248人
被選挙権年令	25才	30才
任期	４年	６年
解散	あり	なし（３年ごと半数改選）

たくみ： 日本の政治は「三権分立」というしくみで、国の権力を立法・行政・司法の三つに分けて政治を進めているよ。

ゆづき： 立法とは法律をつくることよね。その法律に従って、実際に政治を行うのが行政、[あ]司法は法律違反をばっしたりすることね。

たくみ： 立法を担当するのは[い]「国会」、行政を担当するのは「内閣」だね。国の権力を三つに分けて政治を進めるから、「三権分立」というんだね。

ゆづき： 国会では、[う]国民の代表者によって、政治について話し合いが行われるんだよね。

（１） Bの □ にあてはまる下線部[あ]の司法を担当する機関を何といいますか。

□

（２） 下線部[い]の「国会」には２つの議院があり、それぞれで話し合いが行われます。表中の㋐、㋑にあてはまる議院名を書きましょう。

㋐ □ ㋑ □

（3）国会で1つの議題を2つの議院で話し合うことの長所と短所を、簡単にまとめましょう。

ヒント
国会が2つの議院で構成されることを二院制というよ。

長所　二度審議することで、

短所　政策や法律の決定に、

（4）下線部③の「国民」が「司法を担当する機関」に対して行う働きかけの、Aの□□にあてはまる内容を、15字程度で書きましょう。

2 ゆづきさんは、選挙権をもつ人のどれくらいが投票しているのかを調べ、次の**資料**から読み取った問題点を、下のようにまとめました。□□にあてはまることばを書きましょう。

【資料】衆議院議員総選挙の年代別投票率の推移
(%)

年	1967	1969	1972	1976	1979	1980	1983	1986	1990	1993	1996	2000	2003	2005	2009	2012	2014	2017	2021
回	31	32	33	34	35	36	37	38	39	40	41	42	43	44	45	46	47	48	49
10才代																		40.49	43.21
20才代	66.69	59.61	61.89	63.50	57.83	63.13	54.07	56.86	57.76	47.46	36.42	38.35	35.62	46.20	49.45	37.89	32.58	33.85	36.50
30才代	77.88	71.19	75.48	77.41	71.06	75.92	68.25	72.15	75.97	68.46	57.49	56.82	50.72	59.79	63.87	50.10	42.09	44.75	47.12
40才代	82.07	78.33	81.84	82.29	77.82	81.88	75.43	77.99	81.44	74.48	65.46	68.13	64.72	71.94	72.63	59.38	49.98	53.52	55.56
50才代	82.68	80.23	83.38	84.57	80.82	85.23	80.51	82.74	84.85	79.34	70.61	71.98	70.01	77.86	79.69	68.02	60.07	63.32	62.96
60才代	77.08	77.70	82.34	84.13	80.97	84.84	82.43	85.66	87.21	83.38	77.25	79.23	77.89	83.08	84.15	74.93	68.28	72.04	71.43
70才代以上	56.83	62.52	68.01	71.35	67.72	69.66	68.41	72.36	73.21	71.61	66.88	69.28	67.78	69.48	71.06	63.30	59.46	60.94	61.96
全体	73.99	68.51	71.76	73.45	68.01	74.57	67.94	71.40	73.31	67.26	59.65	62.49	59.86	67.51	69.28	59.32	52.66	53.68	55.93

（総務省）

【ゆづきさんのまとめ】
ここ10回の選挙で、投票率が50％を上回っているのは、50才以上の人たちで、30才未満の人たちの投票率は平均を下回っています。このままでは、政治の方向を決定するとき、□□□□可能性があります。

国の政治のしくみ

1 ひなさんとれんさんは、国のお金がどんなことに使われているのかを調べて、次の**資料**を見つけました。この**資料**を見ながら、二人が話しています。❶〜❸の（　）にあてはまる数やことばを書きましょう。

【資料】国の予算の歳出推移

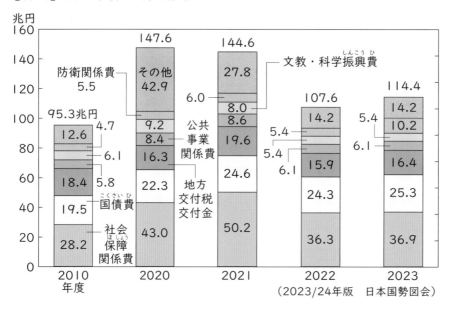

（2023/24年版　日本国勢図会）

ひ　な：歳出って、国などの支出のことだよね。国のお金は、いろいろなことに使われているんだね。

れ　ん：本当だね。2010年度から2023年度までのうち、予算の規模が最も大きかったのは（❶）年度だよ。

ひ　な：どの年度も、歳出にしめる金額が一番大きいのは、（❷）ね。

れ　ん：2番目に大きいのは、（❸）だけど、2023年度では総額の4分の1にもなるね。

ひ　な：これが増えるというのは、借金が増えているということなんじゃない？

❶	❷	❸

2 ひなさんとれんさんは、国会・内閣・裁判所の関係を、次の図にまとめました。

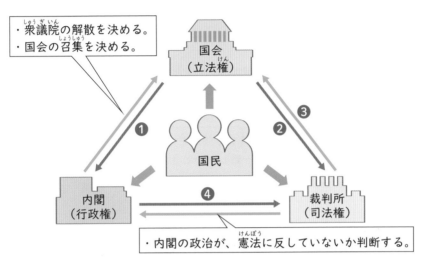

（１） 矢印の向きに注意して、❶〜❹にあてはまる説明を、次の**ア〜カ**から１つずつ選んで、記号で答えましょう。

ア 内閣総理大臣を国会議員の中から指名する。

イ 国会議員を選挙する。

ウ 最高裁判所の長官を指名する。

エ 法律が憲法に反していないか判断する。

オ 国務大臣を任命する。

カ 裁判官をやめさせるかどうか裁判する。

（２） 立法権、行政権、司法権の関係を表す「三権分立」とはどのようなしくみですか。次のことばに続けて、「分担」「行き過ぎ」ということばを使って書きましょう。

三権分立は、立法・行政・司法を担当する三つの機関が

国の政治のしくみ

1 さやかさんは、衆議院と参議院の関係について調べ、次のような「衆議院の優越」とよばれる、衆議院の議決が参議院の議決に優先する場合があることを知りました。

衆議院の優越

事がら	内容	結果
ⓐ予算の先議	予算は衆議院が先に審議する。	
予算の議決・条約の承認・ⓑ内閣総理大臣の指名	衆議院と参議院で異なる議決をした場合で、両院協議会でも意見が一致しないとき	衆議院の議決が国会の議決となる。
	衆議院で可決された議案を受け取ったあと、参議院が30日以内（内閣総理大臣の指名に関しては10日以内）に議決しないとき	
ⓒ法律案の議決	衆議院と参議院で異なる議決をする、または衆議院で可決した法律案を受け取ったあと60日以内に議決しない場合➡衆議院で出席議員の3分の2以上の多数で再可決したとき	法律となる。
ⓓ内閣不信任決議	不信任の決議は衆議院だけで行うことができる。	

（1）政治的な事がらは、ふつう衆議院・参議院の両院で審議されますが、両院で審議・議決されない事がらもあります。その事がらを、ⓐ～ⓓから1つ選んで、記号で答えましょう。

（2）衆議院の議決が参議院より優先されるのはなぜですか。その理由を任期や解散の有無などをふまえ、次のことばに続けて、「国民の意見」ということばを使って書きましょう。

> 衆議院の任期は4年と、参議院に比べて、

ステップ 3

情報をもとに考えたことを表現する

判断力 ☆☆☆
思考力 ☆☆☆
表現力 ☆☆☆

2 かいとさんは、裁判員(さいばんいん)制度に対する人々の意識について調べ、**資料Ⅰ**を見つけました。かいとさんは、裁判員候補者(こうほしゃ)の辞退率(じたいりつ)の上しょうは問題点の一つだと考え、対策(たいさく)を探(さが)すうちに、**資料Ⅱ**、**Ⅲ**を見つけました。**資料Ⅱ**、**Ⅲ**の内容を読み取って、辞退率上しょう対策の提案になるように、㋐～㋒の □ にあてはまることばを書きましょう。

【資料Ⅰ】 裁判員辞退率の変化

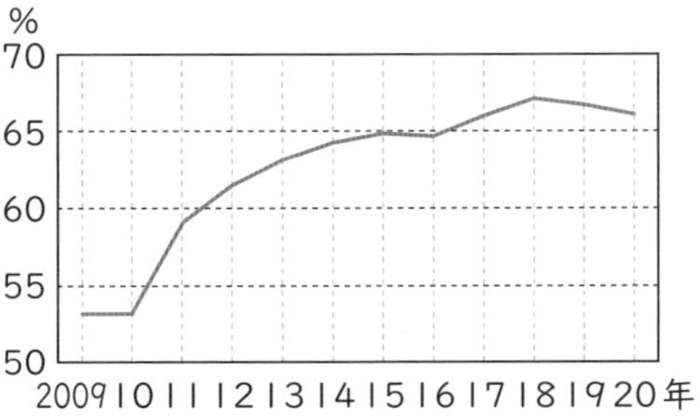

【資料Ⅱ】 裁判員に選ばれる前の気持ち

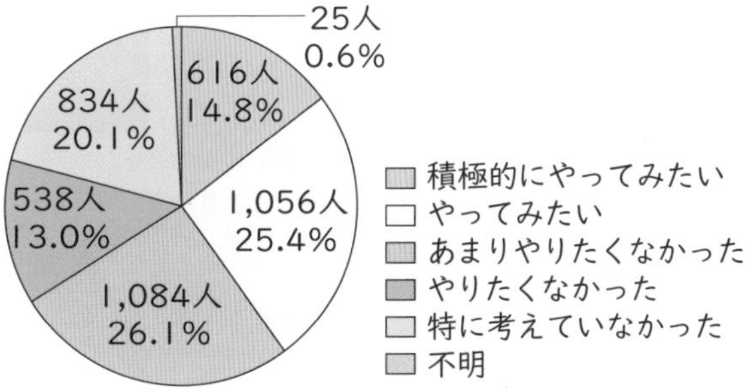

【かいとさんの提案】

実際に裁判員に参加する前は、裁判員制度に対する関心は [㋐] が、参加して経験したあとでは、[㋑] という結果でした。

そこで、「よかった」と感じた裁判員経験者に、[㋒] を提案したいです。

【資料Ⅲ】 裁判員として裁判に参加した感想

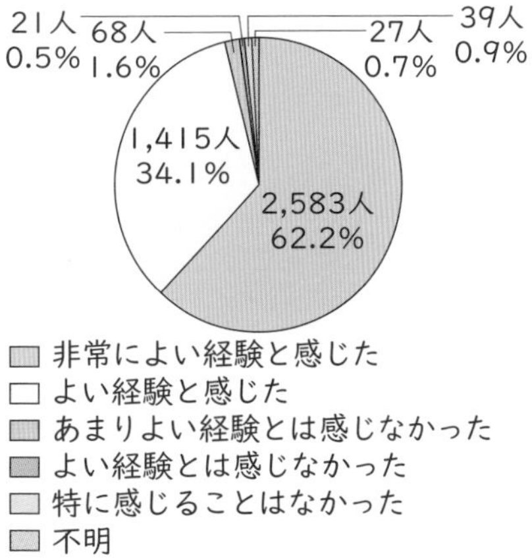

（【資料Ⅰ～Ⅲ】 裁判所 web ページ）

㋐　　　　　㋑

㋒

大昔のくらし、そして国づくりへ

たくみさんは、古代の人々のようすがわかる資料をいくつか見つけました。この資料をゆづきさんといっしょに、時代ごとに分けてみることにしました。

（１） 次の㋐〜㋕の資料は、どの時代のものですか。それぞれあてはまる時代に分けて、記号で答えましょう。

㋐

㋑

縄の模様があるものが多い。

㋒

㋓

㋔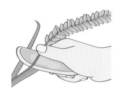

㋕

縄文時代	弥生時代	古墳時代

ヒント

㋕は魚つりに使うよ。

たくみ：㋒は、「銅鐸」とよばれる資料で、これは、祭りのときに音を出して使われるものらしいよ。

ゆづき：どんな音かきいてみたいな。右の資料の表面の絵は何？

たくみ：銅鐸が使われていたころのくらしのようすだね。

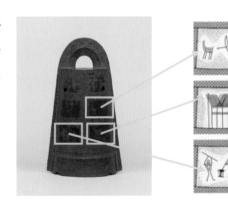

ゆづき：真ん中の絵にかかれている床の高い建物は、（❶）ね。

たくみ：下の絵は、脱穀しているようすかな。

ゆづき：このころには、（❷）が行われていたんだね。

（２）❶、❷の（　）にあてはまることばを書きましょう。

❶	❷

🐾ヒント

床を高くするのは、湿気やネズミよけのためだね。

2 たくみさんは、古代の人々がどんなものを食べていたかを調べて、「人々の食べ物」をこよみにした、次の**資料Ⅰ**、**Ⅱ**を見つけました。

【資料Ⅰ】 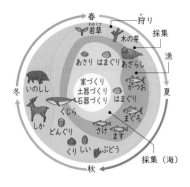　　　【資料Ⅱ】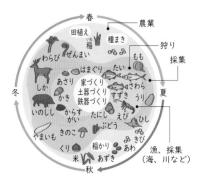

（１）弥生時代のくらしを示すのは、**資料Ⅰ**、**資料Ⅱ**のどちらですか。

（２）（１）のように判断した理由として正しいものを、次の**ア〜エ**から１つ選んで、記号で答えましょう。

ア 食べ物は、すべて狩りや漁・採集にたよっているから。

イ 人々は協力して、くじらなどの大型の獲物をとっているから。

ウ 食べ物を得る手段の中心が、稲作という農作業だから。

エ 食べ物の種類が少ないから。

社会

3 大昔のくらし、そして国づくりへ

1 ひなさんは、大阪府にある世界遺産になっている「仁徳天皇陵古墳」の全長が世界一だと聞いて、次の**資料Ⅰ**、**Ⅱ**を参考に、古墳について調べ、下のようにまとめました。

【資料Ⅰ】 おもな古墳の分布

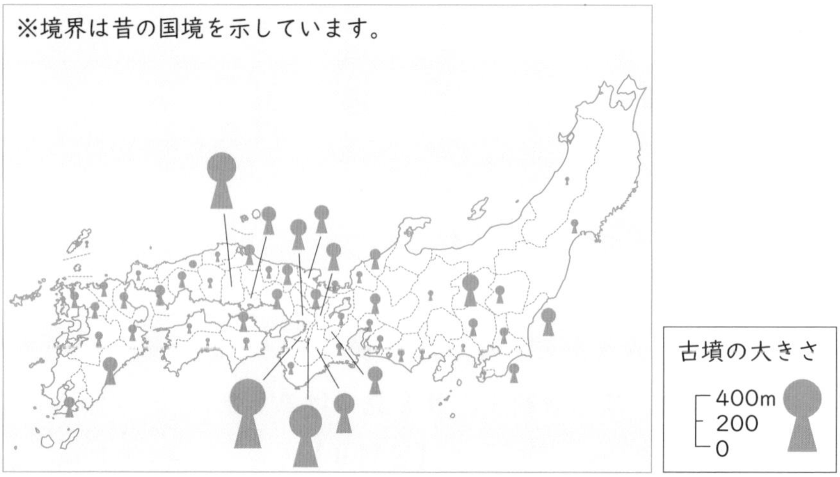
※境界は昔の国境を示しています。
古墳の大きさ
400m
200
0

【資料Ⅱ】

仁徳天皇陵古墳：大仙古墳ともいう。
古墳建造にかかわった人数：のべ 680 万 7000 人　　工事期間：15 年 8 か月

【ひなさんのまとめ】

「古墳」とは、その地域を[㋐]で、近畿や瀬戸内海の沿岸地域から各地に広がったものです。長さ 200 m 以上の巨大な古墳は、現在の[㋑]地方に多くみられます。仁徳天皇陵古墳にみられるように、古墳をつくるには、多くの人々が長い期間働く必要があります。このことから、この地域の豪族は強大な力と富をもっていたことがわかります。この中からより大きな力をもつくにが現れ、[㋒]という政府をつくり、大王（後の天皇）を中心として、支配を広げました。5～6 世紀ごろには、[㋓]地方から関東・東北地方南部の豪族を従えました。

（1） 仁徳天皇陵古墳のような形の古墳を何といいますか。

（2）　㋐〜㋔の □ にあてはまることばを書きましょう。

㋐	㋑

㋒	㋔

（3）　ひなさんのまとめの下線部について、「このことから」が指す内容を、次のことばに続けて、「人々」「期間」ということばを使って書きましょう。

古墳をつくるには、

（4）　古墳の建造には、建築・焼き物などの専門(せんもん)知識をもった、中国や朝鮮(ちょうせん)半島から日本にやってきた人々が協力しました。この人々を何といいますか。漢字で書きましょう。

---

2 次の**資料Ⅰ**の人物について、れんさんは**資料Ⅱ**を見つけました。**資料Ⅱ**は、この人物がつくった役人の心構えです。この人物の名前と、**資料Ⅱ**中の下線部の2つのことばを使って、この人物が目指した政治を書きましょう。

【資料Ⅰ】

【資料Ⅱ】

第1条　人の和を第一にしなければなりません。

第2条　仏教をあつく信仰(しんこう)しなさい。

第3条　天皇の命令は、必ず守りなさい。

第12条　地方の役人が勝手に、みつぎ物を受け取ってはいけません。

人　物

政治

社会

3 大昔のくらし、そして国づくりへ

1 さくらさんは、聖武天皇に興味をもち、次の**資料Ⅰ～Ⅲ**からその時代のようすなどを調べ、年表にまとめました。

聖武天皇の年表

年	できごと
710	都が [㋐] に移される
720	九州で反乱がおこる
724	天皇の位につく
734	大地震がおこる
737	都で病が流行する
740	貴族の反乱がおこる 都を恭仁京に移す
741	[あ]国分寺を建てる命令を出す
743	[い]大仏をつくる命令を出す
744	都を難波宮に移す 都を紫香楽宮に移す
745	都を [㋐] にもどす
749	天皇の位を退く
752	大仏開眼式が行われる
756	聖武天皇がなくなる

【資料Ⅰ】 ㋐のようす

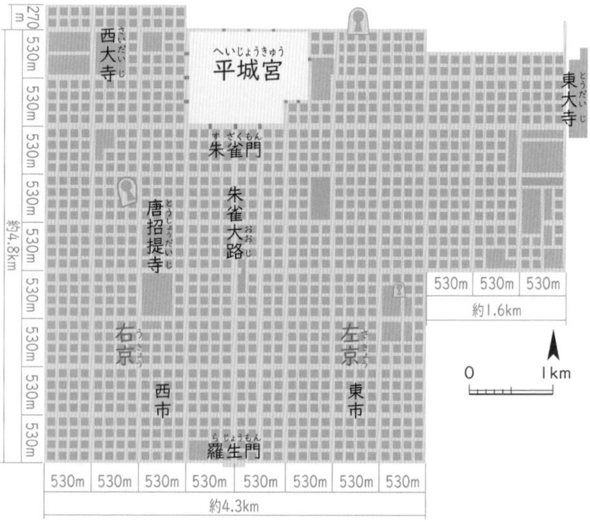

【資料Ⅱ】 国分寺の分布

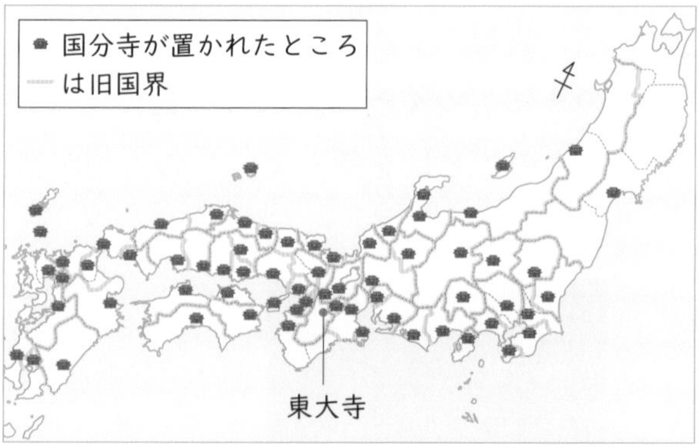

【資料Ⅲ】 国分寺を建てる詔

> …近ごろ、作物の実りが豊かではなく、病もはやっている。そこで国民の幸福を求めるため、国ごとの神社の修造と仏像をつくらせ、写経をさせた。すると今年は天候が順調で穀物も豊作だった。……諸国に命じて七重の塔一基を建て、写経をして納めさせよ。願うところは、仏の加護が今もこの先も満ちていることである。…
>
> （一部要約）

ステップ 3 ＞ 情報をもとに考えたことを表現する

判断力 ☆☆☆
思考力 ☆☆☆
表現力 ☆☆☆

（1） **資料Ⅰ**は、年表中の㋐のようすを表したものです。㋐の ＿＿ にあてはまることばを書きましょう。

（2） さくらさんは、年表中の下線部[あ]、[い]の命令がなぜ出されたのかを、次のようにまとめました。年表と**資料Ⅲ**の「国分寺を建てる詔」を参考に、㋑～㋖の ＿＿ にあてはまることばを書きましょう。同じ記号の ＿＿ には、同じことばが入ります。

【さくらさんのまとめ】
聖武天皇が即位（そくい）したころ、［㋑］、［㋒］、［㋓］が立て続けにおこっていて、社会不安が広がっていました。作物の実りも悪い状態が続いていました。聖武天皇は、［㋔］で民衆（みんしゅう）の不安をしずめ、国を守ろうと考えました。天皇は、全国60か所あまりに国分寺を建て、都には総国分寺として［㋕］を建てて、［㋕］には［㋖］を納めることを命じました。

㋑　㋒　㋓

㋔　㋕

㋖

（3） **資料Ⅱ**の「国分寺の分布」から、どんなことが読み取れますか。考えたことを30字程度でまとめましょう。

ヒント
国分寺は九州から東北地方まで広く分布しているよ。

社会 4

貴族(きぞく)の世から武士の時代へ

1 8世紀の終わりごろに、新しい都で始まった時代のようすについて、次の**資料Ⅰ、Ⅱ**を見ながら、ゆづきさんたちが話しています。

ゆづき：新しい都とは平安京(へいあんきょう)のことよね。

たくみ：その都で行われた政治は、その後400年も続いたよ。どんな時代だったのかな。

ゆづき：貴族が政治の中心の時代といわれているよね。

たくみ：身分の高い貴族は、(　　)という様式の広い家に住んでいたみたい。

ゆづき：**資料Ⅱ**を見ると、小さな舟(ふね)をうかべることができる池があるよ。

【資料Ⅰ】もち月の歌

この世をば
わが世とぞ思ふもち月の
かけたることも
なしと思へば

〈要約〉
この世はわたしのもので、思い通りにならないものはない。

【資料Ⅱ】貴族の住まい

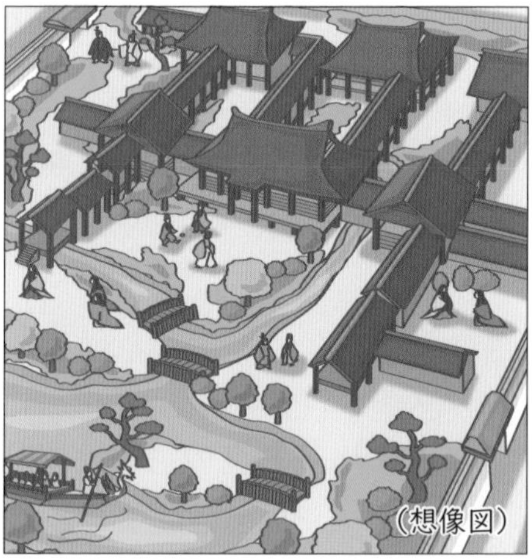
(想像図)

(1) 下線部について、たくみさんは次のようにまとめました。㋐～㋒の［　　］にあてはまることばを書きましょう。

> 有力な［㋐］が朝廷(ちょうてい)の中心にいて、［㋑］にかわって政治を行っていた時代です。もっとも栄えたのは、**資料Ⅰ**の歌を残した［㋒］の時代です。

㋐　　　㋑　　　㋒

(2) (　)にあてはまる様式を何といいますか。漢字で書きましょう。

ステップ **1** > 情報を読み取る

2 たくみさんは、平安文化に興味をもち、いくつかの資料を見つけました。

（１）　たくみさんが集めた次の資料**ア**〜**オ**のうち、平安文化にあてはまらないものをすべて選んで、記号で答えましょう。

ア　正倉院の宝物

イ

ウ

エ　平等院鳳凰堂

オ　かな文字

安 → あ → あ
以 → い → い
宇 → う → う
衣 → え → え
於 → れ → お

（２）　平安京に都があった時代の年表を見て、次の問題に答えましょう。

① 　下線部の**あ**、**い**の作者名を、漢字で書きましょう。

あ	**い**

② 　**あ**、**い**の作品に深い関係のあるものを、次の**ア**〜**エ**から１つ選んで、記号で答えましょう。

ア　けまり　　　　**イ**　七夕
ウ　かな文字　　　**エ**　万葉集

年	できごと
794	平安京に都が移される
1001ころ	ⓐ「枕草子」が完成する
1007ころ	ⓘ「源氏物語」が完成する
1016	藤原道長が摂政となる
1017	道長が太政大臣となる 藤原氏が栄える
1027	道長がなくなる

貴族の世から武士の時代へ

1 れんさんは、武士と貴族とのちがい、武士がいつごろ、どうやって力をもつようになったのかを調べて、次の**資料Ⅰ**、**Ⅱ**を見つけました。

【資料Ⅰ】貴族のくらし

(想像図)

【資料Ⅱ】武士のくらし

(想像図)

（１）　れんさんは、**資料Ⅰ**、**Ⅱ**を参考に、貴族とはちがう武士のくらしを、次のようにまとめました。㋐〜㋒の □ にあてはまることばを書きましょう。

> 貴族の家にある池は、遊びのための池ですが、武士の家を囲む水路は、しん入をさまたげる堀の役割があります。また、武士の家の門には ㋐ を置き、㋑ に備えて馬屋があり、武士は常に ㋒ や乗馬の練習をしています。

㋐	㋑	㋒

（２）　武士の中には、有力な貴族や朝廷に仕えて力をつけるものも現れ、一族のかしらを中心にまとまりをつくりました。これを何といいますか。

（3）（2）の中で、東国（東日本）に勢力を広げた集団を何といいますか。

年	できごと
1159	平治の乱で平氏に敗れる
1160	伊豆へ流される
1180	平氏打倒の兵をあげる
1185	⟨エ⟩ で平氏をほろぼす 軍事や警察の仕事をする ⟨オ⟩、 年貢の取り立てなどを担当する ⟨カ⟩ を各地に置く
1192	源頼朝が ⟨キ⟩ になる
1219	北条氏が権力をにぎる

（4）れんさんは、源頼朝の年表をつくりました。エの [　　] にあてはまる戦いは何ですか。次のア〜ウから1つ選んで、記号で答えましょう。

ア 一ノ谷の戦い　　イ 壇ノ浦の戦い
ウ 屋島の戦い

（5）オ〜キの [　　] にあてはまることばを書きましょう。

オ　　　　　　　カ　　　　　　　キ

（6）頼朝は京都ではなく、鎌倉に幕府を開きました。その理由を、右の地図の地形に着目して、「三方」ということばを使って書きましょう。

（7）頼朝の開いた幕府と御家人（頼朝に従った武士）との結びつきを示す右の図の、A、Bにあてはまることばを書きましょう。

A　　　　　　B

社会 4 貴族の世から武士の時代へ

1 都が平安京にあったころ、貴族が政治の中心でした。藤原道長はどのようにして強大な力をもつことができたのかを、**資料**を参考に、「むすめ」「天皇」ということばを使って、40字程度で書きましょう。

【資料】天皇と藤原氏のつながり

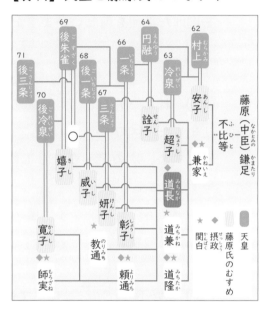

2 かずとさんとさくらさんは、鎌倉幕府のときに、元という国に二度せめられたことを知り、**資料Ⅰ、Ⅱ**を見つけ、そのようすやその後の社会の変化などを調べました。

【資料Ⅰ】蒙古襲来絵詞

【資料Ⅱ】博多湾沿岸の防塁

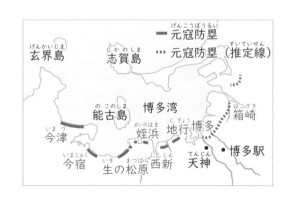

かずと：元というのはモンゴル人の国で、大陸で大きな勢力をもっていたよ。

さくら：その国が日本に従うように、使者を送ってきたんだよね。

かずと：そのときに執権だった（❶）は、きょ否したよ。

さくら：それで、元の大軍が、九州の（❷）湾にせめてきたんだね。

かずと：元軍は、日本では知られていない武器を使っていたし、<u>戦い方</u>も日本とはちがっていて、苦戦したよ。

さくら：資料Ⅱの写真の高い石のかべは、武士がつくったのかな。

かずと：元軍が再びせめてくることを想定して、幕府が九州の武士たちにつくらせたんだ。長さは全部で20kmもあったらしいよ。

（１）❶、❷の（　）にあてはまることばを書きましょう。

❶	❷

（２）下線部の元軍の戦い方について、資料Ⅰから読み取れることを書きましょう。

（３）元軍との戦いのあと、元軍は追いはらったものの、幕府と御家人たちの関係に変化が生じました。どのように変わったかを、次のようにまとめました。㋐〜㋒の　　　　にあてはまることばを書きましょう。

御家人たちは、元軍との戦いで、多くの損害があったにもかかわらず、相手の　㋐　を得ることはできませんでした。そのため、戦いに参加したのに、　㋑　をもらえない武士が多く出ました。その結果、　㋒　。

㋐	㋑

㋒

<ruby>室町<rt>むろまち</rt></ruby>文化と人々のくらし / 全国統一への動き

1 ゆづきさんとたくみさんは、室町時代について、次の**資料Ⅰ〜Ⅲ**を見つけました。

【資料Ⅰ】　　　【資料Ⅱ】　　　　　　　　　　　　【資料Ⅲ】

（１）　**資料Ⅰ〜Ⅲ**に関連することばを、それぞれ次の**ア〜カ**から１つずつ選んで、記号で答えましょう。

ア　<ruby>大和絵<rt>やまと</rt></ruby>　　**イ**　<ruby>狂言<rt>きょうげん</rt></ruby>　　**ウ**　<ruby>水墨画<rt>すいぼく が</rt></ruby>（すみ絵）　　**エ**　<ruby>書院造<rt>しょいんづくり</rt></ruby>

オ　<ruby>寝殿造<rt>しんでんづくり</rt></ruby>　　**カ**　<ruby>能<rt>のう</rt></ruby>

Ⅰ	Ⅱ	Ⅲ

（２）　**資料Ⅰ**の絵画の技法を完成させた人物の名前を書きましょう。

（３）　室町<ruby>幕府<rt>ばく ふ</rt></ruby>の説明として正しいものを、次の**ア〜エ**から１つ選んで、記号で答えましょう。

ア　室町幕府は、<ruby>源 頼朝<rt>みなもとのよりとも</rt></ruby>が開いた武士の<ruby>政権<rt>せいけん</rt></ruby>である。

イ　３代<ruby>将軍足利義満<rt>しょうぐんあしかがよしみつ</rt></ruby>は、中国の<ruby>宋<rt>そう</rt></ruby>と貿易を行い、京都北山に<ruby>金閣<rt>きんかく</rt></ruby>を建てた。

ウ　将軍を<ruby>補佐<rt>ほ さ</rt></ruby>する役職は、<ruby>執権<rt>しっけん</rt></ruby>とよばれた。

エ　８代将軍<ruby>足利義政<rt>よしまさ</rt></ruby>のとき、<ruby>応仁<rt>おうにん</rt></ruby>の<ruby>乱<rt>らん</rt></ruby>がおき、京都は戦いであれ果てた。

ヒント

中国（宋）と貿易を行ったのは、<ruby>平 清盛<rt>たいらのきよもり</rt></ruby>だね。

2 戦国時代に日本がヨーロッパの国と交流をもったことを知って、ゆづきさんと
たくみさんは、どんなつながりだったのかを調べました。

ゆづき：種子島（たねがしま）に流れ着いた中国船に

乗っていたヨーロッパ人が、鉄
砲（てっぽう）を伝えたんだね。

たくみ：その鉄砲は、その後の日本に

強く影響（えいきょう）し、多くのものをも
たらしたよ。

年	できごと
1543	㋐ 人が鉄砲を伝える
1549	㋑ がキリスト教を伝える
1569	織田信長（おだのぶなが）がキリスト教をゆるす
1573	信長が室町幕府をほろぼす

（1） 右の地図を参考に、㋐の □ に
あてはまる国名を書きましょう。

各国の新航路開たく

（2） たくみさんは、日本語の中にポル
トガルやスペインのことばが、外来語と
して入っていることを知りました。その
外来語にあてはまらないものを、次の**ア**〜
オから１つ選んで、記号で答えましょう。

ア 天ぷら	**イ** こん平とう	**ウ** カボチャ	**エ** おんぶ	**オ** 屏風（びょうぶ）

💡ヒント

１つは日本語がポルトガル語やスペイン語に入った例だよ。

（3） ㋑の □ にあてはまる人物の名前を書きましょう。

室町文化と人々のくらし / 全国統一への動き

1 れんさんは、室町時代の農民やまちの人々のくらしについて調べて、次の**資料Ⅰ〜Ⅲ**を見つけました。

【資料Ⅰ】月次風俗図屏風

【資料Ⅱ】大山寺縁起絵巻

【資料Ⅲ】今堀日吉神社文書

今堀惣のおきて

一 寄合があることを知らせて、二度出席しない者は、50文のばっ金とする。

一 よそ者は、身元保証人がなければ村内に住まわせてはならない。

一 村の共有地と村人の私有地との境界の争いは、金銭で解決すること。

一 村の共有林で、若木や葉枝を切り取った村人は、村人としての身分を失う。

（一部要約）

注：「惣」は、室町時代の農村の自治組織で、共有地や用水の管理などを行いました。

（1） 資料Ⅰ、Ⅱから読み取れることとして正しいものを、次の**ア〜オ**からすべて選んで、記号で答えましょう。

ア 田植えをするかたわらで、おどっている人々がいる。

イ モミは直まきにしている。

ウ 集団で田植えをしている。

エ 土地を耕すのに、牛を使っている。

オ 使っている農具は1種類だけである。

判断力 ☆☆☆
思考力 ☆☆☆
表現力 ☆☆☆

（２） れんさんは、**資料Ⅲ**を見て、室町時代の農村について、次のようにまとめました。㋐、㋑の[　]にあてはまることばを書きましょう。

> 室町時代の農村では、村人同士の[㋐]を強めるために、このようなおきてをつくり、自分の村の利益や[㋑]を守ろうとしたと考えられます。

㋐　　　　　　㋑

2 ひなさんは、市のようすを調べたところ、鎌倉(かまくら)時代の**資料Ⅰ**、室町時代の**資料Ⅱ**を見つけました。

【資料Ⅰ】 鎌倉時代の市のようす

【資料Ⅱ】 室町時代の市のようす

ひなさんはこの２つの**資料**を比べて、気づいたことや、考えられることを、次のようにまとめました。㋐、㋑の[　]にあてはまることばを書きましょう。

> 鎌倉時代には月に数度、不定期に品物を売り買いする市が開かれるようになりました。店は、[㋐]があるだけの簡単(かんたん)なものでした。それに比べて、室町時代の店は床(ゆか)や台がしっかりしていて、不定期ではなく[㋑]になっていったと考えられます。

㋐　　　　　　㋑

室町文化と人々のくらし / 全国統一への動き

1 かずとさんとさくらさんは、戦国時代を統一に導いた2人の武将について、どのように戦国の世をまとめていったかを調べて、次の資料Ⅰ～Ⅴを見つけました。

【資料Ⅰ】おもな戦国大名（1560年ごろ）

【資料Ⅱ】おもな戦国大名（1570年ごろ）

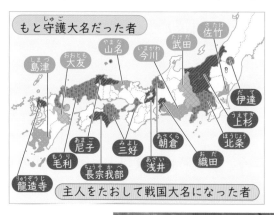

もと守護大名だった者
佐竹
山名　武田
島津　大友　今川
伊達
上杉
尼子　三好　朝倉　北条
毛利　　　　　　　織田
長宗我部　浅井
龍造寺　主人をたおして戦国大名になった者

おもな大名の領土
その他の大名の領土

南部
最上
上杉
尼子　朝倉　蘆名　伊達
龍造寺　毛利　浅井　武田　佐竹
　　　織田　北条
大友　三好　徳川
長宗我部
島津

【資料Ⅲ】

織田・徳川軍

武田軍

（犬山城
白帝文庫所蔵）

【資料Ⅳ】　　　　　　（1577年）

安土の町中に対する定め
一　この安土の町は楽市としたので、いろいろな座は廃止し、さまざまな税は免除する。
一　街道を行き来する商人は、中山道を素通りせず、必ずこの町に宿をとるようにせよ。（要約）

【資料Ⅴ】　　　　　　（1588年）

一　百姓が刀やわきざし、弓、やり、鉄砲、その他の武器をもつことは固く禁止する。不必要な武器をもち、年貢を納めず、一揆をくわだてたりする者は処ばつする。
一　取り上げた武器はむだにはしない。新しくつくる大仏のくぎなどにする。

（要約）

情報をもとに考えたことを表現する

かずと： 戦国大名が出てくるのは、室町幕府の力が弱まった、応仁の乱よりあとだよね。各地の力をもった大名の中から現れたのかな。

先　生： 資料Ⅰを見てごらん。幕府に仕えていた（❶）から、戦国大名になった人もいます。また、大名の家来だった人が、主人をたおして戦国大名になった例もあります。

さくら： 戦国大名たちの中から、大きな力をもった大名が出てきたんだね。

かずと： 資料ⅠとⅡを比べると、10年ほどの間に領地を大きくしているのが、（❷）、武田、（❸）だよ。

さくら： そして、おきた戦いが、資料Ⅲの（❹）というわけね。

先　生：（❹）は、大名たちのその後の戦い方に、<u>大きな影響</u>をあたえました。

（1）❶～❹の（　）にあてはまることばを書きましょう。同じ番号の（　）には、同じことばが入ります。

❶	❷	❸	❹

（2）下線部の「大きな影響」とはどのようなことですか。「大量の」「効果的」ということばを使って、30字程度で書きましょう。

（3）資料ⅣとⅤを出した武将の名前と法令名を、それぞれ書きましょう。

資料Ⅳ	武将：	法令：
資料Ⅴ	武将：	法令：

（4）資料ⅣとⅤが出された目的を、それぞれ20字程度で書きましょう。資料Ⅴについては、「身分」ということばを使いましょう。

資料Ⅳ

資料Ⅴ

江戸幕府と人々のくらし

1 つむぎさんは、江戸時代がおよそ260年も続いたことに興味をもち、調べたところ、次の**資料**を見つけました。

つむぎ：200人以上もいる大名の領地を決めるには、工夫があったと思うよ。

お姉さん：幕府が直接治めた地域があることがわかるかな。大名をいくつかに分けたのは、工夫の一つじゃないかな。

【資料】大名配置図 （1632年ごろ）

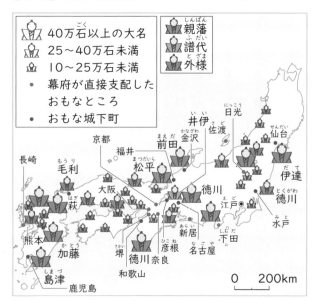

（１）次の①～③の大名を何といいますか。

① 徳川氏の親類の大名

② 古くからの家来の大名

③ 関ヶ原の戦いの前後ころ家来になった大名

（２）**資料**の大名配置図から読み取れる内容としてあてはまらないものを、次の**ア**～**エ**から１つ選んで、記号で答えましょう。

ア 大阪や京都など重要な地域は、幕府が直接治めた。

イ 古くからの家来の領地は、江戸・大阪に近い地域に置いた。

ウ 九州・東北地方には、新しく家来になった大名が多い。

エ 新しく家来になった大名は、監視するために江戸の近くに置いた。

2 ゆうきさんは、江戸幕府が開かれて 10 年ほどして、全国の大名に向けて出された法令について調べ、**資料Ⅰ、Ⅱ**を見つけました。

ゆうき：**資料Ⅰ**は、２代将軍の名前で出したものだと聞きました。

先　生：大名が守らなければならないきまりで、違反するとばっせられました。

ゆうき：幕府は、城の修理や、結婚まで規制しているのですね。

先　生：なかでも、大名たちに影響が大きかったのは、下線部⑰の制度です。

ゆうき：**資料Ⅱ**のように、江戸まで行列で移動したのですよね。

【資料Ⅰ】

一　学問や武芸を身につけ、常にはげむこと。

一　城を修理する場合は、幕府に届け出ること。

一　幕府の許可なしに結婚してはならない。
（次は⑰３代将軍のとき加えられた）

一　⑰大名は、領地と江戸に交代で住み、毎年４月江戸に参勤すること。

一　⑰大きな船をつくってはならない。　（一部）

（１）**資料Ⅰ**の法令名を書きましょう。

（２）下線部⑰の３代将軍の名前を書きましょう。

（３）下線部⑰は３代将軍のときにできた制度です。何という制度ですか。

🖊**ヒント**
1年おきに江戸と領地に住まなければならない制度だね。

【資料Ⅱ】

（４）下線部⑰について、幕府が大きな船をつくることを禁じた理由として正しいものを、次の**ア〜エ**から１つ選んで、記号で答えましょう。

ア　江戸の町には、大きな船が通れる川がないため。

イ　諸大名の軍事力を制限して、幕府に歯向かわないようにするため。

ウ　幕府の財政に影響が出るため。

エ　藩の領民の生活に影響が出るため。

1 ひなさんは、江戸の浮世絵を調べて、浮世絵が今のわたしたちのくらしと関係があることを知りました。

ひ な：最新のパスポートのデザインが浮世絵になったよね。

れ ん：浮世絵って、江戸時代にでてきたよね。

ひ な：それまでの絵画とちがって、町人たちに流行したんだって。

（１）このパスポートに使われている浮世絵の作者を、次の**ア**〜**エ**から１つ選んで、記号で答えましょう。

ア 雪舟（せっしゅう）　**イ** 葛飾北斎（かつしかほくさい）　**ウ** 歌川広重（うたがわひろしげ）　**エ** 近松門左衛門（ちかまつもんざえもん）

> 💡**ヒント**
> 雪舟は室町時代（むろまち）の画家。近松門左衛門は人形浄瑠璃（じょうるり）の脚本家（きゃくほんか）だね。

（２）次の**ア**〜**ウ**の３つの絵から、浮世絵を１つ選んで、記号で答えましょう。

ア 　**イ** 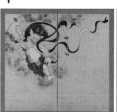　**ウ**

（３）ひなさんは、浮世絵が町人や百姓（ひゃくしょう）に流行した理由を、次のようにまとめました。㋐、㋑の　　　にあてはまることばを書きましょう。

> 浮世絵は版画なので、同じものを大量につくることができます。そのため、絵１枚（まい）の値段（ねだん）を　㋐　でき、　㋑　ことができます。

㋐	㋑

2 れんさんは、江戸の中期以降の、新しい学問や文化の発展について、先生と話しています。

先　生：幕府の方針で鎖国を続けていたこのころ、外国の書物を手に入れるのは大変なことでした。８代将軍徳川吉宗が、書物の輸入の制限をゆるめたので、ヨーロッパの新しい知識や技術を学ぶことができるようになったのです。

れ　ん：それが蘭学ですね。<u>あオランダの医学書をほん訳・出版した</u><u>い医者たち</u>がいたのですね。

先　生：知らない医学用語に苦労を重ねて、ほん訳が終わるまでに４年もかかったそうです。

れ　ん：蘭学と同じころ、<u>う国学</u>という学問も広まったと聞きました。

（１）　下線部あにあてはまる書物の名前を書きましょう。また、下線部いにあてはまる人物の名前を、一人書きましょう。

あ	い

（２）　資料Ⅰ、Ⅱを参考に、オランダ語の医学書を４年もかけて、ほん訳・出版した理由を、次のようにまとめました。□□□にあてはまることばを書きましょう。

自分たちが使っている漢方の医学書に比べて、オランダの医学書の解剖図の□□□おどろき、この医学書を広める必要性を痛感したから。

【資料Ⅰ】漢方の医学書の解剖図

【資料Ⅱ】オランダの医学書の解剖図

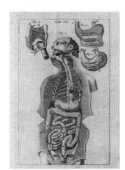

（３）　下線部うの国学を研究し広めた人物と、その人物が35年かけて完成させた書物の名前を、それぞれ書きましょう。

人物	書物

社会 6

江戸幕府と人々のくらし

1 さくらさんは、江戸時代について、年表にまとめました。

（1）㋐の［　　］にあてはまる家康が任じられた役職を書きましょう。

［　　　　　　　　］

年	できごと
1603	徳川家康が［㋐］になる
1612	[あ]キリスト教を禁止する
1615	豊臣家をほろぼす
1635	[い]参勤交代を制度化する
1637	島原・天草一揆がおこる
1641	オランダ人を[う]出島に移す
1703	近松門左衛門が「曾根崎心中」を発表する
1821	伊能忠敬らの日本地図が完成する
1833	天保の大ききんがおこる 百姓一揆・打ちこわしが多発する
1837	大塩平八郎の乱がおこる
1867	朝廷に政権を返す

（2）さくらさんは、下線部[あ]のキリスト教と幕府の関係について、**資料Ⅰ**を参考に、次のようにまとめました。㋑、㋒の［　　］にあてはまることばを書きましょう。

> 幕府は、それまでも何度か、キリスト教禁止令を出しました。しかし、キリスト教徒は［㋑］、島原・天草一揆をおこしました。幕府は、神への信仰を重んじる信者が、［㋒］をおそれ、キリスト教の禁止、信者の取りしまりを強化しました。

㋑［　　　　　　　　］

㋒［　　　　　　　　］

【資料Ⅰ】キリスト教徒の増加

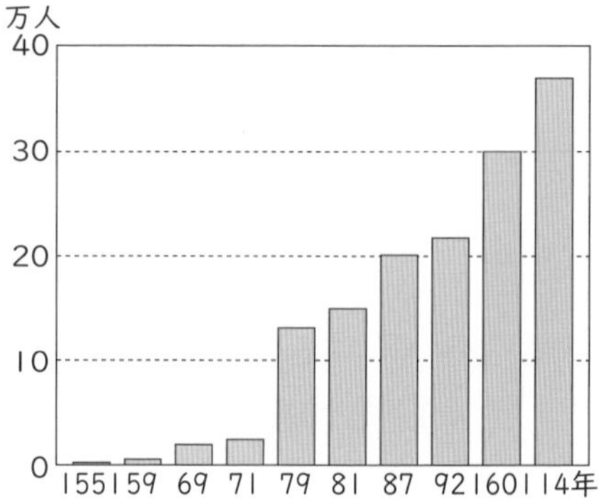

（日本キリスト教史）

（3）下線部[い]について、参勤交代は藩にどんな影響をあたえましたか。**資料Ⅱ、Ⅲ**を参考に、「支出」ということばを使って、50字程度で書きましょう。

【資料Ⅱ】 大名行列

【資料Ⅲ】 加賀(かが)藩の支出

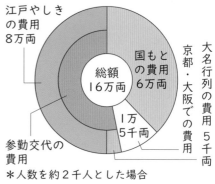

江戸やしき
の費用
8万両

総額
16万両

国もと
の費用
6万両

京都・大阪での費用 5千両

大名行列の費用 5千両

1万
5千両

参勤交代の
費用

＊人数を約2千人とした場合

🐾 **ヒント**

大名行列には、現代のお金で片道(かたみち)およそ5億円以上かかったといわれているよ。

（４） 下線部③の出島について、次のような状態を何といいますか。

出島は、長崎港につくられた人工島です。貿易を許されたオランダ人は出島
に住み、貿易を行いました。幕府は、オランダとの貿易をこの島で行いました。
長崎では、中国との貿易も行われました。

（５） 大阪・江戸の都市の文化は地方へも広が
り、教育への関心も高くなって、**資料Ⅳ**のよう
な読み・書き・そろばんを教える教育施設(しせつ)がで
きました。この施設を何といいますか。

【資料Ⅳ】

明治から大正の新しい国づくり

1 たくみさんは、江戸幕府が続けてきた貿易政策について調べ、**資料Ⅰ、Ⅱ**を見つけました。

先　生：「泰平の眠りを覚ます上喜撰（蒸気船）たった四杯で夜も寝られず」これは、幕末によまれた狂歌です。

たくみ：当時の人々は、四せきもの黒船に、おどろいただろうね。

先　生：この使節は、日本に<u>開国</u>を求めるアメリカ大統領の手紙をもってきたのです。

たくみ：翌年、結ばれたのが**資料Ⅰ**の日米和親条約ですね。

注：「狂歌」は、こっけいや風刺を目的とした短歌。

（1）この船団を率いてきた人物の名前を書きましょう。

（2）文中の下線部の「開国」と反対の状態を示すことばを、漢字2字で書きましょう。

（3）**資料Ⅰ、Ⅱ**の2つの条約で、開港した港としてあてはまらない港を、地図中の**ア～キ**から1つ選んで、記号で答えましょう。

【資料Ⅰ】

日米和親条約　　　（一部要約）

第2条　下田・箱館の両港は、アメリカ船のまき・水・食料・石炭など欠乏の品を、日本で補給することに限り、入港してもよい。

第11条　両国のいずれかが必要とした場合、締結日から18か月がたてば、アメリカが下田に、領事を置くことができる。

【資料Ⅱ】

日米修好通商条約　　（一部要約）

第3条　下田・箱館のほか、神奈川（横浜）、長崎、新潟、兵庫（神戸）を開港すること。

第4条　日本で輸出入する物品はすべて、別冊のとおり（両国で決めた関税率で）日本の役所に関税を納める。

第6条　日本人に対して法を犯したアメリカ人は、アメリカ領事裁判所で取り調べの上、アメリカの法律によりばっする。

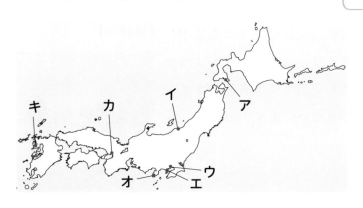

💡**ヒント**
浦賀は開港地にはなっていないよ。

判断力 ☆☆☆
思考力 ☆☆☆
表現力 ☆☆☆

（４） **資料Ⅱ**の条約の第４条には、日本にとって不平等な点があります。その説明として正しいものを、次の**ア**～**エ**から１つ選んで、記号で答えましょう。

ア　日本には関税を決める権利(けんり)がない。
イ　アメリカ人に領事裁判権を認(みと)めている。
ウ　日本人は、外国人の住んでいる地域(ちいき)には入れない。
エ　日本には価格決定権がない。

2　江戸幕府がたおれたあと、新政府が行ったいくつかの政策について、次のようにまとめました。

> 徳川慶喜(とくがわよしのぶ)が政治の実権を朝廷(ちょうてい)に返したあと、新政府は次々に改革(かいかく)を進めました。藩主(はんしゅ)に土地と人民を政府に返させる版籍奉還(はんせきほうかん)、続いて廃藩置県(はいはんちけん)を行いました。ともに、権力を政府に集中させるためでした。

（１） 下線部の「廃藩置県」は、何をどうすることですか。㋐～㋓の［　］にあてはまることばを書きましょう。

廃藩置県とは、大名が治めていた［㋐］をやめて、［㋑］や府を置き、政府が任命した［㋒］を府に、県には［㋓］を置いて治めさせたことです。

㋐　　　㋑
㋒　　　㋓

【資料】 五か条の御誓文(ごせいもん)（要約）

一、政治のことは、広く人材を集めて［㋔］を開き、多くの意見を聞いて決めよう。
一、国民みんなが心を合わせ、国をさかんにしよう。
一、みんなの志がかなえられるようにしよう。
一、これまでの悪い習慣を改めよう。
一、新しい［㋕］を世界から学び、［㋖］中心の国を栄えさせよう。

（２） 上の**資料**は、新政府の方針(ほうしん)が示された「五か条の御誓文」です。㋔～㋖の［　］にあてはまることばを書きましょう。

㋔　　　㋕　　　㋖

社会 **7**

明治から大正の新しい国づくり

1 ひなさんとれんさんは、明治新政府が、欧米のような近代国家をつくり上げるために打ち出した新しい改革方針について、先生と話しています。

先　生： 新政府は、富国強兵・殖産興業を目指して、いろいろな改革を実施しました。

ひ　な： [あ]学校制度の整備、[い]徴兵令などかな。

れ　ん： [う]地租改正もあるでしょ。

【資料Ⅰ】

> 人々が、その一生を全うするのに必要なものは、知識を広め、才能・技芸をのばすことであり、そのためには学ぶことが重要である。…今後、一般の人民（華族・士族・農民・職人・商人および婦女子）は、村に学校に行かない家がなく、家に学校に行かない人がいないようにしなければならない。　（部分要約）

(1) **資料Ⅰ**は、下線部[あ]～[う]のどれと関係が深いですか。記号で答えましょう。

(2) 下線部[う]の地租改正について、ひなさんが調べて、次のようにまとめました。

> ・土地の所有者と土地の価格を定めて、[㋐]を発行する。
> ・税は収穫高に対してかけるのではなく、地価を基準にしてかける。
> ・税率は地価の3%とし、所有者が[㋑]で納める。
> そのため、土地にかかる税が全国で統一され、一定の金額が納められるようになり、政府の[㋒]しました。

【資料Ⅱ】税収の移り変わり

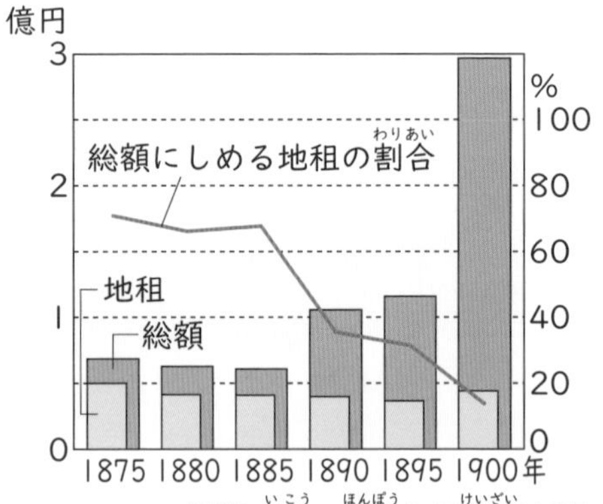

（明治以降　本邦主要経済統計）

① ㋐、㋑の[ ]にあてはまることばを書きましょう。

㋐　　　　㋑

② **資料Ⅱ**を参考に、㋒の[ ]にあてはまることばを書きましょう。

㋒

ステップ 2 ＞ 情報を読み取って考える

2 ひなさんとれんさんは、右の資料の題材になった事件のあと、条約改正を求める国民の声が高くなったことを知って、事件について調べました。

先 生：和歌山県沖でイギリスの
貨物船がしずんだときに、
日本人25人は船とともに
しずんで、一人も助かり
ませんでした。

ひ な：絵を見ると、西洋人の船
員はボートに乗っている
ようだね。

れ ん：この件で、イギリス人船長は裁判（さいばん）にかけられたけれど、<u>イギリスの領
事裁判</u>で重い罪にはならなかったみたい。それで、日本人が、条約改
正を強く求めたんだね。

（１） 資料の題材になっているのは、
何という事件ですか。

（２） 下線部の領事裁判について、次のようにまとめました。㋐～㋒の　　　にあ
てはまることばを書きましょう。同じ記号の　　　には、同じことばが入ります。

> 日本人に対して罪を犯（おか）した　㋐　人は、　㋑　の　㋒　ことができず、
> 　㋐　の法律（ほうりつ）・裁判所（領事館）でさばかれます。

| ㋐ | ㋑ |
| | |

| ㋒ |
| |

（３） この領事裁判権（けん）（治外法権）が廃止（はいし）されたとき（1894年）の、日本の
外務大臣の名前を書きましょう。

明治から大正の新しい国づくり

1 さくらさんは、明治・大正時代について、年表にまとめました。

（１）㋐の［　　］にあてはまることばを書きましょう。

［　　　　　　　　］

（２）殖産興業にあてはまらないものを、下線部のあ～えから１つ選んで、記号で答えましょう。

［　　　］

（３）下線部おの自由民権運動について、次の問題に答えましょう。

① **資料１**の要望書を政府に提出するなどして、運動を指導した人物の名前を書きましょう。

［　　　　　　　　］

② **資料１**を提出したのをきっかけに、自由民権運動はさかんになりました。自由民権運動とはどのような運動か、**資料１**を参考に、30字程度で書きましょう。

［　　　　　　　　　　　　　　　　］

年	できごと
1867	幕府が政権を朝廷に返す
1868	五か条の御誓文を発表する
1869	東京・横浜間で電信が開始される
1871	[あ]郵便制度が始まる [い]廃藩置県を行う 岩倉使節団が出発する
1872	学制が公布される 新橋・横浜間に[う]鉄道が開通する [え]富岡製糸場で生産が開始される
1873	徴兵令が公布される 地租改正が行われる
1874	[お]自由民権運動がさかんになる
1877	西南戦争がおこる
1889	［　㋐　］が発布される
1890	国会が開設される

【資料１】

現在の政権がどこにあるか考えてみますと、上は皇室にあるのではなく、下は人民にあるのでもなく、ただ一部の政府にどくせんされています…国家がほうかいしそうな勢いにあることを救う方法をたずねてみましたが、ただ天下の世論をのばすしかありません。国民から選ばれた議員によって構成される議院を立てるしかありません。（部分要約）

2 明治・大正時代に、日本がかかわった外国との戦争があると知ったかずとさんは、調べて年表にまとめました。

（１） ㋐、㋑の [　　　] にあてはまることばを書きましょう。

㋐	㋑

年	できごと
1894	Ⓐ 　㋐　 戦争が始まる
1902	日英同盟（にちえいどうめい）が結ばれる
1904	Ⓑ 　㋑　 戦争がおこる
1911	関税自主権が回復される
1914	Ⓒ 第一次世界大戦が始まる
1923	関東大震災（かんとうだいしんさい）がおこる
1925	普通（ふつう）選挙制度が定められる

（２） 右の資料は、当時の新聞にのった風刺画（ふうしが）で、絵のタイトルは『火中の栗（くり）』です。

① この絵は、年表中のⒶ〜Ⓒのどれかを風刺しています。１つ選んで、記号で答えましょう。

[　　　]

② ４人の人物の国名と関係を明確にして、絵の内容を、次のように説明しました。㋒〜㋖の [　　　] にあてはまることばを書きましょう。
なお、栗は韓国（かんこく）を表していると考えられています。

[　㋒　] の焼いている栗を取りたいが、やけどをしたくない [　㋔　] と [　㋕　] が、若（わか）い [　㋖　] をけしかけて、栗を [　㋗　] としている絵です。

㋒	㋔	㋕	㋖

㋗

1 昭和はかつてない不景気で始まります。たくみさんとゆづきさんは、大正の終わりごろから、昭和の初めごろの社会のようすについて調べ、次の**資料**を見つけました。

たくみ：**資料**を見ると、第一次世界大戦のとき、輸出が好調で<u>ⓐ日本は好景気だった</u>のに、戦後まもなく、急に不景気になっているね。

ゆづき：大正の終わりごろ、<u>ⓘ大きな自然災害</u>がおきたんだよね。

【資料】日本の輸出入推移

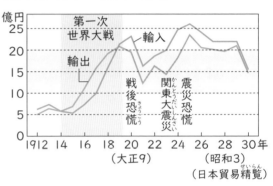

（日本貿易精覧）

先生：その大災害に加えて、昭和になって間もない1929年、アメリカで始まった不景気が日本に影響しています。その後、1931年に満州にいた日本軍が（❶）をおこし、元清国の皇帝を元首として（❷）を独立させました。

ゆづき：そんなの認められる？

たくみ：国際連盟は承認しなかったから、日本は<u>ⓙ国際連盟を脱退</u>したんだね。

（1）下線部ⓐのように、第一次世界大戦中、日本が好景気になった理由として正しいものを、次の**ア～エ**から1つ選んで、記号で答えましょう。

ア 日本の工業製品を、ヨーロッパにたくさん輸出したから。

イ ヨーロッパの製品を、安く輸入して、別の国に高く売っていたから。

ウ ヨーロッパ・アメリカからの輸入が、輸出を上回っていたから。

エ ヨーロッパ・アメリカへの輸出が、輸入を上回っていたから。

判断力 ☆☆☆
思考力 ☆☆☆
表現力 ☆☆☆

（２） 下線部ⓘの大きな自然災害とは何ですか。

ヒント
東京・神奈川が大きな被害(ひがい)を受けているよ。

（３） **資料**のように、第一次世界大戦後、日本の輸出が減少した理由を、たくみさんは次のようにまとめました。㋐〜㋒の［　］にあてはまることばを書きましょう。

第一次世界大戦が終わって、［㋐］の工業生産力が［㋑］してくると、日本の輸出はのびなくなりました。その上、［㋒］で始まった不景気が、日本にもおしよせ、日本は深刻(しんこく)な不景気になりました。

㋐　　㋑　　㋒

（４） ❶、❷の（　）にあてはまることばを書きましょう。

❶　　❷

（５） 下線部ⓤについて、次の［　］にあてはまることばを書きましょう。

日本は国際連盟を 1933 年に脱退した後、国際的に［　］していきました。

（６） ❶に続いておきた３つの戦争と、その順序を正しく表しているものを、次の**ア**〜**エ**から１つ選んで、記号で答えましょう。

ア　太平洋戦争➡第二次世界大戦➡日中戦争
イ　第二次世界大戦➡朝鮮(ちょうせん)戦争➡太平洋戦争
ウ　日中戦争➡第二次世界大戦➡太平洋戦争
エ　朝鮮戦争➡第二次世界大戦➡太平洋戦争

社会 8

昭和～現代

1 さくらさんとかずとさんは、第二次世界大戦・太平洋戦争後の日本について、年表を見ながら話しています。

さくら：敗戦後、日本は連合国軍の指導によって、戦後改革とよばれる多くの改革を実施したよ。

かずと：選挙制度では、満20才以上のすべての国民に選挙権があたえられたね。

さくら：「日本国憲法」という新しい憲法が公布されたよ。

年	できごと	
1946	日本国憲法が公布される	A
1947	教育制度がかわる	A
1952	主権を回復する	A
1956	[㋐]に加盟する	B
1964	東京オリンピック・パラリンピックが開かれる	B
1972	[㋑]が日本に復帰する	B
1978	日中平和友好条約が結ばれる	C
1989	昭和から平成にかわる	C
1995	[㋒]大震災がおこる	C
2011	[㋓]大震災がおこる	
2019	平成から令和にかわる 新型コロナウィルス感染症が世界的に流行する	
2021	東京オリンピック・パラリンピックが開かれる	

(1) ㋐～㋓の[　　]にあてはまることばを書きましょう。

㋐　　　　㋑

㋒　　　　㋓

(2) 下線部の「戦後改革」にあてはまらないものを、次の**ア**～**キ**から２つ選んで、記号で答えましょう。

ア　男女平等

イ　言論・思想の自由を保障

ウ　地租改正　　**エ**　軍隊を解散

オ　６・３制の義務教育制度

カ　政党を復活　　**キ**　徴兵制度

電化製品と自動車のふきゅう

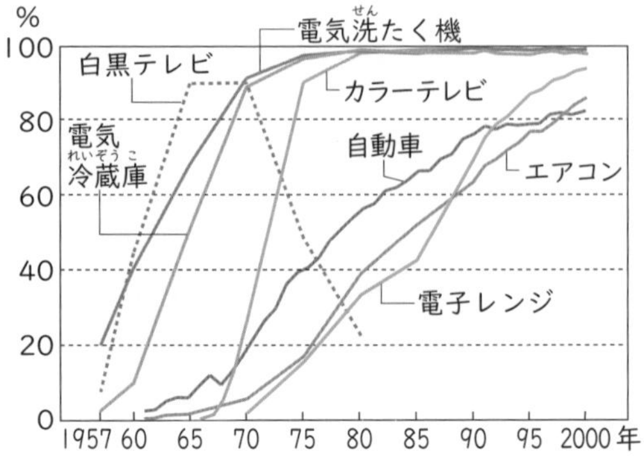
%
100
80
60
40
20
0
白黒テレビ
電気洗たく機
カラーテレビ
電気冷蔵庫
自動車
エアコン
電子レンジ
1957 60 65 70 75 80 85 90 95 2000年
（消費動向調査年報）

(3) かずとさんは、第二次世界大戦後のある時期が「高度経済成長期」とよばれることを知り、右のグラフを見つけました。「高度経済成長期」とはど

んな時期ですか。㋔〜㋒の ☐ にあてはまることばを書きましょう。また、その時期を年表のＡ〜Ｃから１つ選んで、記号で答えましょう。

高度経済成長期には、 ㋔ が急速にのび、 ㋕ の発展にともなって、人々のくらしに余裕ができ、 ㋖ や ㋒ が家庭に広まりました。

㋔	㋕	㋖

㋒	記号

かずと：東京 2020 のオリンピックで授与されたメダルは、リサイクルなんだって。

さくら：えっ、どういうこと？

かずと：「（　　　）からつくる！みんなのメダルプロジェクト」というらしい。使わなくなった携帯電話や小型家電を集めて、そこから取り出した金属でメダルをつくったと聞いたよ。

おもな資源国の金のまい蔵量の比かく

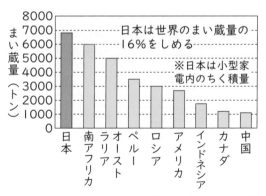

さくら：どれくらいつくれたの？

かずと：必要な 5000 個のメダルはできたらしいよ。使わなくなった携帯電話や小型家電などにふくまれる金の量は、日本が世界１位だというデータがあるよ。

日本は世界のまい蔵量の16％をしめる

※日本は小型家電内のちく積量

（物質・材料研究機構）

（4）（　）にあてはまることばを、次の**ア〜ウ**から１つ選んで、記号で答えましょう。

ア　海底鉱山　　イ　都市鉱山　　ウ　金鉱山

社会 8

昭和～現代

1 ひなさんとれんさんは、満州事変に始まり、1945 年まで続いた戦争で、人々のくらしはどうなったのかを調べました。

ひ　な：満州国をつくったあと、日本軍は中国本土に軍を進めているのね。

先　生：資料Ⅰを見ると、1937 年に、日本軍は中国軍と（　　）の郊外で[あ]戦いを始め、それが各地に広がっていることがわかりますね。そのころ、「[い]満州は日本の生命線」といわれていました。

れ　ん：資料Ⅱと、何か関係があるのかな。

【資料Ⅰ】戦争の広がり

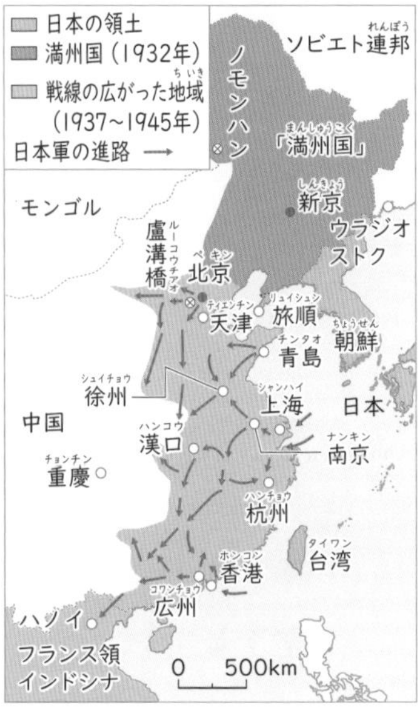

【資料Ⅱ】満州の資源分布

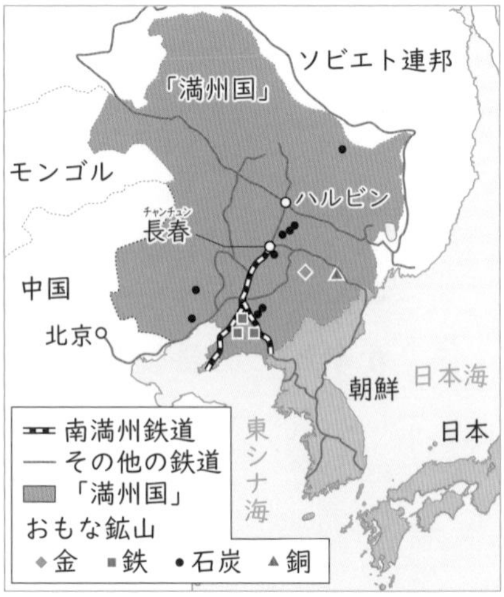

（1）（　）にあてはまる地名を書きましょう。

[　　　　　　　　]

（2） 下線部[あ]の戦いを何といいますか。

[　　　　　　　　]

（3） 下線部[い]の表す内容になるように、㋐、㋑の [　　] にあてはまることばを書きましょう。

満州には、日本に足りない資源が豊富で、日本から多くの会社が進出し、当時 30 万人以上の移民がいるなど、[㋐]的・[㋑]的のさまざまな面で、重要な地域と考えられていました。

㋐　　　　　　　　㋑

2 ひなさんたちは、戦局が不利になってからの国内のようすについて、次の資料
Ⅰ、Ⅱを見つけました。

【資料Ⅰ】 ☐☐☐☐女学生

【資料Ⅱ】 ☐☐☐☐小学生

（1） 資料Ⅰでは「働き手」、資料Ⅱでは「空襲（くうしゅう）」ということばを使って、それぞれの ☐☐☐ にあてはまる写真の説明を、理由とともに書きましょう。

【資料Ⅰ】	女学生

【資料Ⅱ】	小学生

（2） 1945 年、連合国 3 か国の名で日本に無条件降伏（こうふく）をうながす宣言（せんげん）を発表しています。この宣言を何といいますか。

☐☐☐☐☐☐☐

（3）右の写真は、日本政府が最終的に（2）の宣言を受け入れる要因の 1 つとなったできごとのあとの都市のようすです。このできごとは何ですか。2 つの都市名を入れて、簡単（かんたん）に書きましょう。

☐☐☐☐☐☐☐

世界の中の日本

1 次は、たくみさんとゆづきさんが、日本とつながりの深い国について集めた資料です。❶〜❻は国旗、地図は6か国の位置、**資料Ⅰ〜Ⅵ**は日本とそれぞれの国との輸出入品の上位5位を示しています。

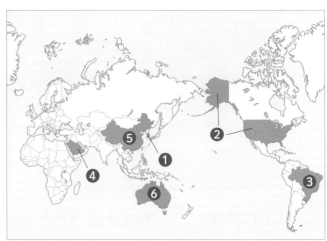

【資料Ⅰ】

日本への輸出	億円	日本からの輸入	億円
鉄鉱石	5541	機械類	1744
肉類	975	自動車部品	1045
とうもろこし	739	有機化合物	405
有機化合物	576	鉄鋼	255
コーヒー	496	金属製品	132
計	10825	計	4596

【資料Ⅱ】

日本への輸出	億円	日本からの輸入	億円
原油	27684	自動車	3022
石油製品	1128	機械類	664
有機化合物	451	鉄鋼	238
アルミニウム	358	自動車部品	202
銅くず	147	タイヤ・チューブ	161
計	30194	計	4889

【資料Ⅲ】

日本への輸出	億円	日本からの輸入	億円
石炭	18813	自動車	9846
液化天然ガス	15401	機械類	2590
鉄鉱石	10826	石油製品	1217
銅鉱	2599	タイヤ・チューブ	604
肉類	2038	自動車部品	301
計	57533	計	16745

【資料Ⅳ】

日本への輸出	億円	日本からの輸入	億円
機械類	20275	機械類	58854
医薬品	8645	自動車	35850
液化石油ガス	5021	自動車部品	8980
液化天然ガス	4723	科学光学機器	3834
肉類	4524	医薬品	2805
計	89156	計	148315

情報を読み取る

【資料Ⅴ】

日本への輸出	億円	日本からの輸入	億円
機械類	8961	機械類	21356
石油製品	5245	鉄鋼	5043
鉄鋼	3533	プラスチック	3430
有機化合物	1550	有機化合物	3107
プラスチック	1493	科学光学機器	2409
計	35213	計	57696

【資料Ⅵ】

日本への輸出	億円	日本からの輸入	億円
機械類	99843	機械類	80208
衣類	15823	プラスチック	10899
金属製品	7321	自動車	9440
織物類	5943	科学光学機器	7090
家具	5314	自動車部品	6771
計	203818	計	179844

（2023/24年版 日本国勢図会 統計年度は2021年）

（１） 地図と**資料Ⅰ～Ⅵ**から読み取れることとして正しいものを、次の**ア～エ**から１つ選んで、記号で答えましょう。

ア 地図を見る限り、日本とつながりの深い６か国は、すべてアジアの国である。

イ ６か国のうち、日本との貿易総額が最も多いのは、**資料Ⅳ**の国である。

ウ ６か国のうち、日本への輸出額が日本からの輸入額を上回っている国は３か国である。

エ **資料Ⅱ**の国については、日本への輸出額の90％以上が原油である。

（２） ❶～❻の国名を書き、それぞれにあてはまる**資料**を、**資料**中の下線部を参考に、Ⅰ～Ⅵから１つずつ選んで、記号で答えましょう。

❶		記号	

❷		記号	

❸		記号	

❹		記号	

❺		記号	

❻		記号	

1 れんさんとひなさんは、国際協力とはどんなことなのかを調べ、次の**資料Ⅰ、Ⅱ**を見つけました。

【資料Ⅰ】青年海外協力隊の派遣実績るい計

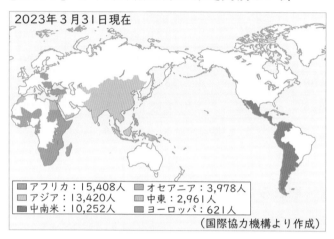

2023年3月31日現在

■アフリカ：15,408人　■オセアニア：3,978人
■アジア：13,420人　■中東：2,961人
■中南米：10,252人　■ヨーロッパ：621人

（国際協力機構より作成）

【資料Ⅱ】青年海外協力隊の分野別派遣実績

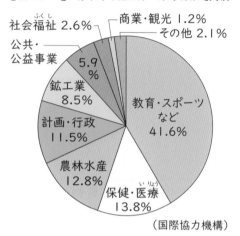

社会福祉 2.6%
公共・公益事業 5.9%
鉱工業 8.5%
計画・行政 11.5%
農林水産 12.8%
保健・医療 13.8%
教育・スポーツなど 41.6%
商業・観光 1.2%
その他 2.1%

（国際協力機構）

れ　ん：国際協力ってよく聞くけど、何をするんだろう。

先　生：国際社会全体の平和・安定・発展には、助け合うことが必要ですね。

ひ　な：支援が必要な国（発展途上国）を、（❶）をこえて支援することが必要ってこと？

先　生：そうですね。政府が主体となって行うのが、政府開発援助（ＯＤＡ）です。ＯＤＡは、国民の税金がおもな財源となっています。

ひ　な：（❷）は聞いたことがあるよ。ＮＰＯだったかな？

れ　ん：ＮＰＯは非営利組織だよ。

ひ　な：ＯＤＡの実行機関は<u>国際協力機構</u>というんだよね。そういえば、となりに住んでいるお兄さんが、青年海外協力隊で活動しているよ。

（１）❶、❷の（　）にあてはまることばを書きましょう。ただし、❷はアルファベット３文字の非政府組織です。

❶	❷

（２）下線部の組織の略称を、アルファベットで書きましょう。

（3）れんさんは、調べたことや**資料Ⅰ、Ⅱ**から読み取ったことを、次のように
まとめました。㋐〜㋒の ☐ にあてはまることばを書きましょう。同じ
記号の ☐ には、同じことばが入ります。

> 青年海外協力隊の派遣先は、支援を必要としている国が多いからか、インド
> ネシアをふくむ ㋐ 、 ㋑ 、中南米の国が多いです。青年海外協力
> 隊は、教育・ ㋒ などの分野や保健・医療、農林水産の指導として多く
> 派遣されています。また、 ㋒ を通じた国際協力の取り組みによって、こ
> こで指導を受けて、パラリンピックに出場した選手もいるということです。

㋐	㋑	㋒

（4）ひなさんは、ODA
が必要な理由を、**資料Ⅲ**
を見て、次のようにま
とめました。㋓〜㋕の
☐ にあてはまる
ことばを書きましょう。

【資料Ⅲ】 日本の食料自給率などの変化

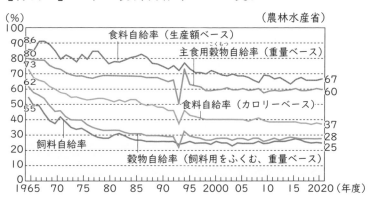

> 日本は資源の少ない国です。エネルギー自給率は、わずか13%（2021年度）
> ほどで、最少に近い状況です。また、**資料Ⅲ**より、食料自給率も、37%（2020
> 年度）まで低下し、先進国の中では最低ラインです。いいかえると、日本が
> ㋓ や ㋔ などを安定供給するためには、安定して安全な輸入が必要
> です。輸入相手国の ㋕ を整えることが必要です。

㋓	㋔	㋕

社会 9

世界の中の日本

1 さくらさんは、国際連合について、次のように調べました。

・[㋐]年10月に、51か国の加盟国で設立されました。2023年9月現在、日本をふくめ193か国が加盟しています。

・組織として、主要機関および、次の15の専門機関などがあります。

国連食糧農業機関（FAO）	国際民間航空機関（ICAO）	国際農業開発基金（IFAD）
国際労働機関（ILO）	国際通貨基金（IMF）	国際海事機関（IMO）
国際電気通信連合（ITU）	国連教育科学文化機関（[㋑]）	国連工業開発機関（UNIDO）
世界観光機関（UNWTO）	世界保健機関（WHO）	世界知的所有権機関（WIPO）
世界気象機関（WMO）	万国郵便連合（UPU）	世界銀行グループ（WBG）

・その他の機関の1つに国連児童基金（[㋒]）があります。

（1）㋐～㋒の[ ]にあてはまる数やことばを書きましょう。

㋐　　　　㋑　　　　㋒

（2）さくらさんは、国連児童基金の活動理念の基本になっている「子どもの権利条約」について調べたところ、右の4つの原則を見つけました。この権利を参考に、「子どもの権利条約」とはどのような条約か、30字程度で書きましょう。

差別の禁止	子ども自身や親の人種、性、意見、障がい、経済状況などどんな理由でも差別されないこと。
最善の利益	「子どもにとって最もよいことは何か」を第一に考えること。
生命、生存、発達に対する権利	すべての子どもの命が守られ、もって生まれた能力を十分にのばして成長できるよう、医療、教育、生活への支援などを受けること。
意見の尊重	自由に意見を表すことができ、大人はその意見を子どもの発達に応じて十分に考慮すること。

（３）次の❶〜❸は、国連児童基金の活動計画の一部です。❶〜❸は、SDGs の 17 の目標（ゴール）のどれと結びつきますか。あてはまる目標の番号を書きましょう。

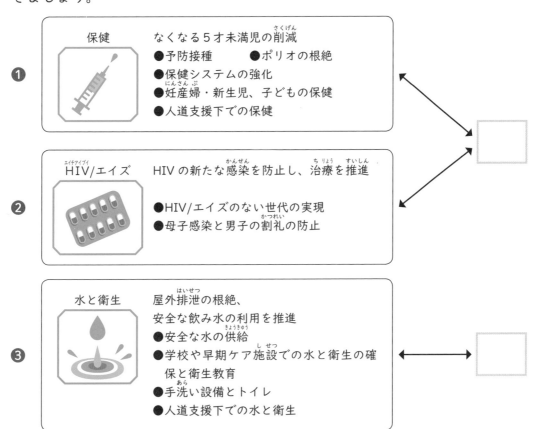

SDGs の 17 の目標（ゴール）

❶貧困をなくそう	❼エネルギーをみんなに そしてクリーンに	⓭気候変動に具体的な対策を
❷飢餓をゼロに	❽働きがいも経済成長も	⓮海の豊かさを守ろう
❸すべての人に健康と福祉を	❾産業と技術革新の基盤をつくろう	⓯陸の豊かさも守ろう
❹質の高い教育をみんなに	❿人や国の不平等をなくそう	⓰平和と公正をすべての人に
❺ジェンダー平等を実現しよう	⓫住み続けられるまちづくりを	⓱パートナーシップで 目標を達成しよう
❻安全な水とトイレを世界中に	⓬つくる責任つかう責任	

115

社会

まとめ問題

1 れんさんは、日本の歴史の中で気になるできごとをぬき出して調べることにしました。次の❶～❻は、古代から現在までの日本でおきたできごとを、年代順に並べたものです。 ［1問　5点］

れん

❶ 仁徳天皇陵古墳（大仙古墳）がつくられた。
❷ 東大寺の大仏が完成した。
❸ 織田信長が安土城を築く。
❹ 伊能忠敬の日本地図が完成する。
❺ 日本国憲法が公布された。
❻ 法律が改正され、選挙権年令が（　　　）才になった。

（1）❶の仁徳天皇陵古墳のような形の古墳を何といいますか。

［　　　　　　　　］

（2）れんさんは、❷の「東大寺の大仏」について、次のようにまとめました。㋐～㋒の［　　］にあてはまることばを書きましょう。㋒には「不安」「仏教」ということばを使って、15字程度で書きましょう。

> 奈良に新しい都［㋐］ができてしばらくすると、都に病気がはやり、また、各地に反乱や災害がおこるなど、社会全体に不安が広がりました。このころ即位した［㋑］は、［㋒］、政治を行うことを願い、東大寺に大仏をつくる命令を出しました。大仏の造立は国家の一大事業となり、完成には10年近い年月を要しました。

㋐　　　　　　　　㋑

㋒

（3）れんさんは、❷と❸の間に始まった文化を調べ、次の文化について

の⑧、⑩の文と、作品についての**資料Ⅰ**、**Ⅱ**を見つけました。正しい組み合わせを、下の**ア〜エ**から１つ選んで、記号で答えましょう。

⑧　武士や貴族の間で茶を飲む習慣が広まった。書院造の床の間をかざる生け花もさかんになった。

⑩　貴族は寝殿造のやしきでくらし、囲碁やけまりなどが行われた。

【資料Ⅰ】

【資料Ⅱ】

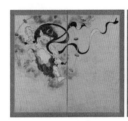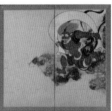

ア　文化−⑧　作品−**資料Ⅰ**　　**イ**　文化−⑧　作品−**資料Ⅱ**

ウ　文化−⑩　作品−**資料Ⅰ**　　**エ**　文化−⑩　作品−**資料Ⅱ**

（４）　❸の織田信長が、安土を拠点に天下統一を目指した理由を、れんさんは次のようにまとめました。右の地図を参考に、㋑、㋔の　　　　にあてはまることばを書きましょう。

安土は　㋑　のほとりにあって、　㋔　の便が良く、都のある京都に近いからです。

㋑	㋔

（５）　次の**ア〜エ**は❸と❹の間のできごとです。**ア〜エ**を年代の古い順に並べかえ、記号で答えましょう。

［完答］

ア　刀狩令が出される。

イ　杉田玄白らがオランダの医学書のほん訳『解体新書』を出版する。

ウ　豊臣秀吉が朝鮮半島に出兵する。

エ　参勤交代の制度ができる。

問題は次のページに続きます。

（６）❹と❺の間におきた「日清戦争<small>にっしん</small>」に関連する資料としてあてはまるものを、次の**ア～エ**から１つ選んで、記号で答えましょう。

ア **イ** **ウ** **エ**

（７）❺の日本国憲法<small>けんぽう</small>が公布されたころに実施<small>じっし</small>された改革<small>かいかく</small>として正しくないものを、次の**ア～ケ**から１つ選んで、記号で答えましょう。

ア 軍隊の解散	**イ** 男女平等	**ウ** 独占的企業<small>どくせんてき き ぎょう</small>の解体
エ 労働者<small>けん り</small>の権利の保障<small>ほ しょう</small>	**オ** 政党<small>せいとう</small>の復活	**カ** 言論<small>げんろん</small>・思想の自由の保障
キ ６・３制の義務教育制度	**ク** 25才以上の男子に選挙権	**ケ** 女性<small>じょせい</small>の参政権の保障

（８）❻の（　　）にあてはまる数を書きましょう。

2 日本国憲法と政治のしくみについて、次の問題に答えましょう。［１問　５点］

（１）右の資料は『あたらしい憲法のはなし』という、当時の文部省がつくった教科書の一部です。資料の下線部は、憲法の三つの原則のうち、どれにあたりますか。

> こんどの憲法では、日本の国が、決して二度と戦争をしないように、二つのことを決めました。一つは、<u>兵隊も軍艦<small>ぐんかん</small>も飛行機も、およそ戦争をするためのものは、いっさいもたないということです。</u>（中略）もう一つは、<u>よその国と争いごとがおこったとき、決して戦争によって、相手を負かして、自分の言い分を通そうとしないと決めたのです。</u>

（２）　政治のしくみを、次のように図にしました。図中の❶～❻にあてはまるものを、下の**ア**～**カ**から１つずつ選んで、記号で答えましょう。

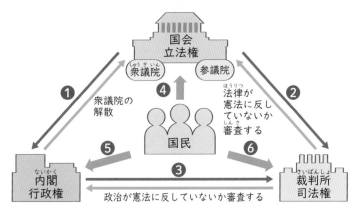

ア　世論（せろん・よろん）　**イ**　選挙　**ウ**　国民審査

エ　裁判官をやめさせるかどうかの裁判を行う

オ　内閣総理大臣の指名、内閣不信任の決議

カ　最高裁判所長官の指名、その他の裁判官の任命

❶	❷	❸	❹	❺	❻

3　次の❶、❷のカードは、ひなさんが身近な国についてまとめたものです。カードを読み取って、あてはまる国名を書きましょう。　　　　　［１問　５点］

❶

面積：8,510 千 km²
人口：２億 1531 万人（2022 年）
首都：ブラジリア
おもな言語：ポルトガル語
あいさつ：ボアタルヂ（こんにちは）
日本へのおもな輸出品：鉄鉱石・とうもろこし・肉類

❷

面積：2,207 千 km²
人口：3641 万人（2022 年）
首都：リヤド
おもな言語：アラビア語・英語
あいさつ：アッサラームアライクム（こんにちは）
日本へのおもな輸出品：原油・石油製品

❶	❷

公文式教室では、随時入会を受けつけています。

KUMONは、一人ひとりの力に合わせた教材で、
日本を含めた世界60を超える国と地域に「学び」を届けています。
自学自習の学習法で「自分でできた!」の自信を育みます。

公文式独自の教材と、
経験豊かな指導者の適切な指導で、
お子さまの学力・能力をさらに伸ばします。

お近くの教室や公文式についてのお問い合わせは
0120-372-100
ミン　ナ　ニ　　　ヒャクテン
受付時間 9:30〜17:30　月〜金(祝日除く)

教室に通えない場合、
通信で学習することができます。

公文式通信学習　検索

通信学習についての
詳細は　**0120-393-373**
受付時間 10:00〜17:00　月〜金(水・祝日除く)

お近くの教室を検索できます

くもんいくもん　検索

公文式教室の先生になることについてのお問い合わせは
0120-834-414
くもんの先生　検索

KUM◯N　公文教育研究会

公文教育研究会ホームページアドレス
https://www.kumon.ne.jp/

思考力トレーニング「考えて解く」力がつく　理科・社会　小学6年生

2024年2月　第1版第1刷発行

カバー・本文イラスト　あわい
装丁・デザイン　　　　武田厚志(SOUVENIR DESIGN INC.)
本文イラスト　　　　　今田貴之進・野口真弓・アールジービー株式会社
編集協力　　　　　　　株式会社カルチャー・プロ

発行人　志村直人
発行所　株式会社くもん出版
　　　　〒141-8488
　　　　東京都品川区東五反田2-10-2 東五反田スクエア11F
代　表　03-6836-0301
営　業　03-6836-0305
編　集　03-6836-0317

印刷・製本　株式会社精興社

©2024KUMON PUBLISHING Co.,Ltd.Printed in Japan
ISBN：978-4-7743-3550-6

くもん出版ホームページアドレス https://www.kumonshuppan.com/

思考力トレーニング

「考えて解く」力がつく

理科・社会

小学 6 年生

答えと考え方
理 科

社会の「答えと考え方」は、33ページから始まります。

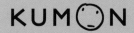

○使い方

・答え合わせをして、まちがえた問題は「答えと考え方」をよく読んで、もう一度
　取り組みましょう。
・問題文に引いてある線の部分は、問題を解くときの考え方のヒントになるところ
　です。また、ポイントもしっかり読んでおきましょう。
・例は答えの例です。ことばや文を書いて答える問題は、問題文の指示に従っ
　て似た内容が書けていれば正解です。

理科 1　もののの燃え方と空気

1　はるとさんは、あ～えの図のように、ねん土に火のついたろうそくを立て、底のないびんをかぶせて、ろうそくの燃え方を調べています。

ねん土

（1）あ～えのうち、ろうそくが燃え続けたのは、どれとどれですか。

💡ヒント
空気の通り道があるものを選ぶ！

い　と　え

次に、い～えのすき間に、火のついた線こうを近づけると、線こうのけむりの動きは、下の図のようになりました。

（2）びんの中のろうそくが燃え続けるには、どのようなことが必要だといえますか。次のア～ウから1つ選んで、記号で答えましょう。
ア　びんの中に新しい空気が入らないこと。
イ　びんの中から空気が出ていかないこと。
ウ　びんの中の空気が入れかわること。

💡ヒント
びんの中のけむりの動きに注目しよう！

ウ

4

ステップ 1 ＞ 情報を読み取って判断する

判断力　☆ ☆ ☆
思考力　☆ ☆ ☆
表現力　☆ ☆ ☆

2　ひよりさんは、3つの集気びんの中に、酸素、ちっ素、二酸化炭素をそれぞれ入れ、右の図のように火のついたろうそくを入れてふたをし、ろうそくの燃え方を観察します。

ふた
ろうそく立て
調べる気体
水

（1）酸素、ちっ素、二酸化炭素のうち、空気中に最も多くふくまれている気体を答えましょう。

ちっ素

（2）次の表は、観察の結果をまとめたものです。酸素、ちっ素、二酸化炭素のうち、ものを燃やすはたらきがある気体を答えましょう。

酸素中の燃え方	ちっ素中の燃え方	二酸化炭素中の燃え方
明るいほのおで、激しく燃えた。	すぐに火が消えた。	すぐに火が消えた。

ヒント
ものを燃やすはたらきがある気体の中ではよく燃えるよ！

酸素

3　れんさんは、ろうそくが燃える前と燃えた後の空気を石灰水で調べます。

（1）右の図のびんをよくふると、石灰水が白くにごるのは、燃える前の空気と、燃えた後の空気のどちらが入ったびんですか。

燃える前の空気
石灰水

燃えた後の空気

（2）石灰水の変化から、ろうそくが燃えた後にできる気体は何ですか。

燃えた後の空気
石灰水

💡ヒント
石灰水を使うと何の気体があるかわかったよね！

二酸化炭素

5

1

（1）空気の出入りがあるびんは、ろうそくが燃え続けます。

あは、すき間がなくて空気の出入りがまったくないので、ろうそくは燃え続けることができません。

いは、上に大きなすき間があるので、そこから空気が出入りします。

うは、下にしかすき間がないので、あたたかくて軽い燃えた後の空気はびんの上にたまったまま、出ていかず、ろうそくは燃え続けることができません。

えは、上と下にすき間があるので、下から空気が入り、上から出ていきます。

（2）線こうのけむりの動きで、空気の流れがわかります。ろうそくが燃え続けたいとえは、線こうのけむりが入って、出ていくことから、びんの中の空気が入れかわっていることがわかります。ろうそくが消えたうでは、線こうのけむりが、びんの中に入っていかず、びんの中の空気は入れかわりません。

2

（1）空気中に、ちっ素は約78％、酸素は約21％、二酸化炭素は約0.04％ふくまれています。よって、最も多くふくまれている気体はちっ素です。

（2）ろうそくは、ちっ素中や二酸化炭素中では、すぐに消えましたが、酸素中では空気中よりも激しく燃えました。この結果から、空気中にふくまれる気体のうち、ものを燃やすはたらきがある気体は酸素であることがわかります。

3

（1）ろうそくを燃やし、燃えた後の空気と石灰水をよくふり混ぜると、石灰水が白くにごります。

（2）石灰水は二酸化炭素によって、白くにごるので、ろうそくが燃えた後の空気には、二酸化炭素が増えていることがわかります。

理科 1　ものの燃え方と空気

1 かえでさんは、ろうそくの火が長く燃え続ける方法を考えています。

かえで：図1のように、火のついたろうそくに底のないびんをかぶせると、火は燃え続けましたが、図2のように、細長いプラスチックのつつをかぶせると、火は消えてしまいました。

先生：なぜ、図2では火が消えてしまったのでしょうか。その理由を考えてみましょう。

かえで：図2で火が消えたのは、（**❶**）ため、ろうそくのまわりに、ものを燃やすはたらきがある（**❷**）が減ったからです。

先生：その通りです。では、図2でろうそくが燃え続けるには、どのようにすればいいでしょうか。その方法を考えましょう。

 図1　 図2

ねん土　プラスチックのつつ

（1）**❶**の（　）にあてはまることばを、次のア〜ウから1つ選んで、記号で答えましょう。また、**❷**の（　）にあてはまる気体を書きましょう。

ア　新しい空気が入ってこなかった
イ　燃えた後の気体が上からにげてしまった
ウ　つつの中の温度が上がりすぎた

❶ ア　　**❷ 酸素**

かえでさんは、図2でろうそくが燃え続ける方法を考えます。

6

ステップ **2** ＞ 情報を読み取って考える

判断力 ☆ ☆ ☆
思考力 ☆ ☆ ☆
表現力 ☆ ☆ ☆

かえで：つつに穴をあけると、ろうそくが燃え続けると思います。

先生：いい考えです。では、1つだけ穴をあけるとしたら、どの位置に穴をあければよいでしょうか。

かえで：つつの（**❸**）のほうに穴をあければよいと思います。ろうそくが燃えた後の空気は、ろうそくの火であたためられて（**❹**）のほうへ動きます。そのため、ほのおよりも（**❸**）に、新しい空気が入ってくる穴をあけると、つつの中の空気の流れがひと続きになり、燃える前の空気と燃えた後の空気が混ざらないので、ろうそくは燃え続けます。

（2）**❸**、**❹**の（　）にあてはまることばを書きましょう。同じ番号の（　）には、同じことばが入ります。

❸ 下　　**❹ 上**

2 ゆうきさんの家族は、バーベキューをしています。

ゆうき：燃えている木炭を消すには、水をかければいいよね。

お父さん：だめだよ。ぬれたら、明日の朝、使えなくなってしまうからね。ものが燃え続けるには、次のア〜ウの3つの条件が必要なんだけど、このうちの1つでもなくすと、火を消すことができるよ。
ア　燃えるものがある。　　イ　酸素がじゅうぶんにある。
ウ　ものが燃え続ける最低温度以上である。

ゆうき：そうか。じゃあ、燃えている木炭をかんの中に入れてふたをしておくと、「（　）」の条件がなくなるから、火が消えるね。

（1）（　）にあてはまる条件を、お父さんの会話のア〜ウから1つ選んで、記号で答えましょう。

イ

（2）下線部について、火が消えた後のかんの中で増える気体を答えましょう。

二酸化炭素

7

1

（1）図1のびんは高さが低く、上の口が大きいので、ほのおのまわりにつねに新しい空気が入ってきます。図2のつつは、高さが高く、上の口が小さいので、上の口から入った空気は、ほのおのところまで下がらずに出ていってしまいます。したがって、図2では、ほのおのまわりに新しい空気が入ってこなかったため、ものを燃やすはたらきがある酸素が減ってしまい、火が消えたと考えられます。

図1　図2

（2）ほのおであたためられた空気は軽いので、上に動きます。ほのおよりも下に穴を1つあけると、空気が穴から入って、上の口から出ていくようになります。

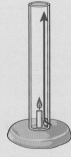

ポイント
・ものが燃え続けるには、空気が入れかわる必要があるよ。
・4年生で学んだ「空気のあたたまり方」を思い出そう。

2

（1）ふたをしたかんの中には空気が入ってこないので、木炭が燃えて酸素が使われると、ものを燃やし続けるために必要な、じゅうぶんな量の酸素がなくなり、火が消えます。

（2）木や紙、ろうそくなどが燃えるときには、二酸化炭素ができます。木炭が燃えた後のかんの中の空気は、酸素が減って、二酸化炭素が増えています。

ポイント
木やろうそくなどが燃えると、空気中の酸素の一部が使われて、二酸化炭素が発生するよ。

理科
1 ものの燃え方と空気

[1] あおいさんたちは、理科の授業で次のような【問題】を見つけて、【予想】を立てて【実験1】を行っています。

【問題】 火が消えることと、びんの中の気体にはどのような関係があるのか。

【予想】 びんの中の酸素がすべてなくなると、火は消えると思う。

【実験1】
①びんの中の空気にふくまれる酸素と二酸化炭素の体積の割合（わりあい）を、右の図のように気体検知管で調べる。
②びんの中に火のついたろうそくを入れてふたをし、火が消えたら、①と同じように酸素と二酸化炭素の体積の割合を調べる。

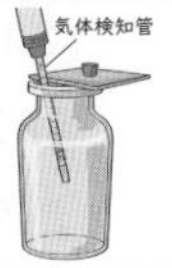

【結果1】 <びんの中の空気にふくまれる気体の体積の割合>

	酸素の割合	二酸化炭素の割合	他の気体の割合
燃える前の空気	21%	0.04%	約79%
燃えた後の空気	17%	4%	約79%

あおい：燃えた後の空気に酸素が17%も残っていたから、わたしたちの【予想】がまちがっていることがわかったね。

ゆうき：0.04%しかなかった二酸化炭素が4%に増えているよ。他の気体の割合はほとんど変化していないから、火が消えるのは二酸化炭素が増えたことも関係しているのかな。

あおい：【結果1】より、酸素が減ることが原因で火が消えるとすると、酸素の割合が（❶）%以下になると火が消え、二酸化炭素が増えることが原因で火が消えるとすると、二酸化炭素の割合が（❷）%以上になると火が消えるといえるね。

ゆうき：そうだけど、この実験だけでは火が消えた原因はわからないよね。【実験2】を行って調べてみよう。

8

ステップ3 ＞情報を読み取って表現する

判断力 ☆☆☆
思考力 ☆☆☆
表現力 ☆☆☆

（1）❶、❷の（ ）にあてはまる数を書きましょう。

❶ 17　❷ 4

【実験2】
3つの集気びんA～Cに、次のような割合で気体を入れ、右の図のように、それぞれに火のついたろうそくを入れてふたをし、燃え方を調べる。
集気びんA：ちっ素80%、酸素20%
集気びんB：ちっ素75%、酸素20%、二酸化炭素5%
集気びんC：ちっ素85%、酸素15%

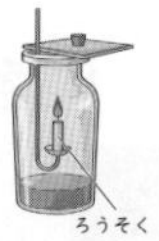

【結果2】 <びんの中の気体の燃え方>

集気びんA	しばらく燃えた後に消えた。
集気びんB	しばらく燃えた後に消えた。
集気びんC	すぐに消えた。

（2）あおいさんは、【結果2】からわかることを、次のようにまとめました。㋐～㋓の□にあてはまる記号を書きましょう。

2つの集気びん［㋐］と［㋑］の結果から、酸素の割合が減ると、火が消えることがわかります。また、2つの集気びん［㋒］と［㋓］の結果から、二酸化炭素の割合が増えても、火はしばらく燃え続けることがわかります。

㋐ A　㋑ C　㋒ A　㋓ B
※㋐と㋑、㋒と㋓は順番がちがっても正解です。

（3）火が消えることと、酸素と二酸化炭素の割合がどのように関係しているかを説明し、【問題】に対するまとめを書きましょう。

[例]ろうそくの火が消えるのは、びんの中の空気の酸素の割合が減ることが原因であり、二酸化炭素の割合が増えることは関係していない。

9

[1] (1) 燃えた後の空気は、酸素が17%に減り、二酸化炭素が4%に増えています。ろうそくの火が消えた原因は、酸素が17%に減ったこと、二酸化炭素が4%に増えたことの両方が考えられます。

実験1から、

・酸素が17%以下になる。

・二酸化炭素が4%以上になる。

の2つが、火が消える原因として考えられます。

ポイント **気体検知管の使い方を確認（かくにん）しておこう。**

(2) 集気びんA～Cの酸素と二酸化炭素の割合（わりあい）と、結果をまとめると、次のようになります。

	酸素	二酸化炭素	結果
A	20%	0%	燃えた
B	20%	5%	燃えた
C	15%	0%	消えた

2つの集気びんAとCの結果から、二酸化炭素がなくても、酸素の割合が20%から15%に減ると、火が消えることがわかります。

2つの集気びんAとBの結果から、二酸化炭素の割合（実験1で火が消えた4%よりも多い）が5%に増えても、酸素が20%あれば、火はしばらく燃え続けることがわかります。

(3) 集気びんBは、二酸化炭素が5%もありますが、酸素が20%ふくまれているので、ろうそくは燃え続けます。しかし、集気びんCは、二酸化炭素がなくても酸素が15%しかないので、火が消えてしまいます。このことから、ろうそくの火が消えるのは、びんの中の酸素の割合が減ることが原因であり、二酸化炭素の割合が増えることは関係していないといえます。

ポイント **空気中の酸素の割合が減ると、火が消えるよ。**

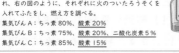

理科 2

からだのつくりとはたらき

1 みつきさんは、食べ物の消化と吸収（きゅうしゅう）について、調べています。

（1）右の図は、口からこう門までの食べ物の通り道です。㋐～㋔の□にあてはまる臓器（ぞうき）を書きましょう。

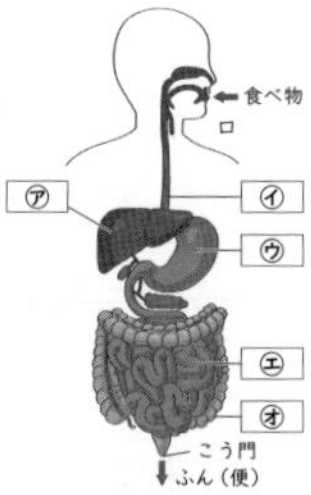

ヒント
㋐は、食べ物は通らないけど、消化に関係したり、養分の一部を一時的にたくわえて、必要なときに全身に送り出したりするはたらきをしているよ！

㋐ かん臓　㋑ 食道　㋒ 胃　㋓ 小腸　㋔ 大腸

（2）みつきさんは、調べたことを発表しています。❶～❸の（　）にあてはまることばを書きましょう。

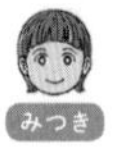

口から入った食べ物は、口からこう門へと続く（❶）を通る間に、だ液や胃液（いえき）などの（❷）によって、からだに吸収されやすい養分に変えられます。そして、水分とともに主に（❸）で吸収されます。

❶ 消化管　❷ 消化液　❸ 小腸

ヒント
❸で吸収されなかったもののうち、水分などが大腸（だいちょう）で吸収されて、残りはふん（便）として、こう門から、からだの外に出されるよ！

10

ステップ1 ＞ 情報を読み取って判断する

判断力 ☆☆☆
思考力 ☆☆☆
表現力 ☆☆☆

2 ゆうとさんは、右の図のように、吸（す）う空気とはいた空気のちがいを調べています。

（1）ゆうとさんは、調べた結果を、次のようにまとめました。㋐、㋑の□にあてはまることばを書きましょう。

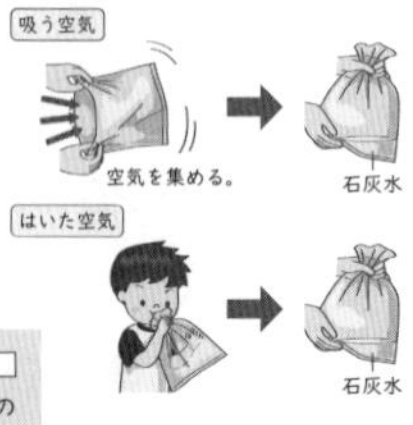

ふくろに石灰水（せっかいすい）を入れてよくふると、㋐空気を入れたふくろだけが白くにごったので、はいた空気は吸う空気より㋑が多いことがわかりました。

㋐ はいた　㋑ 二酸化炭素

（2）はいた空気より、吸う空気に多くふくまれている気体を答えましょう。

酸素

3 右の図は、血液の流れを表しています。

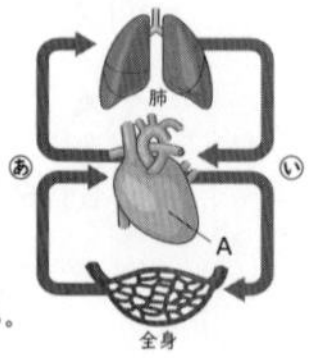

（1）肺（はい）と全身に血液を送り出すAの臓器を答えましょう。

心臓

（2）[あ]、[い]の血液について正しいものを、次のア～エから1つ選んで、記号で答えましょう。

ア [あ]、[い]はどちらも二酸化炭素が多い血液である。
イ [あ]、[い]はどちらも酸素が多い血液である。
ウ [あ]は二酸化炭素が、[い]は酸素が多い血液である。
エ [あ]は酸素が、[い]は二酸化炭素が多い血液である。

ウ

11

1 (1) ㋐はかん臓（ぞう）で、消化管ではありませんが、吸収（きゅうしゅう）した養分の一部を一時的にたくわえるなどのはたらきをしています。食べ物は口→食道（㋑）→胃（い）（㋒）→小腸（しょうちょう）（㋓）→大腸（だいちょう）（㋔）を通って消化・吸収され、こう門から、からだの外に出されます。

(2) 口からこう門までの食べ物の通り道を消化管といい、口から出るだ液、胃から出る胃液、小腸から出る腸液などの、食べ物を消化するはたらきをもつ液を消化液といいます。消化された養分は水とともに、主に小腸から吸収されます。

2 (1) 肺（はい）で血液中から出された二酸化炭素は、気管を通って鼻や口から空気中にはき出されるので、はいた空気には二酸化炭素が多くふくまれます。そのため、はいた空気を入れたふくろに石灰水（せっかいすい）を入れてよくふると、石灰水が白くにごります。

(2) 鼻や口から入った空気は肺に入ります。肺では酸素を取り入れ、二酸化炭素を出しているので、吸（す）う空気には酸素が多くふくまれます。

ポイント **酸素を取り入れ、二酸化炭素を出すことを呼吸（こきゅう）というよ。**

3 (1) 酸素や養分は、血液により全身に運ばれます。肺と全身に血液を送り出すはたらきをしている臓器Aは心臓（しんぞう）です。

ポイント **心臓は、肺と全身に血液を送り出すポンプのようなはたらきをしているよ。**

(2) 全身に酸素や養分を運び、二酸化炭素などの不要なものを受け取った[あ]の血液は酸素が少なく、二酸化炭素が多くふくまれています。心臓にもどると、肺に送られ、肺で二酸化炭素を出して、酸素を取り入れるので、[い]の血液は二酸化炭素が少なく、酸素が多くふくまれています。

理科 2

からだのつくりとはたらき

[1] ひかるさんは、血液のじゅんかんについて**【調べたこと】**をまとめ、先生と話しています。

【調べたこと】
- 心臓は、規則正しくゆるんだり縮んだりしている。
- 血液は、心臓のはたらきで、肺と全身に運ばれる。
- 血液は、酸素や養分などを全身に運ぶはたらきをしている。
- かん臓は、運ばれてきた養分の一部をたくわえる。
- 食べ物は消化管を通る間に、吸収されやすい養分に変えられて、小腸の血管から血液に入る。

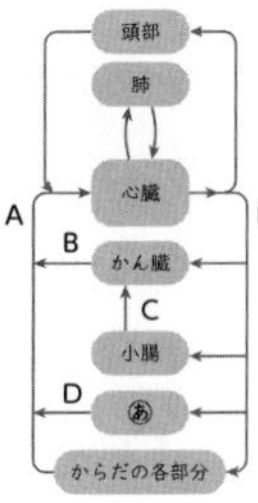

→は血管を表し、矢印の向きは血液の流れを表している。

先　生：下線部のような心臓の動きを（❶）といい、心臓はこの動きによって、血液を肺と全身に送っています。血液は、からだの各部分に酸素や養分をわたし、二酸化炭素などを受け取り、心臓にもどってきます。そして、血液は肺へ送られ、二酸化炭素を空気中に出して、酸素を取り入れます。このことから、心臓から肺へ送られる血液と、肺から心臓にもどる血液には、どのようなちがいがあるといえますか。

ひかる：肺から心臓にもどる血液は、心臓から肺へ送られる血液と比べて（❷）と考えられます。

先　生：その通りです。では、血液の他のはたらきや、全身を流れる血液のちがいについて、もっと考えてみましょう。

12

ステップ 2 ＞ 情報を読み取って考える

判断力 ☆☆☆
思考力 ☆☆☆
表現力 ☆☆☆

（１）❶の（　）にあてはまることばを書きましょう。また、❷の（　）にあてはまることばを、次のア～エから１つ選んで、記号で答えましょう。

ア　酸素も二酸化炭素も多い
イ　酸素が多く、二酸化炭素が少ない
ウ　酸素が少なく、二酸化炭素が多い
エ　酸素も二酸化炭素も少ない

ヒント
心臓の動きが血管につたわったものを、脈はくというよ！

❶ はく動　❷ イ

先　生：血液は、からだの中で不要になったものも運びます。それは、どこへ、どのように運ばれますか。

ひかる：不要になったものは、血液によって、図のあの（❸）に運ばれます。そこで、不要になったものが血液から取り除かれて（❹）がつくられ、ぼうこうに一時的にためられてから、からだの外に出されます。

（２）❸、❹の（　）にあてはまることばを書きましょう。

❸ じん臓　❹ にょう

（３）ひかるさんは、先生との会話の後、全身を流れる血液のちがいについて、次のようにまとめました。㋐～㋒の□にあてはまる血管を、図のＡ～Ｅから１つずつ選んで、記号で答えましょう。

酸素が一番多い血液が流れている血管は［㋐］で、不要になったものが一番少ない血液が流れている血管は［㋑］であることがわかりました。
また、**【調べたこと】**より、食後に養分が一番多くふくまれている血液が流れている血管は［㋒］であることがわかりました。

㋐ E　㋑ D　㋒ C

13

1

(1) 心臓は、規則正しくゆるんだり、縮んだりする動きをくり返して、肺と全身に血液を送ります。この規則正しい心臓の動きを、はく動といいます。

肺では空気中の酸素の一部が血液中に取り入れられ､血液によって心臓に送られ､全身に運ばれるので、肺から心臓へもどる血液は、酸素が多く、二酸化炭素が少なくなっています。酸素はからだの各部分で二酸化炭素と入れかわり、心臓にもどった後、肺に運ばれて息としてはき出されます。このため、心臓から肺へ送られる血液は、二酸化炭素が多く、酸素が少なくなっています。

ポイント　**肺で酸素と二酸化炭素を交かんしているよ。**

(2) からだの中で不要になったものは、じん臓に運ばれます。じん臓はからだの背中側に左右２つある臓器です。じん臓では､からだの中で不要になったものが､余分な水とともに血液からこし出されて、にょうとなります。

ポイント　**からだの中で不要になったものは、ぼうこうからにょうとして出されたり、こう門からふんとして出されたりするよ。**

(3) Ａ～Ｅのうち、酸素が一番多い血液が流れているのは、心臓から全身に送り出される血管Ｅです。

じん臓では、血液中の不要なものがこし出されるので、不要になったものが一番少ない血液が流れているのは、じん臓から出る血管Ｄです。消化された養分は、小腸から吸収されて血液中に入ります。そして、かん臓に運ばれ、養分の一部がたくわえられます。したがって、食後に養分が一番多くふくまれる血液が流れているのは、小腸からかん臓へ向かう血管Ｃです。

<table>
<tr><td>理科</td><td rowspan="2">からだのつくりとはたらき</td></tr>
<tr><td>2</td></tr>
</table>

1 さとるさんとなおさんは、授業で行った【実験1】について話し合っています。

〈さとるさんのノートの一部〉

【実験1】
① でんぷんを試験管 あ と い に入れ、あ には水を、い にはだ液を入れる。
② あ と い を約 40℃の湯が入ったビーカーで 10 分間あたためる。
③ あ と い にヨウ素液を入れて、色の変化を調べる。

さとる：ヨウ素液を入れると、あ の液の色は（ **①** ）けど、い は（ **②** ）から、だ液がでんぷんを別のものに変化させたことがわかるね。

な お：そうだね。でも、どうして約 40℃の湯であたためたのかな。だ液は、温度が高いほうがよくはたらくからかな。

さとる：実験をして確かめてみよう。

（1）**①**、**②** の（ ）にあてはまることばを書きましょう。

① 青むらさき色に変化した ② 変化しなかった

（2）【実験1】で、だ液を入れない試験管 あ を用意したのは、何を確かめるためですか。「だ液がなければ」に続けて書きましょう。

だ液がなければ、 **例 でんぷんが変化しないこと。**

2人は、【実験1】でだ液を約 40℃にあたためた理由を、【実験2】を行って調べることにしました。

14

判断力 ☆ ☆ ☆
思考力 ☆ ☆ ☆
表現力 ☆ ☆ ☆

【問題】【実験1】で、どうしてだ液を約 40℃にあたためたのか。

【予想】だ液は温度が高いほうが、よくはたらくからだと思う。

【実験2】
試験管 う〜お にでんぷんとだ液を入れ、それぞれ約 0℃の水、約 40℃の湯、約 80℃の湯が入ったビーカーに 10 分間入れた後、試験管 う〜お にヨウ素液を入れて、色の変化を調べる。

（3）2人の【予想】が正しいとき、どのような実験結果になりますか。それぞれの試験管の実験結果を書きましょう。

ヨウ素液を入れると、

例 う は青むらさき色に変化するが、え と お は変化しない。

な お：試験管 う と お が青むらさき色に変化して、試験管 え だけが変化しなかったから、【予想】はまちがっていたね。

さとる：どうしてこんな結果になったんだろう。【実験2】で調べる温度をまちがえたのかな。

先 生：いいえ。だ液はどこではたらくか、考えてみましょう。

な お：口の中です。そうか。だ液は（ ）から、【実験1】では約 40℃にあたためたんですね。

（4）下線部は、【問題】に対するまとめです。（ ）にあてはまることばを、「体温」ということばを使って書きましょう。

例 体温に近い約 40℃でよくはたらく

15

---

1 （1）ヨウ素液はでんぷんがあると、青むらさき色に変化します。

さとるさんの会話から、試験管 あ では、水はでんぷんを変化させませんでしたが、い では、だ液がはたらいてでんぷんが別のものに変化したため、試験管の中には、でんぷんがなくなっていることがわかります。したがって、ヨウ素液を入れると、でんぷんがある あ は、青むらさき色に変化し、でんぷんがなくなっている い は、変化しないと考えられます。

（2）実験1をまとめると、次のようになります。

試験管	入れたもの	結果
あ	水	青むらさき色に変化
い	だ液	変化しない

水だけを入れた あ では、でんぷんは変化していませんが、だ液を入れた い では、でんぷんが別のものに変化したことがわかります。したがって、あ を用意することで、だ液がなければ、でんぷんが変化しないことを確かめることができます。

ポイント **2つの実験を比べることで、何がわかるかを読み取れるようになろう。**

（3）2人の予想が正しければ、液の温度が高い え と お は、だ液がよくはたらいてでんぷんがなくなっているので、ヨウ素液を入れても変化しませんが、液の温度が低い う は、だ液がはたらかないので、でんぷんが残り、ヨウ素液を入れると青むらさき色に変化すると考えられます。

（4）実験2から、だ液は約 0℃の低温や約 80℃の高温でははたらきませんが、体温に近い約 40℃でよくはたらくことがわかります。からだの中ではたらく消化液は、体温に近い温度でよくはたらくので、実験1では約 40℃にあたためたのです。

理科 3 植物の葉と養分

1 りくとさんは夕方、ジャガイモの3枚の葉をアルミニウムはくで包み、次の日に表のようにしてから、葉にでんぷんがあるか実験で調べています。

前の日の夕方、アルミニウムはくで包んでおく。

	次の日
ⓐの葉	朝、アルミニウムはくをはずして つみ取る。
ⓘの葉	朝、アルミニウムはくをはずして、 日光に数時間当てた後、つみ取る。
ⓤの葉	アルミニウムはくで包んだまま、 日光に数時間当てた後、つみ取る。

でんぷんの調べ方

①葉を湯に入れてやわらかくする。 ②あたためたエタノールに葉を入れ、緑色をぬく。 ③葉を湯で洗う。 ④ヨウ素液につける。

（1）ⓐの葉の実験は、どのようなことを確かめるために行いましたか。正しいものを、次のア～ウから1つ選んで、記号で答えましょう。
ア　葉にでんぷんがないこと。
イ　葉にでんぷんがあること。
ウ　葉ででんぷんをつくれること。

ア

（2）ヨウ素液につけたとき、色が変わる葉を、次のア～エから1つ選んで、記号で答えましょう。
ア　ⓐの葉のみ　　イ　ⓘの葉のみ
ウ　ⓤの葉のみ　　エ　ⓘとⓤの葉

イ

（3）りくとさんは実験からわかったことを、次のようにまとめました。◯にあてはまることばを書きましょう。

ⓘとⓤの葉の結果から、植物の葉に◯が当たると、でんぷんができます。

日光

16

ステップ **1** 情報を読み取って判断する

判断力 ☆☆☆
思考力 ☆☆☆
表現力 ☆☆☆

2 さやかさんは、根ごととり出したホウセンカを、右の図のように色水につけて、植物のからだの中の水の通り道を調べています。

だっし綿
水面の位置
色水

（1）色水の量の変化として正しいものを、次のア～ウから1つ選んで、記号で答えましょう。
ア　増える。
イ　減る。
ウ　変わらない。

ヒント
植物は根から水を取り入れてからだ全体に運んでいるよ!

イ

（2）くきを横に切ったときの切り口のようすを、次のア～エから1つ選んで、記号で答えましょう。

ア　イ　ウ　エ

ヒント
水の通り道が、赤く染まって見えるよ!

ウ

3 葉がついたホウセンカと、葉を取ったホウセンカにふくろをかぶせて20分後に、ふくろの内側を観察します。

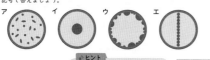
ⓐ葉がついたホウセンカ　ⓘ葉を取ったホウセンカ
ポリエチレンのふくろ

（1）ⓐとⓘでは、どちらのほうが多く、ふくろの内側に水てきがついていますか。

ヒント
水蒸気は主に葉から出ているよ!

ⓐ

（2）植物のからだから、水が水蒸気となって出ていくことを何といいますか。

蒸散

17

1
（1）3枚の葉とも、夕方からアルミニウムはくに包んで日光を当てないようにしたので、前の日に葉でつくられたでんぷんは、からだの必要な部分に運ばれてなくなっています。このことを調べるために、次の日の朝、ⓐの葉をつみ取って、葉にでんぷんがないことを確かめました。

（2）次の日に日光を当てなかったⓤの葉は、ヨウ素液につけても色が変化しません。次の日に日光を当てたⓘの葉だけが、ヨウ素液につけると色が変わります。

（3）ⓘとⓤの葉は、葉に日光を当てたか、当てていないか、という条件だけがちがいます。ヨウ素液はでんぷんがあると、青むらさき色に変化します。日光を当てたⓘの葉だけが、葉の色が変化したことから、葉に日光が当たると、でんぷんができることがわかります。

2
（1）ホウセンカが根から、フラスコの中の色水を取り入れるので、色水の量はしだいに減っていきます。

（2）植物の根・くき・葉には、根から取り入れた水の通り道があります。ホウセンカのくきを横に切ったときの切り口では、水の通り道が輪のように並んでいます。

ポイント 色水を使うことで、水の通り道を観察しやすくなるよ。

3
（1）葉には、水蒸気が出ていく気こうという穴がたくさんあり、根から取り入れた水は、気こうから水蒸気となって空気中に出ていきます。葉がついているⓐのほうが、水蒸気がより出ていくので、ふくろの内側に水てきが多くつきます。

（2）植物のからだの中の水が、水蒸気となって出ていくことを、蒸散といいます。

ポイント 根から取り入れた水は、蒸散によって主に葉から水蒸気となって出ていくよ。

18・19ページ

理科 3 植物の葉と養分

[1] あかねさんたちは、蒸散について調べる実験をしています。ただし、ホウセンカの中にふくまれる水の量は、実験中に変化しないものとします。

【方法】
①3本のメスシリンダー[あ]～[う]に水 100 mL を入れる。
②同じ大きさのホウセンカの枝を用意して、下の図のように、[あ]には葉のついた枝、[い]には葉を取ったくきだけの枝、[う]には何も入れないで、それぞれ3時間日光に当てた後、水の体積を調べる。

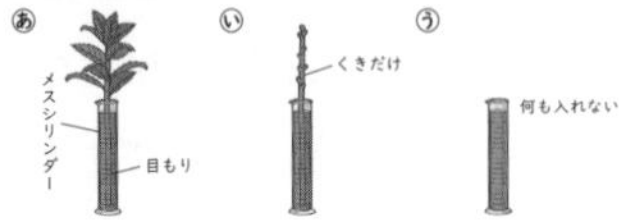

【結果】 〈水の体積〉

	[あ]	[い]	[う]
実験前（mL）	100	100	100
3時間後（mL）	72	96	98

先　生：この実験で、葉から蒸散した水の量は何 mL になりますか。
あかね：メスシリンダー[あ]の【結果】から、28 mL になると思います。
えりか：わたしは、メスシリンダー[あ]の減少量の 28 mL には、葉から蒸散した水の量だけではなく、水面から出ていく水の量とくきから蒸散した水の量もふくまれていると思います。
先　生：その通りです。メスシリンダー[う]の水の量が減少していることから、水面から水が出ていったことがわかりますね。このような現象を（❶）といいます。メスシリンダー[い]でも、この現象により[う]と同じ量の水が減ったとすると、くきから蒸散した水の量は（❷）mL になります。では、葉から蒸散した水の量を、計算してみましょう。

18

ステップ 2 ＞ 情報を読み取って考える

判断力 ☆☆☆
思考力 ☆☆☆
表現力 ☆☆☆

（1）❶、❷の（　）にあてはまることばや数を書きましょう。

ヒント
コップの水も置いておくと減るよね！

❶ 蒸発　❷ 2

（2）あかねさんは会話の後、この実験で葉から蒸散した水の量を求めて、葉から蒸散した水の量とくきから蒸散した水の量を比べています。㋐の［　　］にあてはまる式を、下のア～ウから1つ選んで、記号で答えましょう。また、㋑、㋒の［　　］にあてはまる数を書きましょう。

メスシリンダー[あ]でも、（1）の❶の現象により、[う]と同じ量の水が減り、くきから蒸散した水の量が[い]と同じになるとすると、葉から蒸散した水の量は、［ ㋐ ］という式で求められるので、［ ㋑ ］mLになります。よって、葉から蒸散した水の量は、くきから蒸散した水の量の［ ㋒ ］倍です。

ア　（[あ]の減少量）－（[い]の減少量）
イ　（[あ]の減少量）－（[う]の減少量）
ウ　（[あ]の減少量）－（[い]の減少量＋[う]の減少量）

㋐ ア　㋑ 24　㋒ 12

あかね：どうして、くきより葉から蒸散した水の量のほうが多いのかな。
先　生：ホウセンカの葉をけんび鏡で観察してみましょう。右の図のように、穴が見えますね。蒸散では、この穴から水蒸気が出ていきますよ。
あかね：つまり、（　　）ので、葉から蒸散した水の量のほうが多かったんですね。

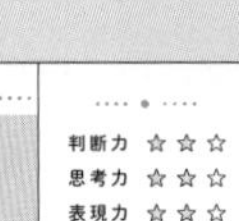

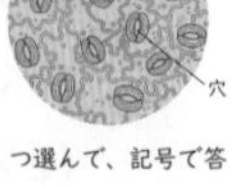

（3）（　　）にあてはまることばを、次のア～ウから1つ選んで、記号で答えましょう。
ア　くきには水蒸気が出ていく穴が1つもない
イ　くきには水蒸気を取り入れる穴がある
ウ　くきより葉のほうが水蒸気が出ていく穴が多い

ウ

19

---

[1] **(1)** 何も入れないメスシリンダー[う]で水が減少したのは、水の表面から水が水蒸気となって出ていったからです。このことを蒸発といいます。

メスシリンダー[あ]～[う]の、水が減少した理由と減少量をまとめると、次のようになります。

	水が減少した理由	減少量
[あ]	・葉からの蒸散 ・くきからの蒸散 ・水面からの蒸発	28 mL
[い]	・くきからの蒸散 ・水面からの蒸発	4 mL
[う]	・水面からの蒸発	2 mL

[い]の水の減少量 4 mL は、水面からの蒸発 2 mL とくきから蒸散した水の量の合計なので、くきから蒸散した水の量は、

4 − 2 ＝ 2（mL）です。

(2) 上の表より、[あ]の水の減少量 28 mL は、

葉から蒸散した水の量＋[い]の水の減少量

なので、葉から蒸散した水の量は、

（[あ]の減少量）−（[い]の減少量）

という式で求められます。この式から、葉から蒸散した水の量は、

28 − 4 ＝ 24（mL）となります。したがって、葉から蒸散した水の量 24 mL は、くきから蒸散した水の量 2 mL の、

24÷2＝12（倍）になります。

ポイント　**[あ]の減少量は葉からの蒸散量だけではないことに注意しよう。**

(3) 水蒸気は、植物のからだの表面全体から出ていくのではなく、気こうという小さな穴から出ていきます。葉から蒸散した水の量が、くきよりも多かったのは、くきよりも葉のほうが気こうの数が多いからです。このため、蒸散は主に葉から行われます。

ポイント　**主に葉の気こうで、蒸散は行われるよ。**

理科 3 植物の葉と養分

1 たくやさんたちは、植物のからだのはたらきについて話し合っています。

たくや：ぼくたちは、食べ物などから養分を取り入れて成長しているけど、<u>植物はどのようにして成長のための養分を得ているのかな。</u>

ひろき：5年生の学習で、<u>植物の成長には日光が必要だとわかったよね。</u>植物と日光には何か関係がありそうだね。実験で調べてみよう。

【方法】
①前の日の午後から、光が当たらない暗い場所に置いておいたジャガイモの葉を、次の日に日光に5時間当てる。
②ジャガイモの葉を、下の図のようにしてヨウ素液につけ、色の変化を調べる。

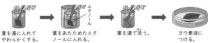

葉を湯に入れてやわらかくする。 → 葉をあたためたエタノールに入れる。 → 葉を湯で洗う。 → ヨウ素液につける。

【結果】
葉をヨウ素液につけると、青むらさき色に変化した。

たくや：どうして葉をあたためたエタノールに入れたのかな。

かな：葉をエタノールから取り出したとき、エタノールが緑色になって、葉は白っぽくなっていたよ。このことから、葉の緑色の色素をとかし出<u>して（ ）</u>ために、葉をエタノールに入れたと考えられるね。

（1）（ ）にあてはまることばを、次のア～ウから1つ選んで、記号で答えましょう。
ア ヨウ素液をしみこみやすくする
イ ヨウ素液と反応しやすくする
ウ ヨウ素液の色の変化を見やすくする

ウ

20

ステップ 3 > 情報を読み取って表現する
判断力 ☆☆☆
思考力 ☆☆☆
表現力 ☆☆☆

 たくや：【結果】から、葉に日光が当たると、でんぷんができることがわかったね。

ひろき：この実験だけでは、それはわからないよ。<u>日光に当てる前から、葉にはでんぷんがあったかもしれないよ。</u>

 かな：わたしもこの実験だけでは、葉に日光が当たると、でんぷんができるとはいえないと思う。日光に当てなくても5時間置くと、でんぷんができるかもしれないよ。

（2）たくやさんは、ひろきさんとかなさんとの会話から、葉を2枚追加して、もう一度実験をやり直すことにしました。たくやさんの考えが正しくなるように、実験の【方法】を書きましょう。ヨウ素液の反応の調べ方は、「実験と同じ方法でヨウ素液の変化を調べる」と書きましょう。

例 次の日に、日光に当てる前の葉1枚と、アルミニウムはくなど光を通さないものでおおって日光に5時間当てた葉1枚を追加して、それぞれ実験と同じ方法でヨウ素液の変化を調べる。

（3）（2）のように実験を行って、葉に日光が当たるとでんぷんができることがわかりました。最初にたくやさんたちが考えた「植物はどのようにして成長のための養分を得ているのか」という問題に対するまとめを書きましょう。

例 植物は日光に当たることで、成長するための養分を自分でつくり出している。

21

---

1 （1）葉が緑色のままだと、ヨウ素液の色の変化が、よく見えません。葉をあたためたエタノールに入れると、葉の緑色の色素がエタノールにとけ出して、葉は白っぽくなり、ヨウ素液につけたときに、ヨウ素液の色の変化が見やすくなります。

（2）まず、ひろきさんの意見のように、日光に当てる前の葉には、でんぷんがないことを確かめる必要があります。これを確かめるには、前の日から暗い場所に置いておいた実験と同じジャガイモから、次の日に、日光に当てる前の葉1枚をつみ取って、でんぷんがないことを調べます。ヨウ素液の色が変化しなければ、日光に当てる前の葉には、でんぷんがないことがわかります。

次に、かなさんの意見のように、日光に当てなければ、5時間置いてもでんぷんができないことを確かめる必要があります。これを確かめるには、まず、前の日から暗い場所に置いておいた実験と同じジャガイモの葉の1枚を、光を通さないアルミニウムはくでおおいます。そして、アルミニウムはくでおおった葉を5時間、日光の当たるところに置いた後、つみ取って、でんぷんがないことを調べます。ヨウ素液の色が変化しなければ、日光に当てないと、5時間置いてもでんぷんができないことがわかります。

最初に行った実験に追加して、上の2つのことが確かめられると、葉に日光が当たると、でんぷんができることがわかります。

ポイント 実験によって確かめたいことと、そのために何をすればよいのかを考えよう。

（3）植物は日光が当たると、葉ででんぷんをつくり、それを養分にしているので、成長するための養分を自分でつくり出しています。

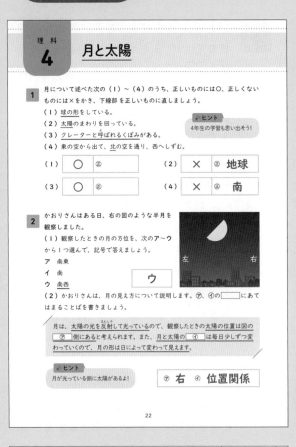

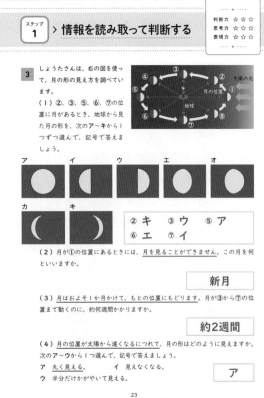

理科 4

月と太陽

1 月について述べた次の（1）～（4）のうち、正しいものには○、正しくないものには×をかき、下線部を正しいものに直しましょう。

（1）球の形をしている。
（2）太陽のまわりを回っている。
（3）クレーターと呼ばれるくぼみがある。
（4）東の空から出て、北の空を通り、西へしずむ。

ヒント 4年生の学習も思い出そう！

（1）○ [正]　（2）× [正] 地球
（3）○ [正]　（4）× [正] 南

2 かおりさんはある日、右の図のような半月を観察しました。

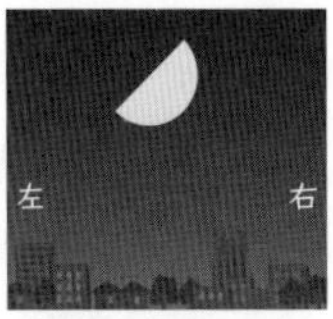

（1）観察したときの月の方位を、次のア～ウから1つ選んで、記号で答えましょう。
ア 南東
イ 南
ウ 南西

ウ

（2）かおりさんは、月の見え方について説明します。㋐、㋑の□にあてはまることばを書きましょう。

月は、太陽の光を反射して光っているので、観察したときの太陽の位置は図の□㋐□側にあると考えられます。また、月と太陽の□㋑□は毎日少しずつ変わっていくので、月の形は日によって変わって見えます。

ヒント 月が光っている側に太陽があるよ！

㋐ 右　㋑ 位置関係

22

ステップ1 ＞ 情報を読み取って判断する

判断力 ☆☆☆
思考力 ☆☆☆
表現力 ☆☆☆

3 しょうたさんは、右の図を使って、月の形の見え方を調べています。

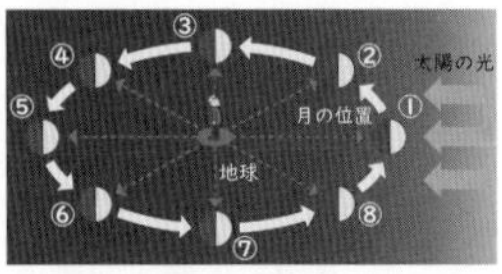

（1）②、③、⑤、⑥、⑦の位置に月があるとき、地球から見た月の形を、次のア～キから1つずつ選んで、記号で答えましょう。

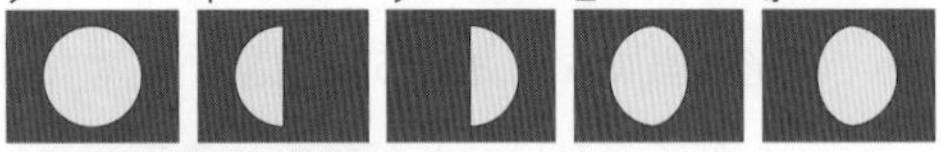

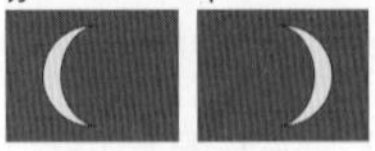

②キ　③ウ　⑤ア
⑥エ　⑦イ

（2）月が①の位置にあるときには、月を見ることができません。この月を何といいますか。

新月

（3）月はおよそ1か月かけて、もとの位置にもどります。月が③から⑦の位置まで動くのに、約何週間かかりますか。

約2週間

（4）月の位置が太陽から遠くなるにつれて、月の形はどのように見えますか。次のア～ウから1つ選んで、記号で答えましょう。
ア 丸く見える。　イ 見えなくなる。
ウ 半分だけかがやいて見える。

ア

23

1 （1）月は、地球や太陽と同じ球の形をしています。

（2）月は地球のまわりを、約1か月かけて回っています。

（3）月の表面には、石や岩などがぶつかってできた、クレーターと呼ばれる、たくさんのくぼみがあります。

（4）月は太陽と同じように、東の空から出て、南の空を通り、西の空にしずみます。

ポイント **3年生で学ぶ「太陽の動き」や、4年生で学ぶ「月の動き」を確認しておこう。**

2 （1）半月のかたむき方は、南東、南、南西の空にあるとき、次の図のようになるので、南西の空にあるときとわかります。

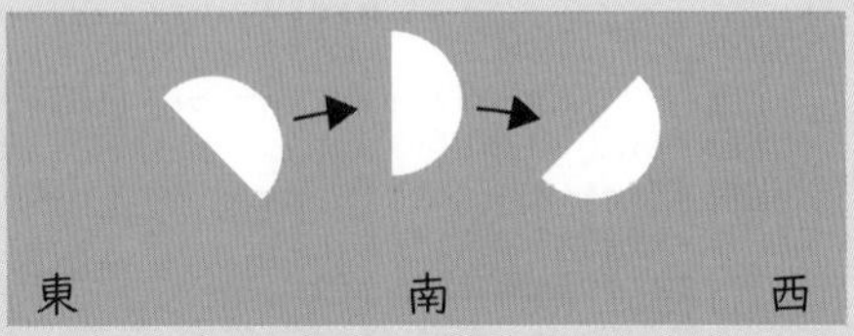

（2）月は太陽の光を反射して光っているので、観察した月の光って見える右側（西側）に太陽があります。また、月は地球のまわりを回っていて、月と太陽の位置関係が毎日変わるので、日によって月の形が変わって見えます。

3 （1）月が、太陽と反対の方向の⑤の位置にあるとき、満月が見られます。

ポイント **月の位置によって、地球から見た月の形が変わるよ。**

（2）月が、太陽と同じ方向にあるときは、月は太陽の光の当たらない面を地球に向けているので、地球から月を見ることができません。これを新月といいます。

（3）月は約1か月かけて、地球のまわりを回るため、③から⑦までの半周をするのには、約2週間かかります。

（4）月の位置が太陽から遠くなるにつれて、新月→三日月→半月→満月となるので、月の形は丸く見えます。

理科 4 月と太陽

1 たくみさんは、1月22日と1月30日の太陽がしずんだ（日ぼつ）直後に、同じ場所で月の位置と形を観察して、記録しました。

〈たくみさんの記録〉

図1　日ぼつ直後の月の位置と形　　1月　日

図2　日ぼつ直後の月の位置と形　　1月　日

・図1では、左側が少し欠けた月が南東の空に見えた。
・図2では、三日月が南西の空に見えた。

たくみ：記録カードに日付を書き忘れてしまって、図1と図2のどちらが1月22日の記録か、わからなくなっちゃった。

ま い：月の位置から考えたら、わかると思うよ。月が出る時刻は、毎日50分くらいずつおそくなっているから、月の動きを考えると、観察した時刻がだいたい同じなら、日付が早いほうが月の位置は、より（❶）にあるはずだよ。だから、1月22日の記録は、図（❷）になるんじゃない。

たくみ：なるほど、月の位置からわかるのか。それなら、月の形からも、観察した日がわかるかもしれないね。

ま い：そうだね。月の形の変わり方を、図かんで調べてみよう。

（1）❶、❷の（　）にあてはまる方位や数を書きましょう。

❶ 西	❷ 2

24

ステップ2 情報を読み取って考える

判断力 ☆☆☆
思考力 ☆☆☆
表現力 ☆☆☆

2人は、図かんで見つけた図3について話し合っています。

ま い：図3は、地球、月、太陽の位置を表しているものだね。地球は、矢印の方向に1日1回転しているらしいよ。

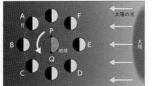

たくみ：日ぼつは、昼から夜に変わるときだから、ぼくは地球の図の（❸）の位置で観察したことになるね。

ま い：本当だね。（❸）の位置で観察すると、地球から見て太陽の光は右側から当たっているから、日がたつにつれて、月の光っている部分が（❹）なっていくね。このことから、図1と図2のどちらが1月22日の記録かわかるよ。

たくみ：そうだね。それに、月が図の（❺）の位置にあるとき、満月が見られるから、月の左側が少し欠けている図1の月は、図3の（❻）の位置にあったこともわかるね。

（2）❸～❻の（　）にあてはまることばや記号を書きましょう。同じ番号の（　）には、同じ記号が入ります。

❸ P	❹ 大きく	❺ B	❻ A

（3）日によって、月の形が変わって見える理由を、次のア～エから1つ選んで、記号で答えましょう。

ア　月と地球のきょりが変わるから。　　イ　月の形が変わっているから。
ウ　太陽の光が当たっている部分の見え方が変わるから。
エ　月に当たる太陽の光の色が変わるから。

ウ

25

---

1 **（1）** 月が出る時刻は、毎日およそ50分ずつおそくなるので、毎日同じ時刻に月を観察すると、月の位置は西から東に移動しているように見えます。したがって、日付が早いほうが、月の位置はより西にあると考えられます。図2のほうが、月の位置が西にあるので、図2が1月22日の記録となります。

（2） 地球は矢印の向きに、1日に1回転しています。Pの位置は、太陽が当たっている側（昼間）から、当たらない側（夜）に変わるところなので、日ぼつです。Qの位置は、夜から昼間に変わるところなので、夜明けです。

Pの位置で毎日、月を観察すると、E（新月）の次の日から、Bまでの月を観察することができます。太陽の光は地球から見て右側から当たっているので、日がたつにつれて月の光っている部分は、大きくなります。Bでは、月が太陽と反対の方向にあるので満月が見られます。日ぼつ直後に観察された図1の月は、右側から太陽が当たっていて、左側が少し欠けていることから、満月が見られるBより数日前の、Aの位置にあると考えられます。

ポイント　**月と太陽の位置関係を確認しておこう。**

（3） 月は、いつも太陽の光が当たった半分だけが光っていますが、月が地球のまわりを回っているため、下の図のように、地球からは太陽の光が当たっている部分の見え方が変わり、月の形が変わって見えます。

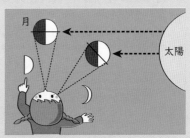

月

太陽

理科 4 月と太陽

1 ゆきさんは、月の満ち欠けについて先生と話しています。

ゆ き：満月の夜のことを、十五夜（じゅうごや）というのはどうしてですか。

先 生：昔は、月の満ち欠けをもとに1か月を決めていました。これを旧れき（きゅうれき）といいます。十五夜とは、旧れきの毎月15日の夜のことで、旧れきでは新月の日を1日とするので、15日の夜が満月になります。そのため、満月の夜のことを十五夜といいますよ。

ゆ き：初めて知りました。同じように考えると、三日月（みかづき）は新月から3日目の月ということですか。

先 生：その通りです。旧れきでは、毎月1日が新月、3日が三日月、15日が満月と、日によって月の形が決まっていますよ。江戸時代の松尾芭蕉（まつおばしょう）の俳句に「明けゆくや二十七夜（にじゅうしちや）も三日の月」というのがあります。「27日の明け方に見える月は、夕暮れに見られる三日月のような月だ」という意味です。では、旧れきをもとに、松尾芭蕉が見た月を考えてみましょう。

（1）次の文は、新月の日には、昼も夜も月が見られない理由を説明しています。◯◯にあてはまることばを書きましょう。

> 新月のときは、地球から見て、月が太陽と同じ方向にあり、◯◯面を地球に向けているので、月を見ることができません。

例 太陽の光が当たらない

（2）松尾芭蕉が見た月のようすを表しているものはどれですか。次のア〜エから1つ選んで、記号で答えましょう。

ア イ ウ エ

ア

26

ステップ3 > 情報を読み取って表現する

判断力 ☆ ☆ ☆
思考力 ☆ ☆ ☆
表現力 ☆ ☆ ☆

ゆ き：本で調べてみると、正確には満月から次の満月まで約29.5日かかるということがわかりました。このことから、月は約29.5日で地球のまわりを1周すると考えたんですが・・・。

先 生：では、ゆきさんの考えが正しいかどうか、下の図を使って考えてみましょう。

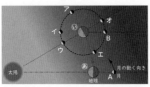

先 生：月が地球のまわりを回っているように、実は地球も太陽のまわりを回っています。地球があの位置にあるとき、Aの位置の月の形は満月に見えますね。次に、月がAの位置から地球のまわりを1周すると、地球はいの位置に、月はBの位置にきます。このとき、地球から見てBの位置の月の形は、満月には見えませんね。

（3）地球がいの位置にあるときに、満月に見える月を、図のア〜オから1つ選んで、記号で答えましょう。

オ

（4）下線部のゆきさんの考えは正しくありません。月が地球のまわりを1周するのにかかる日数は、満月から次の満月までにかかる日数と比べて、どのようになりますか。

例 短くなる。

（5）（4）のようになる理由を、書きましょう。

例 地球が太陽のまわりを回っているから。

27

1

（1）新月のときは、月が太陽と同じ方向にあるため、太陽の光が当たらない面を地球に向けています。そのため、地球からは光の当たった部分がまったく見えず、月を見ることができません。

（2）俳句（はいく）では、「明け方（みかた）に三日月（みかづき）のような月が見えた」といっています。次の図は、旧れきと月の位置を表しています。図より、27日に見えた三日月のような形の細い月は、地球から見て太陽のある左側が光っていたということがわかります。

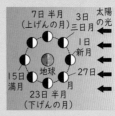

🚩 **ポイント** 地球から見て、右側が光って見える半月を上げんの月、左側が光って見える半月を下げんの月というよ。

（3）満月は、地球から見て、太陽と月が反対の方向にあるときに見られます。だから、地球がいの位置にあるときは、オの位置の月が満月になります。

（4）月がAからBまで移動したとき、月は地球のまわりを1周したことになります。満月から次の満月までには、月はAからオまで移動する必要があるので、月が地球のまわりを1周するAからBまでにかかる日数は、満月から次の満月が見えるAからオまでにかかる日数よりも、短くなると考えられます。

（5）地球が動かなければ、満月から次の満月までの日数と、月が地球のまわりを1周する日数は同じになります。実際は、地球は太陽のまわりを回っているため、満月から次の満月までの日数のほうが、月が地球のまわりを1周する日数よりも長くなります。

理科 5

土地のつくりと変化

[1] だいちさんは、下の図のような、しま模様が見られるがけを観察しています。

（1）がけがしま模様に見える理由を説明します。㋐、㋑の［　　］にあてはまることばを書きましょう。

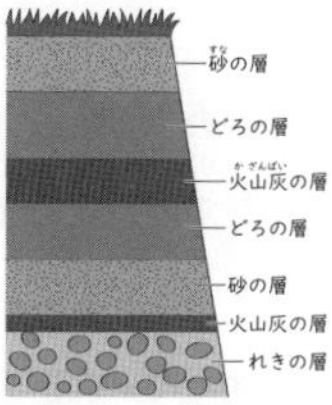

がけがしま模様に見えるのは、［㋐］、大きさ、形などがちがうつぶでできたものが、それぞれ層になって積み重なっているからです。このような層の重なりを、［㋑］といいます。

㋐ 色　㋑ 地層

（2）砂、どろ、れきをつぶの大きいほうから順に並べると、どのようになりますか。次のア～エから１つ選んで、記号で答えましょう。

ア　砂、どろ、れき　　イ　砂、れき、どろ
ウ　れき、砂、どろ　　エ　れき、どろ、砂

ウ

（3）だいちさんは、砂の層と火山灰の層を観察して、つぶの形を比べています。㋒、㋓の［　　］にあてはまることばを書きましょう。

［㋒］の層のつぶはまるみを帯びているが、［㋓］の層のつぶは角ばっています。

ヒント
何のはたらきでできた層か、考えよう！

㋒ 砂　㋓ 火山灰

（4）層の中から、大昔の生き物のからだや生活のあとなどが残ったものが見つかりました。これを何といいますか。

化石

28

ステップ 1 ＞ 情報を読み取って判断する

判断力 ☆☆☆
思考力 ☆☆☆
表現力 ☆☆☆

[2] みなみさんは、右の図のように、れき・砂・どろを混ぜた土を水そうに流しこみます。しばらくおいて、もう一度土を流しこみ、地層のでき方を調べます。

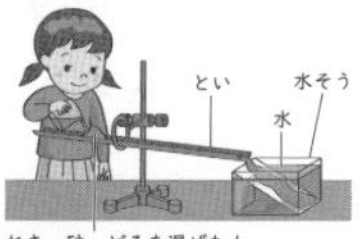

（1）横から見た水そうのようすを、次のア～ウから１つ選んで、記号で答えましょう。

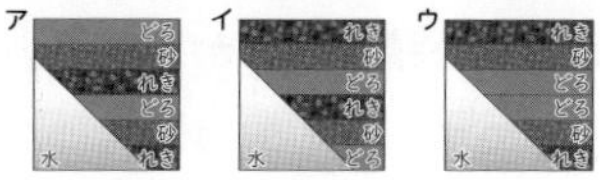

ア

（2）みなみさんは、地層のでき方について、次のようにまとめました。㋐、㋑の［　　］にあてはまることばを書きましょう。

水のはたらきによって、［㋐］されたれき・砂・どろは、海や湖の底に、つぶの［㋑］によって分かれてたい積します。このようなたい積が何度もくり返されて、地層ができます。

㋐ 運ぱん　㋑ 大きさ

[3] 地震や火山の噴火について、説明します。㋐、㋑の［　　］にあてはまることばを書きましょう。

地震によって、地表に［㋐］という大地のずれが現れることがあります。火山が噴火すると、火口から火山灰がふき出たり、［㋑］が流れ出たりします。

㋐ 断層　㋑ よう岩

29

[1] (1) れき・砂・どろ、火山灰などが、層になって積み重なっているものを、地層といいます。地層がしま模様に見えるのは、それぞれの層をつくる、つぶの色、大きさ、形などがちがうからです。

(2) れき・砂・どろはつぶの大きさによって、分けられています。大きいほうかられき、砂、どろの順になります。

(3) 地層の中のれき・砂・どろは、流れる水のはたらきによって運ぱんされて、たい積したものです。水によって運ぱんされるとき、つぶどうしがぶつかり合って角が取れるので、地層の中のれき・砂・どろは、まるみを帯びています。火山灰の層は、火山の噴火で飛ばされたり、風によって運ばれたりしたものです。つぶどうしはぶつかり合わないので、角ばった形をしています。

ポイント　**地層にふくまれるれき・砂・どろは長い年月をかけて固まり、それぞれ、れき岩・砂岩・でい岩になるよ。**

(4) 大昔の生物のからだや生活のあとなどが、地層の中に残ったものを、化石といいます。

[2] (1) つぶが大きいものから速くしずむので、１回流すと、下かられき、砂、どろの順にたい積します。同じように、もう１回流すと、前の層の上に、下かられき、砂、どろの順にたい積します。

(2) 運ぱんされたれき・砂・どろは、つぶの大きさによって分かれてたい積します。これがくり返されて地層ができます。

[3] 大地のずれのことを断層といい、地震によって、断層が地表に現れることがあります。火山の噴火では、火口から火山灰がふき飛ばされたり、よう岩が流れ出たりします。

理科 5

土地のつくりと変化

1 しんごさんとみくさんは、自然博物館に行って地層について学びました。２人は次のような【問題】を見つけて、話し合っています。

【問題】
あるがけで、右の図のように、ななめのしま模様の地層が見られた。この地層は、どのようにしてできたのか。

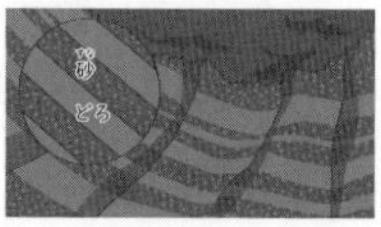

しんご：地層は、がけの表面だけでなく（❶）にも広がっていたね。博物館の人から、ぼくたちが調べた地層は、砂の層とどろの層が交ごに何段も重なっていることを教えてもらったよ。だから、この地層は（❷）のはたらきによってできたことがわかるね。

み　く：そうだね。【問題】を解決するために、まず、（❷）のはたらきによって運ばれてきたものが、どのように積もって、しま模様になるのかを実験で調べてみよう。

（１）❶、❷の（　）にあてはまることばを書きましょう。同じ番号の（　）には、同じことばが入ります。

❶ おく　❷ 流れる水

２人は、地層のしま模様のでき方を、次のような【方法】で調べます。

【方法】
①砂・どろ・れきを混ぜたものと水を、空きびんに入れてふたをしてふる。
②しばらく置いておいて、積もり方を調べる。

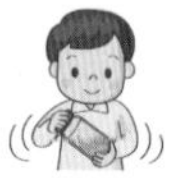

30

ステップ2 ＞ 情報を読み取って考える

判断力 ☆☆☆
思考力 ☆☆☆
表現力 ☆☆☆

（２）実験の結果として正しいものを、次のア～エから１つ選んで、記号で答えましょう。

ア　砂・どろ・れきが混ざったまま、びんの底に積もった。
イ　びんの底にれきが積もり、その上に砂とどろが混ざったまま積もった。
ウ　下から砂、どろ、れきの順にびんの底に積もった。
エ　下かられき、砂、どろの順にびんの底に積もった。

エ

（３）しんごさんは、（２）の結果から考えられることを、次のようにまとめました。㋐、㋑の□にあてはまることばを書きましょう。

つぶの大きさが［㋐］ものからしずむため、川から運ばれてきた砂、どろ、れきのうち、最も河口からはなれたところには［㋑］が積もります。

㋐ 大きい　㋑ どろ

しんご：実験から、地層のしま模様のでき方がわかったね。でも、どうして海の底でできた地層が陸上で見られるのかな。

み　く：博物館の人から、地震などで大地が変化することによって、地層がななめにかたむいたり、海の底などでできた地層がおし上げられて陸地になったりすることも教えてもらったよ。

（４）【問題】に対するまとめとして、次のア～ウを地層ができた順に並べて、記号で答えましょう。

ア　海の底に、砂とどろが何層も重なった水平な地層ができた。
イ　大地の変化により、地層がななめにかたむいて陸上におし上げられた。
ウ　長い年月の間に、大量の砂やどろが海の底に流れこむことが、何度もくり返された。

ウ → ア → イ

31

1

（１）地層は、見えているところだけではなく、おくにも広がっています。
地層のでき方は、流れる水のはたらきによるものと、火山のはたらきによるものの、主に２つが考えられます。２人が調べた地層は、砂の層とどろの層からできたものなので、流れる水のはたらきでできた地層であることがわかります。

ポイント　**地層のでき方によって、地層をつくるつぶに、どんなちがいがあったかを復習しておこう。**

（２）流れる水のはたらきによって、運ぱんされてきたれき・砂・どろは、つぶの大きさによって分かれてたい積します。砂・どろ・れきと水を混ぜたものをよくふって、しばらく置くと、下の図のように下かられき、砂、どろの順にびんの底に積もります。このようなたい積が何度もくり返されて地層ができるため、地層はしま模様になっています。

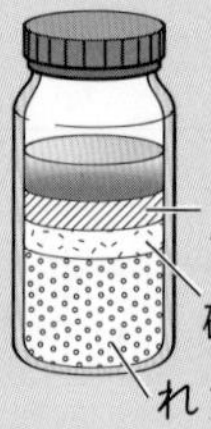

（３）流れる水のはたらきによって運ぱんされてきたものがたい積するときは、つぶの大きいものほど速くしずみます。したがって、つぶの大きさが一番小さいどろは、たい積するのがおそく、遠くに運ばれるので、最も河口からはなれたところには、どろが積もります。

ポイント　**河口に最も近いところでは、れきがたい積しているよ。**

（４）大地は、地震によって大きく変化したり、長い年月をかけて、少しずつ動いたりしています。これにより、水平にたい積した地層がななめにかたむき、海の底でできた地層がおし上げられて、陸上で見られることがあります。

理科 5 土地のつくりと変化

① ちはるさんは、土地の高さがちがう地点の地層について本で調べ、次のノートのようにまとめました。

〈ちはるさんのノート〉

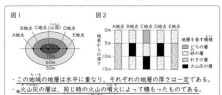

図 1　　　　図 2

地表を表す模様
■ どろの層
▨ 砂の層
▥ れきの層
■ 火山灰の層

・この地域の地層は水平に重なり、それぞれの地層の厚さは一定である。
・火山灰の層は、同じ時の火山の噴火によって積もったものである。
・地層の上の層ほど新しく、断層は見られない。

ちはる：図 1 は、ある山の地図で、図の線は等高線を表しています。また、山頂の C 地点の高さは 75 m です。図 2 は、図 1 の A～E の 5 地点で行ったボーリング調査の結果です。図 1、図 2 をもとにして、この山の断面図における地層を、図に表したいんですが・・・。

先　生：下線部④より、図 2 で見られる火山灰の層は（　　　）にたい積したものなので、同じ高さの位置にあることがわかります。このことから、火山灰の層を基準に考えていくといいですよ。

ちはる：図 2 の B、C、D 地点に火山灰の層が見られますが、どのように考えればいいでしょうか。

先　生：例えば、土地の高さが 75 m の C 地点では、地表からの深さが 10～15 m のところに火山灰の層があるので、75−10＝65 m、75−15＝60 m より、高さ 60～65 m のところに火山灰の層があります。同じように考えて、この山の断面図における地層を図に表してみましょう。

32

情報を読み取って表現する

判断力 ☆☆☆
思考力 ☆☆☆
表現力 ☆☆☆

（1）たい積する時期を説明して、（　　　）にあてはまることばを書きましょう。

同じ時期

（2）この山の山頂の、地表近くの地層では、1 番上に何の層が見られますか。〈ちはるさんのノート〉から考えましょう。

どろの層

（3）ちはるさんは、先生から教わったことを参考に、山の断面図における地層を図に表します。右の図に、山を A～E の地点を結ぶ線で切った断面図をかき、図 2 の「地表を表す模様」を使って、断面の中に地層のようすをかき入れましょう。

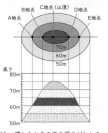

★ヒント
最初に火山灰の層から考えて、その上と下にある層をかき入れていこう！

ちはる：たい積しているものから、地層がたい積したときの海の深さがわかると聞きました。⑤山の高さ 50～75 m のところでは、海の深さがどのように変化したかも知りたいです。

先　生：流れる水のはたらきによって運ばれてきたものは、つぶが小さいものほど軽いので、河口から遠くに運ばれ、海の深いところにたい積します。このことを参考に考えるといいですよ。

（4）下線部⑤を（3）の図をもとに、理由も説明して答えましょう。

例 高さ 50～75 m のところでは、たい積しているもののつぶの大きさが下かられき、砂、どろと小さくなっているので、海の深さはだんだんと深くなっていった。

33

---

① （1）ちはるさんのノートに、「この地域の地層は水平に重なり、それぞれの地層の厚さは一定である」「火山灰の層は、同じ時の火山の噴火によって積もったもの」とあるので、B、C、D 地点にある火山灰の層は一つながりの同じ層で、同じ時期にたい積したものであると考えられます。

（2）山頂は C 地点なので、地表近くの地層で 1 番上に見られるのは、C 地点の深さ 0 m のところにあるどろの層です。

（3）C 地点、D 地点、E 地点の地層の高さを合わせて並べると、次の図のようになります。

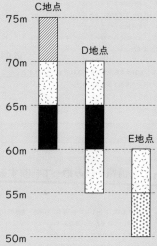

この図から、高さ 50 m のところから上に 5 m ごとに、れきの層、砂の層、火山灰の層、砂の層、どろの層と積み重なっていることがわかります。

🚩 **4 年生の社会で学んだ「等高線」と「断面図」を確認しておこう。**
ポイント

（4）砂の層がたい積している間に、火山の噴火があり、火山灰の層がたい積していますが、下かられき、砂、どろの順にたい積し、つぶが小さくなっています。つぶが小さいものほど、海の深いところにたい積するので、高さ 50～75 m のところでは、海の深さはだんだんと深くなっていったと考えられます。

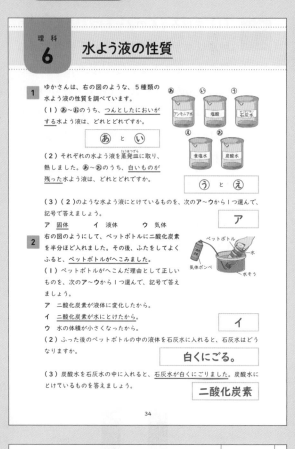

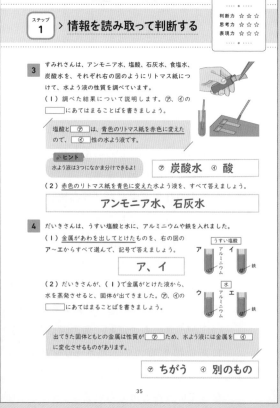

1

（1）においがする水よう液は、においのある気体がとけた水よう液です。アンモニア水（あ）と塩酸（い）は、つんとしたにおいがします。

（2）（3）水よう液を蒸発皿に取って、水を蒸発させると、固体がとけている水よう液は、とけていた固体が蒸発皿に残ります。固体がとけているのは、石灰水（う）と食塩水（え）です。

2

（1）ペットボトルには、水と二酸化炭素が半分ずつ入っています。ふたをしてふると、二酸化炭素が水にとけたため、気体の体積が減り、ペットボトルがへこみます。

（2）二酸化炭素は、石灰水を白くにごらせます。ペットボトルの中の液体には、二酸化炭素がとけているので、ふった後のペットボトルの中の液体を石灰水に入れると、石灰水は白くにごります。

（3）炭酸水を石灰水に入れると、石灰水が白くにごったことから、炭酸水には二酸化炭素がとけていることがわかります。

ポイント 水よう液には、固体や気体がとけているものがあるよ。それぞれ区別できるようになろう。

3

（1）塩酸と炭酸水は酸性の水よう液なので、青色のリトマス紙を赤色に変えます。

（2）アンモニア水と石灰水はアルカリ性の水よう液なので、赤色のリトマス紙を青色に変えます。

4

（1）（2）うすい塩酸は、鉄やアルミニウムなどの金属をとかします。金属があわを出してとけたア、イの液体から、水を蒸発させて、出てきた固体をうすい塩酸に入れると、固体はあわを出さずにとけます。このことから、出てきた固体は、もとの金属とは性質がちがうことがわかり、水よう液には金属を別のものに変化させるものがあるといえます。

理科 6

水よう液の性質

1 6年1組の理科の授業では、実験によって水よう液をグループ分けして、水よう液の性質を調べています。

先　生：ここに、5種類の水よう液A～Eを入れたビーカーがあります。水よう液A～Eは、アンモニア水、塩酸、食塩水、炭酸水、石灰水のどれかです。では、班ごとに実験を1つ行い、この5種類の水よう液をグループに分けて、水よう液A～Eがそれぞれ何であるかを調べましょう。

わたしたちの班では、水よう液を蒸発皿に少量ずつ取ってゆっくりと加熱し、水を蒸発させました。水よう液Bと水よう液Dは、白い固体が出てきましたが、他の水よう液は何も残りませんでした。

ぼくたちの班では、水よう液のにおいを調べました。においがしたのは、水よう液Aと水よう液Cで、鼻がつんとする、強いにおいがありました。

わたしたちの班では、赤色のリトマス紙を使ってグループ分けをしました。赤色のリトマス紙が青色になったのは、水よう液Bと水よう液Cです。

36

ステップ2 > 情報を読み取って考える

判断力 ☆☆☆
思考力 ☆☆☆
表現力 ☆☆☆

(1) 蒸発皿に何も残らなかった水よう液では、とけていたものはどうなりましたか。正しいものを、次のア～ウから1つ選んで、記号で答えましょう。

ア　とけていた液体が水といっしょに蒸発した。
イ　とけていた気体が空気中に出ていった。
ウ　とけていた固体が姿を変えてなくなった。

イ

(2) 水よう液A～Cについて説明します。㋐～㋓の［　］にあてはまることばを書きましょう。同じ記号の［　］には、同じことばが入ります。

強いにおいがした水よう液Aと水よう液Cのうち、水よう液Cは［㋐］性なので、水よう液Aは［㋑］、水よう液Cは［㋒］になります。よって、においがなく［㋐］性の水よう液Bは［㋓］になります。

㋐アルカリ	㋑塩酸
㋒アンモニア水	㋓石灰水

(3) 2つの班の実験結果から、水よう液Dを確かめるには、だれとだれの班の実験結果を使うとよいですか。また、水よう液Dを答えましょう。

あやか さんと ゆ な さん	水よう液D 食塩水

(4) 水よう液Eと、この水よう液にとけているものを答えましょう。

水よう液E 炭酸水	とけているもの 二酸化炭素

(5) 実験を1つ追加することで、水よう液A～Eがすべてわかる班があります。だれの班ですか。また、追加する実験を、次のア～ウから1つ選んで、記号で答えましょう。

ア　青色のリトマス紙につけて色の変化を調べる。
イ　BTB液を入れて液の色を調べる。
ウ　鉄を入れたときのようすを調べる。

ふうた さん	実験 イ

37

1 あやかさんの班より、固体がとけている水よう液BとDは食塩水か石灰水、ふうたさんの班より、においがある水よう液AとCはアンモニア水か塩酸、ゆなさんの班より、アルカリ性の水よう液BとCはアンモニア水か石灰水といえます。

(1) 気体がとけた水よう液は、気体が空気中に出ていくため、水を蒸発させても何も残りません。

(2) 水よう液A～Cのにおいと、水よう液の性質は、次のようになります。

水よう液	におい	アルカリ性
A	○	×
B	×	○
C	○	○

においがある水よう液A、Cのうち、アルカリ性の水よう液Cはアンモニア水です。したがって、水よう液Aは塩酸です。水よう液Bは、においのないアルカリ性の水よう液なので、石灰水です。

(3) あやかさんとゆなさんの班の実験より、水よう液Dは固体がとけていて、アルカリ性ではないので食塩水です。

(4) 水よう液Eは気体がとけていて、においがないので、二酸化炭素がとけた炭酸水です。

(5) BTB液は、酸性では黄色、中性では緑色、アルカリ性では青色に変化するので、水よう液の性質を区別することができます。まず、ふうたさんの班より、水よう液AとCはアンモニア水か塩酸といえます。次に、BTB液から、水よう液AとEは酸性（塩酸か炭酸水）、水よう液Dは中性（食塩水）、水よう液BとCはアルカリ性（アンモニア水か石灰水）であることがわかるので、酸性の水よう液Aが塩酸で、アルカリ性の水よう液Cがアンモニア水となり、区別できます。

理 科
6

水よう液の性質

1 もえさんは、理科クラブの３人の友だちに、マローブルーというハーブを使ったお茶について話しています。

マローブルーティーという、きれいなむらさき色のハーブティーに、砂糖(さとう)とレモンのしるを入れると、下の図のように、うすい赤色に変わったよ。どうしてかな。

もえ

【問題】
なぜ、マローブルーティーはむらさき色からうすい赤色に変わったのか。

【予想】
まりな： 砂糖によって、色が変わったんじゃない。
けんた： レモンのしると砂糖がいっしょにはたらいたからだと思うよ。
はると： レモンのしるによって、水よう液の性質が変わったんだと思う。

４人は、**【問題】** を解決するために、**【予想】** を実験で確かめます。
も　え： マローブルーはウスベニアオイという花をかんそうさせたもので、家から持ってきたから、これを使って実験しよう。

【方法】
①かんそうしたウスベニアオイの花を10分間水にひたして、ハーブティーの液をつくる。
②ハーブティーの液をビーカーＡ～Ｅに入れ、Ａはそのまま、Ｂにレモンのしる、Ｃに砂糖、Ｄにレモンのしると砂糖、Ｅにす（調味料）を入れる。
③液の色と、それぞれの液を赤色と青色のリトマス紙につけたときの、リトマス紙の色の変化を調べる。

38

ステップ 3

＞ 情報を読み取って表現する

判断力 ☆☆☆
思考力 ☆☆☆
表現力 ☆☆☆

（１）まりなさんの **【予想】** が正しいとき、この実験で色が変化するビーカーを、Ａ～Ｅからすべて選んで、記号で答えましょう。

C、D

（２）ビーカーＥを用意したのは、３人のうち、だれの **【予想】** を確かめるためですか。

はると さん

４人は、実験の **【結果】** を、次の表のようにまとめました。

ビーカー	A（そのまま）	B（レモンのしる）	C（砂糖）	D（レモンのしると砂糖）	E（す）
液の色	むらさき色	うすい赤色	むらさき色	うすい赤色	うすい赤色
赤色のリトマス紙	変化しない	変化しない	変化しない	変化しない	変化しない
青色のリトマス紙	変化しない	赤色に変化した	変化しない	赤色に変化した	赤色に変化した

（３）もえさんは、**【結果】** から次のように考えました。㋐、㋑の□にあてはまることばを書きましょう。

ビーカーＡとＣ、ビーカーＢとＤで、実験の **【結果】** が同じだったことから、砂糖は［㋐］ことがわかります。また、ビーカーＥでは、レモンのしるや砂糖を入れなくても、液の色が変化しました。よって、**【問題】** に対するまとめは、マローブルーティーは［㋑］といえます。

㋐ **[例]マローブルーティーの色を変化させない**

㋑ **[例]酸性になることでむらさき色からうすい赤色に変化する**

39

1

(1) まりなさんの「砂糖(さとう)によって、マローブルーティーの色が変わった」という予想が正しいとすると、砂糖を入れたビーカーＣとＤの色が変化します。しかし、結果はビーカーＤだけが変化したので、砂糖だけでは、マローブルーティーの色は変わらないということがわかります。

(2) はるとさんは「レモンのしるによって、水よう液（マローブルーティー）の性質が変わったから色が変化した」という予想をしています。しかし、レモンのしるで水よう液の色が変化したとしても、レモンにふくまれる成分のはたらきによって色が変化したのか、水よう液の性質が変わって色が変化したのかは、わかりません。そこで、レモンの成分をふくまず、レモンのしると同じ酸性のビーカーＥ（す）を用意しました。レモンのしるを入れたビーカーＢ、ＤとビーカーＥで色が変化すれば、水よう液の性質が変わったことで、色が変わったといえます。ここで、ビーカーＢ、Ｄだけが色が変わった場合、レモンにふくまれる成分のはたらきで、色が変わったと考えられます。

(3) 砂糖を入れないビーカーＡと入れたＣでは色が変化しませんでしたが、同じように、砂糖を入れないビーカーＢと入れたＤでは色が変化しました。このことから、砂糖はマローブルーティーの色を変化させないことがわかります。
ビーカーＡ～Ｅの液の性質と結果を、色が変わるものを○、変わらないものを×としてまとめると、次のようになります。

	A	B	C	D	E
性質	中性	酸性	中性	酸性	酸性
結果	×	○	×	○	○

このことから、Ｂ、Ｄ、Ｅの液のように、酸性になると、うすい赤色に変化するといえます。

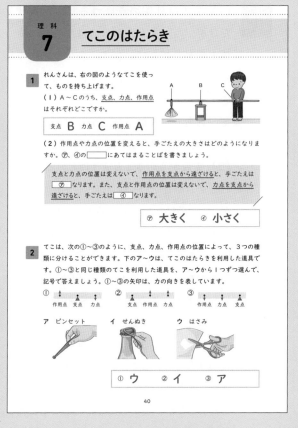

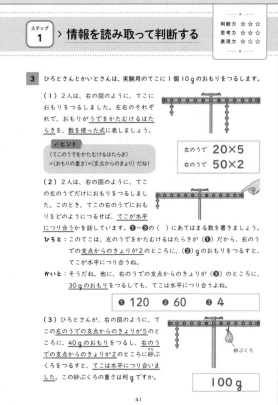

1

（1） Bの棒を支えている点を支点、Cの棒に力を加えている点を力点、Aの棒からものに力がはたらく点を作用点といいます。

（2） 作用点を支点に近づけるほど、または、力点を支点から遠ざけるほど、手ごたえは小さくなり、作用点を支点から遠ざけるほど、または、力点を支点に近づけるほど、手ごたえは大きくなります。

2

①支点が真ん中にあるのははさみ、②作用点が真ん中にあるのはせんぬき、③力点が真ん中にあるのはピンセットです。

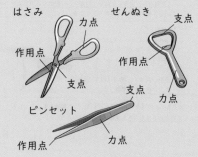

3

（1） 左のうでは支点からのきょりが5のところに、おもり20gをつるしたので、うでをかたむけるはたらきは、

20×5＝100です。右のうでは支点からのきょりが2のところに、おもり50gをつるしたので、うでをかたむけるはたらきは、50×2＝100です。

（2） 左のうでをかたむけるはたらきは、20×6＝120なので、てこが水平につり合うようにするには、右のうでの支点からのきょりが2のところに、

120÷2＝60（g）のおもりをつるします。また、右のうでに30gのおもりをつるす場合は、右のうでの支点からのきょりが、120÷30＝4のところにおもりをつるすと、てこは水平につり合います。

（3） 左のうでをかたむけるはたらきは、40×5＝200なので、右のうでの支点からのきょりが2のところにつるした砂ぶくろの重さは、200÷2＝100（g）です。

42・43 ページ

理科 7 てこのはたらき

1 あかりさんとりおさんは、てこのつり合いについて調べています。ただし、おもり1個の重さを10gとします。

あかり：右の図のように、おもりをつるすと、てこは水平につり合った。

り　お：片方のうでの2点におもりをつるしたとき、うでをかたむけるはたらきはどのように考えればいいかな。もう一方のうでのおもりをつるす位置を1点にして、調べてみよう。

2人は、次のような【問題】を解決するために、【予想】を立てて、実験をしました。

【問題】
てこの片方のうでの2点におもりをつるしたとき、うでをかたむけるはたらきは、どのようになるのか。

【予想】
（外側の点につるしたおもりの重さ）×（外側の点の支点からのきょり）が、うでをかたむけるはたらきになる。

【方法】
①右の図のように、てこの左のうでの2点におもりをつるす。
②右のうでの1点におもりをつるして、てこが水平につり合うときの、支点からのきょりと、おもりの数、重さを調べる。

（1）2人の【予想】が正しいとき、この実験のてこの、おもりが左のうでをかたむけるはたらきを求めましょう。

| 80 |

42

ステップ2 ＞ 情報を読み取って考える

判断力 ☆☆☆
思考力 ☆☆☆
表現力 ☆☆☆

2人は、実験の【結果】を、次の表のようにまとめました。ただし、てこが水平につり合わないときは、×としています。

【結果】　〈てこが水平につり合うときの右のうでのようす〉

支点からのきょり	1	2	3	4	5	6
おもりの数（個）	10	5	×	×	2	×
おもりの重さ（g）	100	50	×	×	20	×

（2）2人は実験をした後、【問題】と【予想】を確認しました。❶の（　）にあてはまる数を書きましょう。また、❷の（　）にあてはまる式を、下のア～エから1つ選んで、記号で答えましょう。

あかり：この【結果】から、てこが水平につり合うときの、おもりが右のうでをかたむけるはたらきは（❶）になるので、わたしたちの【予想】がまちがっていることがわかったね。

り　お：そうだね。じゃあ、右のうでをかたむけるはたらきから考えると、左のうでをかたむけるはたらきを表す式は、（❷）になるね。

ア　10×2
イ　10×2＋20×4
ウ　（10＋20）×4
エ　20×（2＋4）

 ❶ 100　❷ イ

（3）【問題】に対するまとめとして、てこの片方のうでの2点におもりをつるしたとき、うでをかたむけるはたらきはどのようになりますか。次のア～エから1つ選んで、記号で答えましょう。

ア　内側の点につるしたおもりがうでをかたむけるはたらき
イ　内側と外側の点につるしたおもりがうでをかたむけるはたらきの和
ウ　内側と外側の点につるしたおもりの重さの和に、外側にあるおもりの支点からのきょりをかけたもの
エ　外側の点につるしたおもりの重さに、それぞれの点の支点からのきょりの和をかけたもの

| イ |

43

1

（1）2人は外側の点につるしたおもりだけが、うでをかたむけるはたらきに関係すると予想しています。左のうでにつるしたおもりのうち、外側は支点からのきょりが4、おもりの重さは20gなので、おもりが左のうでをかたむけるはたらきは、20×4＝80になります。

（2）支点からのきょりを1にしたときは、おもり100gをつるしたので、右のうでをかたむけるはたらきは、100×1＝100になります。支点からのきょりを2にしたときは、おもり50gをつるしたので、右のうでをかたむけるはたらきは、50×2＝100になります。このように、実験のてこは、どこにおもりをつるしても、右のうでをかたむけるはたらきを100にすると、水平につり合っていることがわかります。

また、支点からのきょりが2のところにつるしたおもりが、左のうでをかたむけるはたらきは、10×2です。支点からのきょりが4のところにつるしたおもりが、左のうでをかたむけるはたらきは、20×4です。よって、右のうでをかたむけるはたらきから、左のうでをかたむけるはたらきは100になるので、左のうでをかたむけるはたらきを式に表すと、10×2＋20×4になります。

ポイント 内側につるしたおもりも、外側につるしたおもりも、てこのうでをかたむけるはたらきをしているよ。

（3）2点におもりをつるしたときの、うでをかたむけるはたらきは、内側と外側の点につるしたおもりがうでをかたむけるはたらきの和になります。

ポイント てこのうでをかたむけるはたらき＝それぞれの点のうでをかたむけるはたらきの和

22

理科 7　てこのはたらき

1 そうたさんとかんなさんは、輪じくについて話し合っています。ただし、おもり1個の重さを10gとします。

そうた：輪じくは、<u>大きい輪と小さい輪を組み合わせたもの</u>で、<u>てこと同じ</u>ように、小さな力で大きな力を出すことができるらしいよ。

かんな：輪じくにも、支点、力点、作用点があるのかな。

かんなさんは、【問題】を解決するために、輪じくのしくみについて調べて、ノートにまとめました。

【問題】
わたしが調べた輪じくでは、支点、力点、作用点の位置はどこになるのだろうか。

〈かんなさんのノート〉

輪じくのしくみ

・大小2つの輪がじくで固定されている。
・じくを中心に2つの輪はいっしょに回転する。
・上の図のとき、輪じくは右回りに回転したが、小さい輪におもりを2個追加すると、つり合った。

（1）2人は〈かんなさんのノート〉から、輪じくのつり合いについて考えました。❶〜❸の（　）にあてはまる式や数、ことばを書きましょう。

44

ステップ3 〉**情報を読み取って表現する**

判断力 ☆☆☆
思考力 ☆☆☆
表現力 ☆☆☆

そうた：大小2つの輪を回転させるはたらきを、てこのように考えてみよう。

かんな：それぞれの輪を回転させるはたらきを式で表すと、小さい輪は40×1、大きい輪は（❶）になるから、小さい輪を回転させるはたらきのほうが、大きい輪を回転させるはたらきよりも（❷）だけ小さいよ。だから、輪じくは最初、右回りに回転して、小さい輪におもりを2個追加すると、つり合ったんだね。

そうた：じゃあ、輪じくの左回り、右回りの、輪を回転させるはたらきは、それぞれ<u>（力の大きさ）×（輪の（❸））</u>で求められるから、このはたらきが左右で等しいとき、輪じくはつり合うんだね。

> ❶ 20×3　❷ 20　❸ 半径

（2）かんなさんは、【問題】に対するまとめを、次のように考えました。㋐〜㋒の　　にあてはまることばを書きましょう。

わたしが調べた輪じくでは、支点が　㋐　、力点が　㋑　、作用点が　㋒　になります。

> ㋐ じく　㋑ 大きい輪　㋒ 小さい輪

（3）右の図のように、かんなさんは<u>バットの太いほう</u>を、そうたさんは細いほうを持ち、おたがいに反対方向に回しました。2人が調べた<u>輪じくのしくみ</u>から、どちらのほうが、<u>小さい力でバットを回せますか</u>。理由も書いて答えましょう。ただし、バットの持ちやすさに、差はないものとします。

そうたさん　かんなさん

例 バットの太いほうは、輪じくの大きい輪に対応するので、太いほうを持ったかんなさんのほうが、小さい力でバットを回すことができる。

45

---

1 （1）輪じくは、てことよく似ていて、下の図のように、てこの支点からのきょりが、輪の半径にあたります。

半径1の小さい輪に10gのおもり4個をつるしたときの、輪じくを左に回転させるはたらきは、40×1＝40です。半

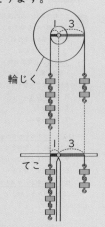

輪じく

てこ

径3の大きい輪におもり2個をつるしたときの、輪じくを右に回転させるはたらきは、20×3＝60です。だから、小さい輪を回転させるはたらきのほうが、大きい輪を回転させるはたらきよりも、60−40＝20だけ小さいので、輪じくは最初、右に回転しました。小さい輪におもりを2個追加すると、小さい輪が輪じくを左に回転させるはたらきは、(40＋20)×1＝60となり、輪じくを右に回転させるはたらきと等しくなるので、輪じくはつり合います。このように、輪じくの輪を回転させるはたらきは、(力の大きさ)×(輪の半径)で求められます。

（2）（3）2人が調べた輪じくでは、支点がじく、力点が大きい輪、作用点が小さい輪になることで、てこのように、支点から力点までのきょりが、支点から作用点までのきょりより長くなるので、小さな力で大きな力を出すことができます。輪の半径が大きいほうが、加える力が小さくてすむので、バットの太いほうを持った、かんなさんのほうが、小さい力でバットを回すことができます。

ポイント
<u>小さい輪（作用点）の半径が小さく、大きい輪（力点）の半径が大きいほど、小さな力で大きな力を出すことができるよ。</u>

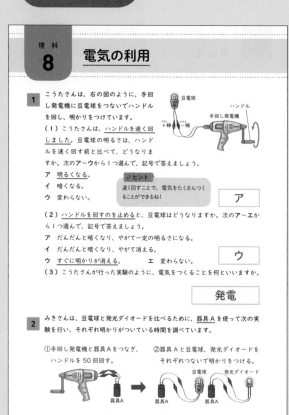

理科 8

電気の利用

[1] こうたさんは、右の図のように、手回し発電機に豆電球をつないでハンドルを回し、明かりをつけています。

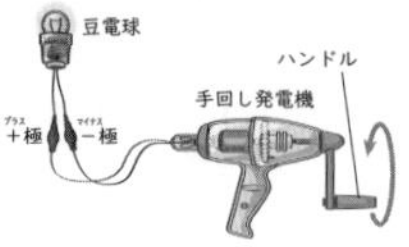

（1）こうたさんは、ハンドルを速く回しました。豆電球の明るさは、ハンドルを速く回す前と比べて、どうなりますか。次のア～ウから1つ選んで、記号で答えましょう。

ア　明るくなる。
イ　暗くなる。
ウ　変わらない。

ヒント
速く回すことで、電気をたくさんつくることができるね！

ア

（2）ハンドルを回すのを止めると、豆電球はどうなりますか。次のア～エから1つ選んで、記号で答えましょう。

ア　だんだんと暗くなり、やがて一定の明るさになる。
イ　だんだんと暗くなり、やがて消える。
ウ　すぐに明かりが消える。　　エ　変わらない。

ウ

（3）こうたさんが行った実験のように、電気をつくることを何といいますか。

発電

[2] みきさんは、豆電球と発光ダイオードを比べるために、器具Aを使って次の実験を行い、それぞれ明かりがついている時間を調べています。

①手回し発電機と器具Aをつなぎ、ハンドルを50回回す。　②器具Aと豆電球、発光ダイオードをそれぞれつないで明かりをつける。

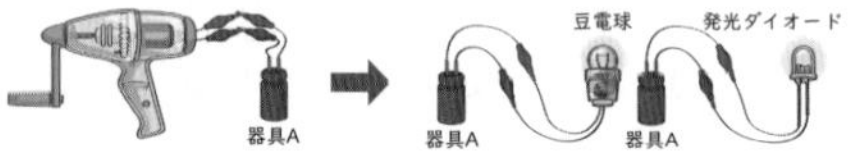

46

ステップ1 ＞ 情報を読み取って判断する

判断力 ☆☆☆
思考力 ☆☆☆
表現力 ☆☆☆

（1）器具Aについて説明します。㋐、㋑の□にあてはまることばを書きましょう。

器具Aは［㋐］といい、電気を［㋑］ことができます。

㋐ コンデンサー　㋑ ためる

（2）長い時間、明かりがついていたのは、豆電球と発光ダイオードのどちらですか。

発光ダイオード

（3）豆電球や発光ダイオードは、電気を何に変えていますか。

ヒント
電気は、熱や音、運動など、いろいろなものに変えて利用することができるよ！

光

[3] りくさんの学校のトイレは、中に人が入ると自動で明かりがつきます。りくさんは、このしくみを、右の図のように考えました。

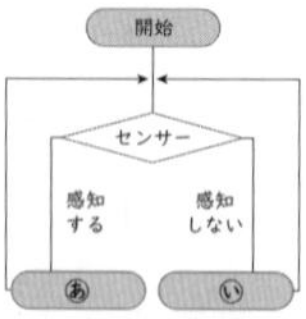

（1）図のセンサーが感知するものを、次のア～ウから1つ選んで、記号で答えましょう。

ア　室内の温度　　イ　人の動き
ウ　外の明るさ

イ

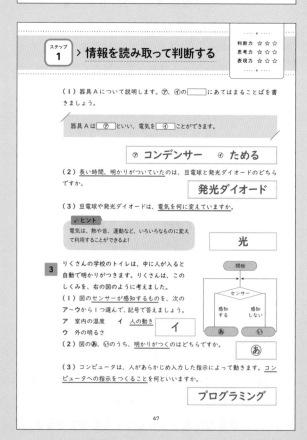

（2）図の[あ]、[い]のうち、明かりがつくのはどちらですか。

[あ]

（3）コンピュータは、人があらかじめ入力した指示によって動きます。コンピュータへの指示をつくることを何といいますか。

プログラミング

47

[1] （1）手回し発電機は、ハンドルを回す速さによって、電流の大きさが変わります。ハンドルを速く回すと、電流が大きくなるので、豆電球は明るくなります。

ポイント　4年生で学んだ「電池のはたらき」を確認しておこう。

（2）手回し発電機は、ハンドルを回しているときだけ、電流が流れます。そのため、ハンドルを回すのをやめると、豆電球はすぐに明かりが消えます。

ポイント　手回し発電機のハンドルを逆向きに回すと、電流の向きが逆になるよ。

（3）手回し発電機や光電池のように、電気をつくることを、発電といいます。わたしたちが生活の中で利用している電気の多くは、発電所でつくられています。

ポイント　太陽光発電所では、光電池で太陽の光を受けて発電しているよ。

[2] （1）電気をためることができる器具を、コンデンサーといいます。手回し発電機をコンデンサーにつないで、手回し発電機のハンドルを回すと、発電した電気がコンデンサーにたまります。電気をためたコンデンサーを豆電球につなぐと、ためた電気で豆電球に明かりがつきます。

（2）同じ量の電気をコンデンサーにためて、豆電球と発光ダイオードにつなぐと、使う電気の量が少ない発光ダイオードのほうが長く明かりがつきます。

（3）豆電球や発光ダイオードは、電気を光に変えて利用しています。

[3] （1）人が中に入ると明かりがつくので、センサーは人の動きを感知しています。

（2）センサーが人の動きを感知すると、明かりがつきます。

（3）コンピュータが動作するための指示をプログラムといい、プログラムをつくることをプログラミングといいます。

理科 8 電気の利用

1 はるなさんは光電池を使って、図1のようなモーターカーをつくり、先生と話しています。

はるな：図1の角度あを変えると、モーターカーの速さが変わりました。どうしてでしょうか。

先　生：図2を見てください。これは、太陽が真上にあるときの、光電池A、Bそれぞれに当たる太陽の光の量を、矢印で表したものです。光電池Aでは10本の矢印が当たっていますが、光電池Bでは7本です。つまり、光電池の角度によって、当たる光の量が変わるので、モーターカーの速さが変わります。

はるな：だから、太陽が真上にあるときは、角度あが（❶）ほど（❷）ので、モーターカーが速く走るんですね。

図1 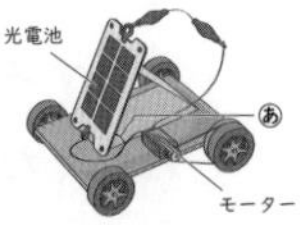
図2

（1）❶の（　）にあてはまることばを書きましょう。また、❷の（　）にあてはまることばを、次のア〜ウから1つ選んで、記号で答えましょう。

ア　太陽と光電池のきょりが近くなる
イ　光が光電池に当たる時間が長くなる
ウ　光電池がつくる電気の量が多くなる

❶ 小さい　❷ ウ

はるなさんは次に、光電池の角度あを変えないで、モーターカーがより速く走る方法を【予想】し、実験することにしました。

【予想】
鏡や虫めがねを使うと、モーターカーは速く走ると思う。

48

ステップ 2 ＞ 情報を読み取って考える

判断力 ☆☆☆
思考力 ☆☆☆
表現力 ☆☆☆

【方法】
①鏡のかげが光電池にかからないようにして、鏡ではね返した光を光電池に当てる。

②レンズの大きさが光電池と同じくらいの虫めがねを使って、集めた光を光電池に当てる。

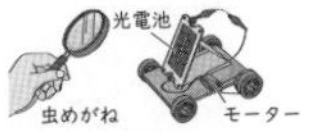

はるな：【予想】とはちがう【結果】になりましたが、どうしてでしょうか。

先　生：先ほどと同じで、光電池に当たる光の量を考えてみましょう。鏡ではね返した光が当たったところは、あたたかくなりますよね。また、虫めがねは、光電池にもともと当たるはずの光を1点に集めていますよね。それぞれ光の量はどう変わっていますか。

（2）先生の会話より、実験の【結果】として正しいものを、次のア〜ウから1つ選んで、記号で答えましょう。

ア　鏡や虫めがねを使っても、速さはほとんど変わらなかった。
イ　鏡を使ったときは速くなったが、虫めがねを使ったときはほとんど変わらなかった。
ウ　鏡を使ったときはほとんど変わらなかったが、虫めがねを使ったときは速くなった。

イ

（3）はるなさんは学校の帰りに、右の図のような光電池を、東、南、西側の屋根につけている家を見ました。正午ごろ、光電池によってつくられる電気の量が最も大きくなる屋根を、方位で答えましょう。

上空から見た屋根

ヒント
太陽の動きを考えよう！

南

49

1

（1）図2で、光電池と水平な面がつくる角度は、光電池Aが0°、光電池Bが50°くらいです。光の量を表す矢印は、光電池Aでは10本ですが、光電池Bでは7本です。したがって、太陽が真上にあるときは、角度あが小さいほど、より多くの量の光が光電池に当たり、光電池がつくる電気の量が多くなるので、モーターカーは速く走ります。

🚩ポイント　光電池は、当たる光の量によって、電流の大きさが変わるよ。

（2）鏡を使うと、鏡に当たった光をはね返して光電池に当たるので、光電池には、もともと光電池に当たっている光に加えて、鏡ではね返された光が当たります。だから、光電池に当たる光の量が多くなるので、電流の大きさも大きくなり、モーターカーの速さは速くなります。

虫めがねを使うと、日光を集めることができます。しかし、もともと光電池に当たる光を集めて、光電池に当てているだけなので、光電池に当たる光の量は変わりません。だから、電流の大きさはあまり変化しないので、モーターカーの速さもほとんど変わりません。

🚩ポイント　3年生で学んだ「光の性質」を確認しておこう。

（3）太陽の動きから、光電池によってつくられる電気の量を考えます。

太陽は、朝、東から出て、正午ごろは南の空の高いところを通り、夕方、西の空にしずみます。したがって、太陽の光の当たる向きから、朝は東側の屋根、正午ごろは南側の屋根、夕方は西側の屋根が、光電池によってつくられる電気の量が大きくなると考えられます。

🚩ポイント　家の屋根に光電池をつけることで、どんな利点があるかを調べてみよう。

理科 8 電気の利用

1 まみさんと中学生のお兄さんが、発光ダイオードについて話しています。

まみ：昨日、学校の近くの信号機を電球からＬＥＤに変えていたよ。

お兄さん：ＬＥＤというのは発光ダイオードのことだね。<u>発光ダイオードは、電流が流れる向きが決まっているから、例えば、かん電池に発光ダイオードをつないで明かりがついているときに、（　　）と、明かりが消えるよ。</u>発光ダイオードは、電球に比べて電気を効率よく使うことができるから、信号機はだいぶ電球から発光ダイオードに変わってきているよ。

まみ：そうなんだ。豆電球と発光ダイオードの明かりがついている時間を比べて、効率のよさを調べたいな。

お兄さん：じゃあ、まず、「同じ量の電気」を用意する必要があるよ。その方法を考えてみて。

そこで、まみさんは「同じ量の電気」をたくわえるために、手回し発電機と2つのコンデンサーを使って、次のような方法を考えました。

右の図のように、手回し発電機を使って、同じ量の電気をつくり、同じ種類の2つのコンデンサーにためる。

（1）（　　）にあてはまることばを書きましょう。

例 かん電池の＋極と－極を逆につなぐ

（2）下線部のようにするには、手回し発電機のハンドルをどのように回しますか。向き、速さ、回数を説明して答えましょう。

例 同じ向きに、同じ速さで、同じ回数回す。

50

ステップ3 > 情報を読み取って表現する

判断力 ☆☆☆
思考力 ☆☆☆
表現力 ☆☆☆

〈まみさんのノート〉

【方法】
①右の図のように、同じ量の電気をためたコンデンサーに、それぞれ豆電球と発光ダイオードをつなぐ。
②明かりのついている時間と、ふれたときのようすを調べる。

【結果】
・明かりのついている時間は、豆電球が15秒、発光ダイオードが1分15秒だった。
・ふれると、<u>豆電球のほうが少しあたたかく感じた。</u>

【調べたこと】 ＜電球と発光ダイオードのちがい＞

数字は電気のエネルギーを100としたときの、熱や光のエネルギーに変わる割合

<u>同じ大きさの光のエネルギーを得るのに、電球は発光ダイオードの□倍の電気のエネルギーが必要である。</u>

（3）□にあてはまる数を書きましょう。　　**5**

（4）〈まみさんのノート〉から、豆電球より発光ダイオードのほうが、効率的に電気を利用できることがわかります。しかし、<u>雪が多く降る地域</u>では、電球の信号機が多く使われています。【結果】と【調べたこと】から考えられる、電球の信号機が多く使われる理由を答えましょう。

電球は、
例 電気の多くが熱に変わるため、信号機の光る部分についた雪をとかして見やすくするから。

51

---

1 **（1）** 発光ダイオードは決まった向きに電流が流れたときにだけ、明かりがつきます。そのため、発光ダイオードの明かりがついているときに、かん電池の＋極（プラス）と－極（マイナス）を逆につないで、電流の向きを逆にすると、発光ダイオードに電流が流れなくなり、明かりが消えます。

ポイント
・<u>電子オルゴールも、決まった向きの電流しか流れないよ。</u>
・<u>電流の向きを逆にする方法を思い出そう。</u>

（2） 2つのコンデンサーに同じ量の電気をたくわえるためには、まず、手回し発電機のハンドルを同じ向きに回します。また、手回し発電機は、ハンドルを回す速さによって電流の大きさが変わるので、同じ大きさの電流にするために、同じ速さで回します。さらに、手回し発電機のハンドルを同じ回数だけ回すことで、同じ量の電気をコンデンサーにたくわえることができるので、豆電球と発光ダイオードの明かりがついている時間を比べることができます。

（3） 【結果】で、豆電球と発光ダイオードにふれたときに、豆電球のほうが少しあたたかく感じたのは、豆電球は多くの電気が、光ではなく熱に変わるからです。【調べたこと】の図では、電気のエネルギー100のうち、電球は10だけ光に変わっていますが、発光ダイオードは50変わっています。そのため、電球で50の光のエネルギーを得るには、

50÷10＝5（倍）の電気のエネルギーが必要です。

（4） 信号機の光る部分に雪がつくと、信号が見えにくくなります。そのため、雪が多く降る地域では、電気の多くが熱に変わる電球の信号機を使うことで、信号機の光る部分についた雪をとかして、信号が見やすくなるようにしています。

理科 9 生き物のくらしと自然環境 かんきょう

1 ゆうたさんは、右の図の4種類の生き物の、食べ物を通したつながりについて考えています。

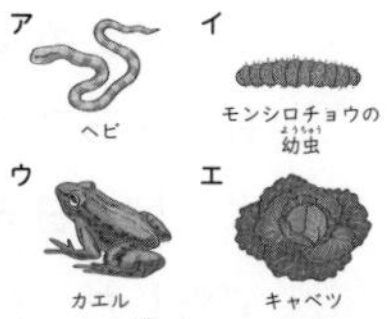

ア ヘビ
イ モンシロチョウの幼虫 よう
ウ カエル
エ キャベツ

（1）自分で養分をつくることができる生き物を、ア～エから1つ選んで、記号で答えましょう。

> エ

（2）ア～エを、食べられるものから食べるものの順に並べて、記号で答えましょう。

> エ → イ → ウ → ア

（3）（2）のように、生き物どうしが「食べる・食べられる」の関係という、1本の線のようなつながりを何といいますか。

> 食物連鎖

2 右の図は、水の中の小さな生き物をけんび鏡で観察したものです。

ア 100倍
イ 15倍
ウ 200倍

（1）アの生き物の名前を答えましょう。

> ゾウリムシ

（2）ア～ウのうち、実際の大きさが最も大きい生き物を1つ選んで、記号で答えましょう。

ヒント
けんび鏡の倍率が大きいほど、小さいものを観察できるよ！

> イ

（3）池や川などの水の中の生き物は、どのような関係でつながっていますか。

> 食べる・食べられる という関係

52

ステップ1 **情報を読み取って判断する**

判断力 ☆☆☆
思考力 ☆☆☆
表現力 ☆☆☆

3 さくらさんは、よく晴れた日に、次のような実験をしています。

① あのように、植物にふくろをかぶせて、穴からストローで息をふきこむ。

② いのように、ふくろの中の酸素と二酸化炭素の体積の割合を調べる。 わりあい

③ 穴をふさいで、日光に1時間当てた後、②と同じように気体の割合を調べる。

あ ストロー
い 気体検知管

（1）実験の結果、酸素の割合が増えて、二酸化炭素の割合が減りました。このことから、さくらさんは、植物についてわかったことを、次のようにまとめました。⑦、⑦の◯◯にあてはまることばを書きましょう。

植物に日光が当たると、空気中の ⑦ を取り入れ、 ⑦ を出します。

> ⑦ 二酸化炭素　⑦ 酸素

（2）さくらさんは、③のときに、箱でおおいをして日光が当たらないようにした植物についても、1時間後に酸素と二酸化炭素の割合を調べました。割合が減ったのはどちらの気体ですか。

> 酸素

4 地球温暖化（地球の気温が上がること）について考えます。 おんだんか

（1）地球温暖化は、空気中の何という気体が増加したことが原因だと考えられていますか。

> 二酸化炭素

（2）（1）の気体を発生させる原因となる人の活動を、次のア～ウから1つ選んで、記号で答えましょう。

ア 石油や石炭などの燃料を使う。　イ 山に木を植える。
ウ 再生紙を利用する。

> ア

53

---

1 （1）動物は自分で養分をつくることができませんが、植物は光が当たるとでんぷんなどの養分をつくります。したがって、自分で養分をつくることができる生き物は、キャベツです。

（2）動物は、自分で養分をつくり出すことができないので、モンシロチョウの幼虫はキャベツの葉を食べ、カエルはモンシロチョウの幼虫を食べ、ヘビはカエルを食べて、その中にふくまれる養分を取り入れています。 よう ちゅう

🚩 **ポイント** 動物の食べ物のもとをたどると、自分で養分をつくり出す植物にいきつくよ。

（3）生き物どうしは、「食べる・食べられる」の関係で、1本の線のようにつながっています。このようなつながりを、食物連鎖といいます。 しょくもつれんさ

2 （1）アはゾウリムシ、イはミジンコ、ウはミドリムシです。

（2）ア～ウの生き物は、図ではだいたい同じ大きさに見えていますが、けんび鏡で100倍にして見ているものの実際の大きさは、100分の1になります。したがって、倍率が1番小さいイが、実際の大きさが最も大きい生き物です。

3 （1）酸素の割合が増えて、二酸化炭素の割合が減ったのは、植物のはたらきによるもので、植物は日光が当たると、二酸化炭素を取り入れ、酸素を出しています。 わりあい

（2）植物も動物と同じように、常に呼吸を行って、酸素を取り入れ、二酸化炭素を出しているので、日光が当たらないときは、ふくろの中の酸素が減ります。 きゅう

4 （1）（2）石油や石炭などの燃料を使うと、空気中の二酸化炭素の割合が増加します。このことは、地球温暖化の原因の1つであると考えられています。イとウは環境を守る人の活動です。 おんだん かかんきょう

理科
9 生き物のくらしと自然環境（かんきょう）

1 ゆうなさんのクラスでは、底（そこ）に砂を広げた水そうに、池からくんできた水と水草を入れてメダカを飼っています。ゆうなさんとだいごさんは、メダカの水そうのそうじをしながら話しています。

ゆうな：このメダカは、家のキンギョと比べて、あまりえさをあたえなくても生きているけど、どうしてだろう。

だいご：（**①**）からだよ。

ゆうな：なるほど。水そうの中でも、㉐生き物どうしが関わり合って生きているんだね。

だいご：水草は日光が当たると、メダカが出した（**②**）を取り入れて、成長しているらしいよ。そういえば、植物がよく育つには肥料が必要だったけど、この水草は肥料がなくても、元気に育っているよね。

ゆうな：確かにそうだね。どうしてかな。先生に聞いてみよう。

（１）**①**の（　）にあてはまることばを、次のア～エから１つ選んで、記号で答えましょう。また、**②**の（　）にあてはまることばを書きましょう。

ア　水草が、メダカにとって必要な栄養をつくっている
イ　水草によって、水そうの中の水がきれいになる
ウ　<u>池の水の中の小さな生き物が、メダカの食べ物となる</u>
エ　池の水の中の小さな生き物が、水そうの中の水のよごれを取ってくれる

> **①** ウ　　**②** 二酸化炭素

（２）下線部㉐について、食物連鎖（しょくもつれんさ）のはじまりとなる生き物は、どんな生き物ですか。次のア～ウから１つ選んで、記号で答えましょう。

ア　<u>自分で養分をつくる生き物</u>　イ　他から養分を取り入れている生き物
ウ　養分を必要としない生き物

> ア

54

　情報を読み取って考える

判断力　☆☆☆
思考力　☆☆☆
表現力　☆☆☆

ゆうな：水そうの中の水草は、なぜ肥料がなくても、よく育つのですか。

先　生：実は、水そうの底の砂が関係しています。水の中や底の砂にすみついた生き物がメダカのふんを分解して、それが砂の間にたまり、肥料になっています。このことから、メダカと底の砂の両方が、水草の成長には必要といえますね。では、実際に実験をして確かめてみましょう。

そこで２人は、次のような実験を計画しました。

【方法】
①２つのボトルA、Bの中の条件を右の表のようにし、それぞれに、くきの長さが同じ水草と、くみおきの水道水を入れる。
②毎日水草のくきの長さをはかって、成長を比べる。

	メダカ	水そうの底の砂
ボトルA	5ひき	入れる
ボトルB	5ひき	入れない

だいご：ボトルAの中の水草のほうがよく成長すれば、㉑<u>メダカと水そうの底の砂の両方が、水草の成長に役立っている</u>といえます。

先　生：ボトルA、Bだけでは、<u>メダカが水草の成長に関わっているかはわかりません</u>。

（３）２人は【方法】を見直して、ボトルを追加することにしました。追加するボトルと、下線部㉑が確かめられる実験の結果として正しいものを、次のア～ウから１つ選んで、記号で答えましょう。

ア　メダカを入れないで砂を入れるボトルCを追加して実験した結果、ボトルの中の水草は、AよりBとCのほうが、成長しなかった。
イ　メダカも砂も入れないボトルDを追加して実験した結果、ボトルの中の水草は、Aが最もよく成長し、Dが最も成長しなかった。
ウ　メダカを入れないで砂を入れるボトルCと、メダカも砂も入れないボトルDを追加して実験した結果、ボトルの中の水草は、AよりBとC、また、BとCよりDのほうが、成長しなかった。

> ウ

55

---

1 （１）池の水の中には、小さな生き物がいて、メダカはそれをえさにして生きているため、水そうに池の水を入れることで、メダカはあまりえさをあたえなくても生きることができます。

水草は、日光が当たると、メダカが呼吸（こきゅう）で出した二酸化炭素を取り入れて成長します。メダカは、このときに水草が出した酸素を取り入れて呼吸を行っています。

（２）食物連鎖（しょくもつれんさ）のはじまりとなる生き物は、植物のような自分で養分をつくる生き物です。水の中の小さな生き物には、例えば、ミドリムシのように、からだが緑色をしていて、光が当たると自分で養分をつくることができる生き物がいます。このような生き物が、水の中の生き物の、食物連鎖のはじまりになっています。

（３）メダカと水そうの底の砂（すな）の両方が、水草の成長に役立っていることを確かめるには、次のような実験を行う必要があります。メダカまたは底の砂を入れる場合は〇、入れない場合は×とします。

ボトル	メダカ	底の砂
A	〇	〇
B	〇	×
C	×	〇
D	×	×

まずは、底の砂が〇または×のときで、それぞれメダカが必要かを確かめます。底の砂が〇のときはボトルAよりC、×のときはボトルBよりDの中の水草のほうが、成長しなければ、メダカが水草の成長に必要であるといえます。

同じように、メダカが〇または×のときで、それぞれ底の砂が必要かを確かめます。メダカが〇のときはボトルAよりB、×のときはボトルCよりDの中の水草のほうが、成長しなければ、底の砂が水草の成長に必要であるといえます。

理科
9 生き物のくらしと自然環境

1 みなとさんは、春休みの自由研究で、身近な植物であるタンポポについて調べ、レポートにまとめて、先生と話しています。

〈みなとさんのレポート〉

・タンポポの種子は、風によって遠くへ飛ばされ、いろいろな場所へ運ばれる。
・タンポポには、日本に昔からあるニホンタンポポと外国からもちこまれたセイヨウタンポポがある。
・近年は、ニホンタンポポが減少して、セイヨウタンポポが分布を広げている。

〈ニホンタンポポとセイヨウタンポポのちがい〉

ニホンタンポポ　セイヨウタンポポ

	ニホンタンポポ	セイヨウタンポポ
種子のでき方	風や虫により花粉が運ばれて受粉する。	受粉しなくても種子ができる。
生育場所	公園や野原などに集まっていた。	アスファルトなどに点在していた。

みなと：「どうしてニホンタンポポが減少したのか」という【問題】について考えました。ぼくがまとめたレポートより、セイヨウタンポポが日本にもちこまれて分布を広げたことで、ニホンタンポポが減少したと考えたんですが・・・。

先生：いいえ。実は、セイヨウタンポポの分布が広がったことよりも、わたしたちのくらしが関係しているのですよ。

みなと：それはおどろきです。じゃあ、ぼくたちのくらしが、ニホンタンポポに、どのようなえいきょうをあたえているんですか。

56

ステップ **3** ＞ 情報を読み取って表現する

判断力 ☆ ☆ ☆
思考力 ☆ ☆ ☆
表現力 ☆ ☆ ☆

先生：経済の成長により、都市部に人口が集中して、都市型のくらしがまわりの地域に広がっています。これを都市化といいます。都市化により、農地などが住宅地や工場地に変化し、ニホンタンポポが集まって育つことができる、広い野原のような場所が少なくなっています。下の図は、中心部から都市化が進んだ、ある地域のセイヨウタンポポの分布状きょうです。図から、都市化が進んだところはセイヨウタンポポの割合が多く、都市の中心からまわりへ分布が広がっていることがわかりますね。

セイヨウタンポポの割合
■ 80〜100%
■ 60〜80%
□ 40〜60%
■ 20〜40%
■ 0〜20%

1980年　　2000年　　2020年

（1）下線部について、ニホンタンポポが育つことができる場所が少なくなっていく中、セイヨウタンポポは、なぜ分布を広げていると考えられますか。〈みなとさんのレポート〉を参考にして答えましょう。

セイヨウタンポポは、
例 受粉しなくても種子ができるので、風や虫による必要がなく、アスファルトなど都市化した場所で１本でも生育できるから。

（2）先生の会話をもとに、【問題】に対するまとめを書きましょう。

【問題】に対するまとめとして、ニホンタンポポが減少したのは、
例 都市化によって、広い野原などの、ニホンタンポポが集まって育つ場所が少なくなったから。

57

1 （1）みなとさんのレポートにある表の種子のでき方から、風や虫による受粉が必要なニホンタンポポに対して、セイヨウタンポポは受粉しなくても種子ができることがわかります。そのため、セイヨウタンポポは１本からでもなかまを増やすことができ、分布を広げやすいという特ちょうがあります。表の生育場所をみると、セイヨウタンポポはアスファルトなど都市化した場所に点在していることがわかります。このことから、都市化により住宅地や工場地に変化したところでも、セイヨウタンポポは生育でき、分布を広げていくことができると考えられます。

（2）ニホンタンポポがなかまを増やすためには、風や虫によって花粉を運んでもらい、受粉しなければなりません。そのためには、近くになかまのニホンタンポポが集まっていて、広い生育場所が必要です。表の生育場所にも「公園や野原などに集まっていた」と書いてあります。しかし、都市化によって、農地などが住宅地や工場地に変化することで、広い野原などのニホンタンポポが集まって育つ場所が少なくなりました。このため、ニホンタンポポは減少しました。決して、セイヨウタンポポが分布を広げたことが原因ではありません。

ポイント
・種子のでき方や生育場所以外にも、ニホンタンポポとセイヨウタンポポの特ちょうを調べて、ちがいを比べよう。
・実際に、ニホンタンポポやセイヨウタンポポを探してみよう。それぞれどこで見られるかな。

理科　まとめ問題

1 たいきさんは、休みの日に家族でキャンプに行きました。
テントをはる場所に大きな石があったので、たいきさんは木の棒を使って、お父さんと右の図のようなてこをつくり、石を持ち上げて動かすことにしました。

たいき：学校の授業で、てこを使うと、より小さな力でものを動かせることを学んだよ。このてこでは、（**❶**）になるよね。

お父さん：そうだね。このてこでは、支点から作用点までのきょりより、支点から力点までのきょりのほうが（**❷**）から、小さい力で石を持ち上げることができるよ。

（１）❶の（　）にあてはまることばを、次のア～エから１つ選んで、記号で答えましょう。また、❷の（　）にあてはまることばを書きましょう。　[1問 5点]
ア　Aが作用点、Bが支点、Cが力点
イ　Aが支点、Bが作用点、Cが力点
ウ　Aが支点、Bが力点、Cが作用点
エ　Aが力点、Bが支点、Cが作用点

❶ イ　❷ 長い

（２）キャンプ場の近くの川のがけでは、右の図のように、れき、砂、どろの層がずれて積み重なっている地層が見られました。この地層のでき方を説明しましょう。　[10点]

─ どろの層
─ 砂の層
─ れきの層

例 流れる水のはたらきによって、運ばれてきたれき、砂、どろがたい積した後に、地層に大きな力がはたらいて、ずれが生じた。

夕方になり、たいきさんの家族はバーベキューの準備をしています。

58

点

（３）バーベキューをするために、まきの置き方を考えます。まきがよく燃える置き方は、あといのどちらですか。理由も書いて答えましょう。　[10点]

例 まきをすき間ができるように置くことで、たえず空気が入れかわるので、あのほうがよく燃える。

たいき：まきが燃えると、二酸化炭素が出るよね。空気中の二酸化炭素が増えることは、地球温暖化の原因になることを聞いたよ。

お父さん：確かにその通りだけど、まきの場合は、もとになる木が（**❸**）から、空気中の二酸化炭素の量は変わらないよ。

たいき：なるほど。生き物と空気は関わり合っているんだね。

お父さん：空気だけではなく、生き物は水とも関わり合っていて、水は姿を変えながら地球上をめぐっているよ。

（４）❸の（　）にあてはまることばを、次のア～ウから１つ選んで、記号で答えましょう。　[5点]
ア　日光に当たって、取り入れた二酸化炭素である
イ　蒸散によって、取り入れた二酸化炭素である
ウ　呼吸によって、二酸化炭素を減らしている

ア

（５）下線部について、水はどのように姿を変えて、生き物のからだに取り入れられていますか。水のじゅんかんを説明しましょう。　[15点]

例 水面や地面から水が蒸発して、水蒸気となり、空気中にふくまれる。空気中の水蒸気は上空に運ばれて雲になり、雨や雪となって地上にもどり、生き物のからだに取り入れられる。

問題は次のページに続きます。

59

1

（１）Aは木の棒を支えているので支点、Bは棒から石に力がはたらいているので作用点、Cは棒に力を加えているので力点です。問題のてこは、支点から力点までのきょりのほうが、支点から作用点までのきょりより長いので、力点での力を作用点で大きくすることができ、大きな石を持ち上げることができます。

（２）れき、砂、どろがたい積した地層は、流れる水のはたらきでできた地層です。すべての地層がずれているので、下かられきの層、砂の層、どろの層の順にたい積した後に、地層に大きな力がはたらいてずれが生じたと考えられます。地層が流れる水のはたらきによって、できたことと、たい積した後に、地層がずれたことの２点をまとめます。２点のうち、どちらか一方しかない場合は×です。

（３）燃えた後の空気は酸素が少なくなり、ものを燃やすはたらきがなくなります。そのため、まきを燃やし続けるには、まきの間にすき間をつくり、燃えているところに酸素の割合が多い、新しい空気がたえず流れこむようにします。まきがよく燃え続ける置き方があであることを説明し、理由といっしょに書かれていれば正解です。

（４）まきを燃やしたときに出る二酸化炭素は、まきのもとになる木が日光に当たって、取り入れた二酸化炭素なので、空気中にあったものです。そのため、まきを燃やしても、空気中の二酸化炭素は増えません。

（５）水は、姿を変えて地球上をめぐっています。「水蒸気となって空気中にふくまれる」→「雲をつくる」→「雨や雪となり地上にもどる」の流れで、水のじゅんかんを書いていれば正解です。

理科 まとめ問題

2 いぶきさんのクラスは、疑問に思ったことを調べて、発表しています。

（1）いぶきさんは、ドライヤーのしくみについて調べました。❶の（ ）にあてはまることばを書きましょう。また、❷、❸の（ ）にあてはまることばを、下のア〜ウから1つずつ選んで、記号で答えましょう。
[1問 5点]

いぶき

ドライヤーは、右の図のように、ファン（回転して風を発生する）付きのモーターと電熱線を組み合わせた器具で、電気を（❶）に変えて利用しています。スイッチ1つで「冷風」と「温風」に切りかえることができ、「冷風」のときは、（❷）電流が流れてファンが回転し、ふき出し口から風が出てきます。また、「温風」のときは、（❸）に電流が流れるため、熱い風がふき出し口から出てきます。

電熱線　モーター　ファン
ふき出し口
ドライヤー

ア 電熱線だけ　イ モーターだけ　ウ 電熱線とモーター

❶ 熱と運動　❷ イ　❸ ウ

（2）えりなさんは、心臓の動きと血液が流れるしくみについて調べました。

えりな

心臓は、ⓐふつうにしているときは15秒間に20回、運動をしているときは15秒間に35回、血液を送り出しています。また、血液によって、取り入れられた酸素を全身に運びます。運動をすると、呼吸や心臓の動きが速くなるのは、運動によりからだが多くの（❹）からです。

60

① えりなさんが調べたところ、心臓は1回の動きで約0.06 Lの血液を送り出しています。下線部ⓐをもとに計算すると、運動をしているときに1分間に心臓が送り出す血液の量は、ふつうにしているときよりも何し多いですか。
[10点]

📝ヒント
まずは、ふつうにしているときと、運動をしているときの、全身に送り出す血液の量を求めよう！

3.6 L

② ❹の（ ）にあてはまることばを書きましょう。
[10点]

例 酸素を必要とする

（3）たいがさんは、むらさきいも粉とパンケーキのもとを混ぜて、パンケーキをつくったときのことを発表しています。たいがさんの発表から、水よう液の性質によって、むらさきいも粉の色は、どのように変化すると考えられますか。下線部ⓑの実験と結果を説明して、3つの水よう液の性質における、むらさきいも粉の色の変化を答えましょう。
[15点]

たいが

むらさきいも粉は、水を入れたときはむらさき色でしたが、パンケーキのもとを加えると、緑色になってしまいました。そこで、箱に書かれているパンケーキのもとの成分を確認すると、重そうがふくまれていたので、ⓑ授業の実験で、重そう水をリトマス紙につけたときの色の変化を思い出しました。
また、むらさきいも粉にレモン水（水にレモンのしるを入れたもの）を加えると、赤むらさき色になりました。

例 重そう水を赤色のリトマス紙につけると、青色に変化したことから、むらさきいも粉は、酸性で赤むらさき色、中性でむらさき色、アルカリ性で緑色に変化すると考えられる。

61

2 （1）モーターは、電気を運動に変え、ファンを回して風をふき出し、電熱線は、電気を熱に変えています。モーターと電熱線は、へい列につながれていて、モーターだけに電流を流したり、モーターと電熱線の両方に電流を流したりすることができます。冷風では、モーターだけに電流が流れてファンが回転し、ふき出し口から風が出ます。温風では、電熱線とモーターの両方に電流が流れて、熱い風が出ます。

（2）①1分は15秒の4倍なので、ふつうにしているときに1分間に心臓が全身に送り出す血液の量は、
$0.06×20×4=4.8$（L）です。運動をしているときに送り出す血液の量は、
$0.06×35×4=8.4$（L）で、ふつうにしているときよりも、$8.4−4.8=3.6$（L）多くなります。

②運動をすると、からだを動かす筋肉などが、ふつうにしているときよりも多くの酸素を必要とします。そのため、呼吸を速くして、血液中に取り入れる酸素の量を多くし、心臓のはく動を速くして、一定の時間に送り出す血液の量を多くします。

（3）重そう水は、赤色のリトマス紙を青色に変えるので、アルカリ性です。水を加えたむらさきいも粉に、重そうがふくまれているパンケーキの粉を加えると、緑色になったので、むらさきいも粉はアルカリ性で緑色になることがわかります。また、むらさきいも粉に、酸性のレモン水を加えると、赤むらさき色になったので、むらさきいも粉は酸性で赤むらさき色になることがわかります。重そう水がアルカリ性であることがわかる内容の実験結果と、3つの水よう液の性質における、むらさきいも粉の色の変化を、すべて書いていれば正解です。

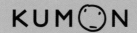

○使い方

・答え合わせをして、まちがえた問題は「答えと考え方」をよく読んで、もう一度
　取り組みましょう。

・問題文に引いてある線の部分は、問題を解くときの考え方のヒントになるところ
　です。また、ポイントもしっかり読んでおきましょう。

・例は答えの例です。ことばや文を書いて答える問題は、問題文の指示に従っ
　て似た内容が書けていれば正解です。

・〔　〕は、ほかの答え方です。

・（　）の中のことばは、あってもなくても正解です。

社会 1 日本国憲法

① たくみさんとゆづきさんは、「日本国憲法」について学び、「日本国憲法」の前文を見つけました。

日本国憲法前文（部分要約）

日本国民は、正当な A で選ばれた B を国民の代表者とし、わたしたちと子孫のために、世界の人々と仲良く協力し合い、自由のもたらす恵みを国土の全体にわたって確かなものにし、㋐政府の行いによって二度と戦争がおこることのないようにすることを決意しました。

そして、日本国民は、㋑主権が国民にあることを宣言して、この憲法をつくりあげました。

㋒国の政治は、国民から厳しゅくにゆだねられたものであって、その権威は、元来国民がもっているものであり、政治の力は C によって使われ、そこから得られる幸福と利益は、国民がこれを受けるものです。これは人類全体の原理であって、この憲法はこの原理にもとづくものであり、わたしたちは、これに反する一切の憲法、法令、命令などは排除します。

（1）A、Bの にあてはまることばの組み合わせとして正しいものを、次のア〜エから1つ選んで、記号で答えましょう。

ア A 選挙　B 国民
イ A 選挙　B 国会議員
ウ A 投票　B 天皇
エ A 投票　B 公務員

イ

（2）下線部㋐は、右の資料の日本国憲法の三つの原則のうち、何を表しますか。

平和主義

日本国憲法の三つの原則／国民主権／基本的人権の尊重／平和主義

💡ヒント
永久に戦争をほうきするとしているよ！

62

ステップ1 ＞ 情報を読み取る

判断力 ☆☆☆
思考力 ☆☆☆
表現力 ☆☆☆

（3）Cの にあてはまることばを、前文の中から選んで書きましょう。

国民の代表（者）

（4）下線部㋑とほぼ同じ内容を表す10字程度のことばを、前文の中から選んで書きましょう。

例 主権が国民にある（こと）

（5）たくみさんは、日本国憲法の中に、次の一節と天皇のおもな仕事を見つけ、これについて考えたことを、下のようにまとめました。 にあてはまることばを書きましょう。

▶日本国憲法第4条 1項（要約）
天皇は、憲法の定める国の政治に関すること以外、政治については権限をもたない。

▶天皇のおもな仕事
・憲法改正、法律、条約などの公布
・内閣総理大臣、最高裁判所長官の任命
・国会の召集
・衆議院の解散
・国会議員の選挙の公示
・外国の大使などに会う
・さまざまな儀式を行う

注：天皇が行う憲法で定められた仕事を「国事行為」といいます。

【たくみさんのまとめ】
「日本国の象徴」で政治的な権限をもたない天皇は、国会議員などを選ぶ をもっていません。

選挙権〔投票権〕

63

① **(1)** A、B の部分をふくむ憲法の原文は、「日本国民は、正当に選挙された国会における代表者を通じて行動し」となっています。A には「投票」もあてはまりますが、B には「天皇」や「公務員」はあてはまりません。「公務員」については、日本国憲法第15条に「公務員は全体の奉仕者」と規定があって、「代表者」とはちがうことに注意しましょう。

(2) ㋐には、「二度と戦争がおこることのないようにする」とあり、「平和主義」を表しています。「平和主義」については、日本国憲法第9条に規定があります。

第9条① 日本国民は、正義と秩序を基調とする国際平和を誠実に希求し、国権の発動たる戦争と、武力による威嚇または武力の行使は、国際紛争を解決する手段としては、永久にこれを放棄する。

🚩ポイント
憲法の前文には、憲法を制定する意味や目的、三つの原則が書かれているよ。内容を確認しておこう。

(3) C のあとに、「政治の力を使って得られる幸福と利益は、国民が受ける」とあるので、Cは国民ではないとわかります。前文のことばであてはまるのは、1行目にある「国民の代表者＝国会議員」と考えられます。

(4)「国の政治の権威」は「主権」といいかえられます。それについて、「元来国民がもっているもの」とあり、「国民主権」のことをいっています。

(5)「天皇」についての規定は第1条にあり、「日本国の象徴であり日本国民統合の象徴であって、この地位は、主権の存する日本国民の総意にもとづく」と述べられています。天皇は、国会議員の選挙の公示はしますが、選挙権はありません。

35

社会 1

日本国憲法

[1] ひなさんとれんさんは、国民に保障されている権利を調べて、次の資料Ⅰを見つけました。

【資料Ⅰ】国民の権利〈国民の基本的人権〉の例

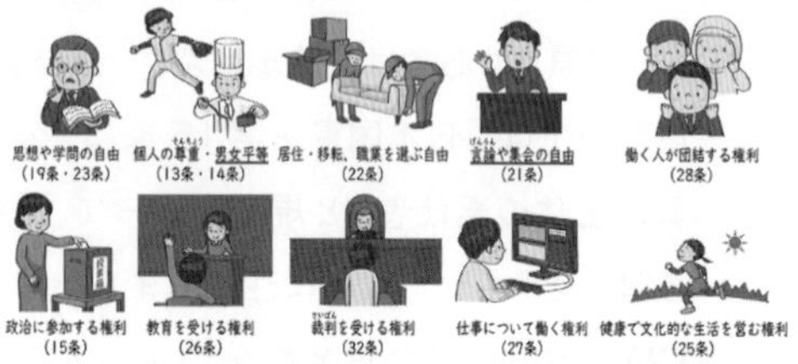
思想や学問の自由（19条・23条）
個人の尊重・男女平等（13条・14条）
居住・移転、職業を選ぶ自由（22条）
言論や集会の自由（21条）
働く人が団結する権利（28条）
政治に参加する権利（15条）
教育を受ける権利（26条）
裁判を受ける権利（32条）
仕事について働く権利（27条）
健康で文化的な生活を営む権利（25条）

（1）右の資料Ⅱでは、明治時代に国会の開設を求めて演説する人を、警察官がやめさせようとしています。演説することは、現在の憲法では、国民の権利の一つとして認められています。資料Ⅰからあてはまる権利を選んで、その名前を書きましょう。

【資料Ⅱ】

言論や集会の自由

（2）資料Ⅰ中の政治に参加する権利の一つに「選挙権」があります。2015年に法律が改正されて、選挙権年令は、何才から何才に引き下げられましたか。㋐、㋑の[ ]にあてはまる数を、下の[ ]からそれぞれ1つずつ選んで書きましょう。

[㋐]才から[㋑]才に引き下げられました。

15　18　20　22　25

㋐ 20　㋑ 18

ステップ 2

情報を読み取って考える

判断力 ☆☆☆
思考力 ☆☆☆
表現力 ☆☆☆

（3）ひなさんは、資料Ⅰ中の基本的人権について調べているとき、右の資料Ⅲの求人ポスターには、基本的人権の尊重の観点からみて、問題点があることに気がつきました。どのような問題点があるかを、資料Ⅰ中の権利の名前をあげて書きましょう。

【資料Ⅲ】求人ポスター

アルバイト・パート募集！
スーパーマーケットの
品出し業務です！
★女性時給 1300円～
★男性時給 1100円～
★週3日～交通費支給あり
いっしょに働きませんか！
○○スーパー
電話　00-0000-0000

[例] 女性と男性の時給がちがっていることが男女平等に反している。

（4）れんさんは、次の日本国憲法の条文を見つけ、「基本的人権」が制限されることがあるのを知りました。

第13条　すべて国民は、個人として尊重される。生命、自由および幸福追求に対する国民の権利については、公共の福祉に反しない限り、立法その他の国政の上で、最大の尊重を必要とする。

注：「公共の福祉」とは、社会全体の利益をいいます。

「公共の福祉」による人権の制限が認められる場合にあてはまらないものを、次のア～エから1つ選んで、記号で答えましょう。

ア　集まった人数が予定より少なかったので、届けを出さずに、値上げ反対のデモ行進をした。
イ　県庁の職員がストライキをする。
ウ　製造会社が協定して、製品を高い値段で販売する。
エ　選挙運動の期間中、候補者から何度か電話で投票をたのまれた。

エ

1

(1) 資料Ⅱは、明治憲法（大日本帝国憲法）ができるより前に、国会開設を求める運動がさかんだったころの新聞にけいさいされた絵です。この当時の集会には警察官が来場し、政府批判などがあると、集会・演説の中止が命じられました。現在の日本国憲法では、第21条で「集会、結社および言論、出版その他一切の表現の自由は、これを保障する。」と規定されています。

(2) 日本の選挙権は、第二次世界大戦が終わった1945年に男女普通選挙が実現し、満20才以上のすべての国民に選挙権があたえられました。そして、2015年に、選挙権については20才から18才に引き下げられました。ただし、被選挙権年令については変わっていないので、注意しましょう。

(3) 基本的人権の中に平等権があります。男女、年令、障がい者差別、民族差別をなくし、すべての人が平等に活やくできる社会を目指すものです。段差をなくすなどのバリアフリー化の推進も、その一つです。

(4) ア　デモ行進は、集会・言論の自由にあてはまります。ただし、他人の生活の侵害などの可能性があるため、無届けのデモは禁止されています。

イ　公務員は、全体の奉仕者として位置づけられているため、争議などの行動は禁止されています。

ウ　価格の協定は社会に大きな影響をあたえるため、独占禁止法によって禁止されています。

エ　投票日当日以外の選挙運動の期間中であれば、電話で投票をたのむことは認められています。

社会
1
日本国憲法（けんぽう）

1 さくらさんは、基本的人権の一つである選挙権（参政権）について調べ、衆議院と参議院選挙の投票率の推移を示すグラフを見つけました。これを見て考えたことを、下のようにまとめました。2つのグラフから読み取れることを参考に、□□□にあてはまることばを書きましょう。

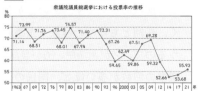
衆議院議員総選挙における投票率の推移

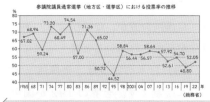
参議院議員通常選挙（地方区・選挙区）における投票率の推移
（総務省）

【さくらさんのまとめ】
以前は60％をこえていた投票率が、近年では低い状態が続いています。このままの状態が続くと、選挙の結果や政策が、□□□□可能性があるのではないでしょうか。

例 国民の意思を反映したものにはならない

66

ステップ3 ＞ 情報をもとに考えたことを表現する

判断力 ☆☆☆
思考力 ☆☆☆
表現力 ☆☆☆

2 さくらさんとかいとさんは、「あたらしい憲法のはなし」という昔の教科書にあったさし絵と、日本国憲法第9条（一部要約）を見ながら話しています。

第9条 ①日本国民は、正義と秩序（ちつじょ）を根本とする国際平和を求めていきます。国と国との戦争と、他の国を武力でおどすこと、また実際に武力を使うことは、国際紛争解決の方法としては永久に②放棄します。

放棄

さくら
この絵は何を表しているのかな？ いらなくなったものを、必要なものにつくりかえようとしているように見えるけど。

かいと
そうだね。日本国憲法の三つの原則の中の一つを絵にしているように思えるよ。

さくら
日本は、ゆいいつのひばく国で、その悲さんな経験から「非核三原則」の考え方を世界に示していると聞いたことがあるよ。

（1） 憲法第9条中の下線部⑦で「放棄する」といっているものは何ですか。

例 戦争。国際紛争の解決方法として、他の国を武力でおどすこと、武力を実際に使うこと。

（2） 下線部④のさす「三つの原則の中の一つ」を書きましょう。
平和主義

（3） 下線部①の「非核三原則」の三つの内容を書きましょう。
例 核兵器を「もたない、つくらない、もちこませない」

67

---

1 グラフは、衆議院議員選挙（しゅうぎいん）、参議院議員（すいいん）選挙ともに、同じような推移（すいい）を示しています。投票率が大きく下がっているのは、阪神（はんしん）・淡路（あわじ）大震災（しんさい）がおきたころです。投票率50％ということは、有権者（ゆうけんしゃ）の半分の人の意見で日本の政治が進行するということです。

衆議院議員総選挙における年代別投票率の推移

（総務省）

選挙権年令が下がっても、投票率が大きくのびることはなく、10代の投票率は50％以下で、決して高いとはいえません。国民の意思が反映（はんえい）されないまま、政治が進行する危険（きけん）があります。

2 （1）（2）日本国憲法（けんぽう）の「三つの原則」は「平和主義」、「国民主権」、「基本的人権の尊重（そんちょう）」です。平和主義については、前文と第9条に「平和を求めていく」、そして、「武力」・「戦争」の放棄と述べています。
（3）「非核（ひかく）」とは、核の開発・製造・保有・実験をしないことをいいます。日本は、「核兵器をもたない、つくらない、もちこませない」という三つのことを、1967年に国の方針（ほうしん）として表明しました。

ポイント 憲法の「三つの原則」と「非核三原則」を混同しないように注意しよう。

社会
2 国の政治のしくみ

[1] たくみさんとゆづきさんが、日本の政治のしくみ図を見ながら話しています。

・日本の政治のしくみ

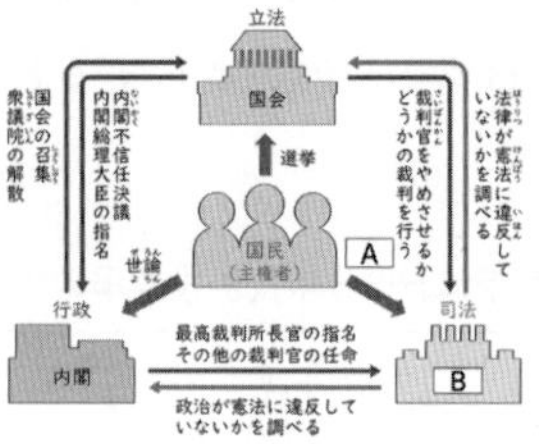

・国会の２つの議院

	㋐	㋑
人数	465人	248人
被選挙権年令	25才	30才
任期	4年	6年
解散	あり	なし（3年ごと半数改選）

たくみ：日本の政治は「三権分立」というしくみで、国の権力を立法・行政・司法の三つに分けて政治を進めているよ。

ゆづき：立法とは法律をつくることよね。その法律に従って、実際に政治を行うのが行政、[あ]司法は法律違反をばっしたりすることね。

たくみ：立法を担当するのは[い]「国会」、行政を担当するのは「内閣」だね。国の権力を三つに分けて政治を進めるから、「三権分立」というんだね。

ゆづき：国会では、[う]国民の代表者によって、政治について話し合いが行われるんだよね。

（1） Bの［　］にあてはまる下線部[あ]の司法を担当する機関を何といいますか。

裁判所

（2） 下線部[い]の「国会」には２つの議院があり、それぞれで話し合いが行われます。表中の㋐、㋑にあてはまる議院名を書きましょう。

㋐ 衆議院　㋑ 参議院

68

ステップ 1 ＞ 情報を読み取る

判断力 ☆☆☆
思考力 ☆☆☆
表現力 ☆☆☆

（3） 国会で１つの議題を２つの議院で話し合うことの長所と短所を、簡単にまとめましょう。

ヒント
国会が２つの議院で構成されることを二院制というよ。

長所　二度審議することで、[例]慎重に決定できる。

短所　政策や法律の決定に、[例]時間とお金がかかる。

（4） 下線部[う]の「国民」が「司法を担当する機関」に対して行う働きかけの、Aの［　］にあてはまる内容を、15字程度で書きましょう。

[例]最高裁判所裁判官の国民審査

[2] ゆづきさんは、選挙権をもつ人のどれくらいが投票しているのかを調べ、次の資料から読み取った問題点を、下のようにまとめました。［　］にあてはまることばを書きましょう。

【資料】衆議院議員総選挙の年代別投票率の推移

(%)

年	1967	1969	1972	1976	1979	1980	1983	1986	1990	1993	1996	2000	2003	2005	2009	2012	2014	2017	2021
回	31	32	33	34	35	36	37	38	39	40	41	42	43	44	45	46	47	48	49
10才代																		40.49	43.21
20才代	66.69	59.61	61.89	63.50	57.83	63.13	54.07	56.86	57.76	47.46	36.42	38.35	35.62	46.20	49.45	37.89	32.58	33.85	36.50
30才代	77.88	71.19	75.48	77.41	71.06	75.92	68.25	72.15	75.97	68.46	57.49	56.82	50.72	59.79	63.87	50.10	42.09	44.75	47.12
40才代	82.07	78.33	81.84	82.29	77.82	81.88	75.43	77.99	81.44	74.48	65.46	68.13	64.72	71.94	72.63	59.38	49.98	53.52	55.56
50才代	82.68	80.23	83.38	84.57	80.82	85.23	80.51	82.74	84.85	79.34	70.61	71.98	70.01	77.86	79.69	68.02	60.07	63.32	62.96
60才代	77.08	77.70	82.34	84.13	80.97	84.84	82.43	85.66	87.21	83.38	77.25	79.23	77.89	83.08	84.15	74.93	68.28	72.04	71.43
70才代以上	56.83	62.52	68.01	71.35	67.72	69.66	68.41	72.36	73.21	71.61	66.88	69.28	67.78	69.48	71.06	63.30	59.46	60.94	61.96
全体	73.99	68.51	71.76	73.45	68.01	74.57	67.94	71.40	73.31	67.26	59.65	62.49	59.86	67.51	69.28	59.32	52.66	53.68	55.93

（総務省）

【ゆづきさんのまとめ】
ここ10回の選挙で、投票率が50%を上回っているのは、50才以上の人たちで、30才未満の人たちの投票率は平均を下回っています。このままでは、政治の方向を決定するとき、［　］可能性があります。

[例]若い人の意見が取り入れられない

69

1

(1)「司法」とは、「法」をあてはめて、いろいろな争いごとを解決することです。「司法」を担当するのは「裁判所」です。

(2) ㋐と㋑の大きなちがいは、その任期と解散の有無です。㋐の方が任期が短く、任期とちゅうの解散（選挙）がありうるので、㋐が衆議院、㋑が参議院です。選挙の回数が多いほど、国民の声が反映される機会が多いといえます。

ポイント
衆議院の方が、参議院より、国民の意思が反映されていると考えられているよ。

(3) 日本の国会は、衆議院・参議院の二院制です。世界の192か国中、二院制を採用しているのは、79か国です（2022年6月現在）。二院制の長所は、より慎重な議論ができる、多様な意見を反映できる点です。短所は、議論に時間がかかる点があります。アメリカ・イギリスなどサミット参加国は、二院制を採用しています。

(4) 国会議員に対して、国民は選挙で直接働きかけができます。裁判所に対しては、最高裁判所裁判官の「国民審査」という制度があります。不適切と思われる裁判官を、国民が直接審査し解職させることができます。

2

ここ2回の投票率を見ると、投票率が高いのは50代以上で、年代が下がるにつれて、投票率は下がっています。特に2015年から選挙権を得た10代では、2回とも50%を下回っています。この状態が続くと、将来、若い人の意思が反映されない政治が行われるかもしれません。

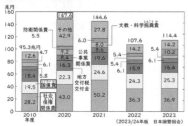

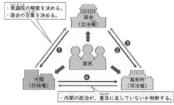

1 ❶ 予算の規模は、歳出の総額のことです。金額が最も大きいのは、2020 年度の 147.6 兆円です。

❷ どの年度でも、歳出にしめる金額が最も大きいのは、「社会保障関係費」です。これは高齢者に支はらう「年金」や「医療」「介護」「生活保護」などにかかる経費のことです。日本は高齢化が進んでいるので、「社会保障関係費」は今後も増えると考えられます。

❸ 2番目に大きいのは「国債費」で、「国債」という借金を返し終わるまでにはらわなければならない「利子」などの経費のことです。日本は「国債」の残高も多く、世界的に見ても借金大国です。

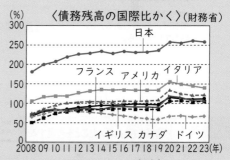

2 (1) ❶ 「国会」から「内閣」への働きかけです。内閣総理大臣を指名するのは「国会」です。

❷ 「国会」から「裁判所」への働きかけです。弾劾裁判とよばれる、裁判官を裁判する制度です。

❸ 「裁判所」から「国会」への働きかけです。「国会」でつくられた法律が、憲法に反していないかを判断します。

❹ 「内閣」から「裁判所」への働きかけです。最高裁判所の長官（裁判官）を指名します。

(2)「国会」、「内閣」、「裁判所」がそれぞれ仕事を分担し、三つの機関がそれぞれ行き過ぎがないように見はるしくみを、「三権分立」といいます。

社会 2

国の政治のしくみ

[1] さやかさんは、衆議院と参議院の関係について調べ、次のような「衆議院の優越」とよばれる、衆議院の議決が参議院の議決に優先する場合があることを知りました。

衆議院の優越

事がら	内容	結果
㋐予算の先議	予算は衆議院が先に審議する。	
予算の議決・条約の承認・㋑内閣総理大臣の指名	衆議院と参議院で異なる議決をした場合で、両院協議会でも意見が一致しないとき	衆議院の議決が国会の議決となる。
	衆議院で可決された議案を受け取ったあと、参議院が30日以内（内閣総理大臣の指名に関しては10日以内）に議決しないとき	
㋒法律案の議決	衆議院と参議院で異なる議決をする、または衆議院で可決した法律案を受け取ったあと60日以内に議決しない場合➡衆議院で出席議員の3分の2以上の多数で再可決したとき	法律となる。
㋓内閣不信任決議	不信任の決議は衆議院だけで行うことができる。	

（1）政治的な事がらは、ふつう衆議院・参議院の両院で審議されますが、両院で審議・議決されない事がらもあります。その事がらを、㋐～㋓から1つ選んで、記号で答えましょう。

㋓

（2）衆議院の議決が参議院より優先されるのはなぜですか。その理由を任期や解散の有無などをふまえ、次のことばに続けて、「国民の意見」ということばを使って書きましょう。

衆議院の任期は4年と、参議院に比べて、
[例]短く、解散もあるため、国民の意見を強く反映しているから。

72

ステップ 3

情報をもとに考えたことを表現する

判断力 ☆☆☆
思考力 ☆☆☆
表現力 ☆☆☆

[2] かいとさんは、裁判員制度に対する人々の意識について調べ、資料Ⅰを見つけました。かいとさんは、裁判員候補者の辞退率の上しょうは問題点の一つだと考え、対策を探すうちに、資料Ⅱ、Ⅲを見つけました。資料Ⅱ、Ⅲの内容を読み取って、辞退率上しょう対策の提案になるように、㋐～㋒の□にあてはまることばを書きましょう。

【資料Ⅰ】裁判員辞退率の変化

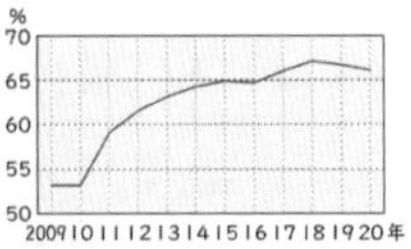

【資料Ⅱ】裁判員に選ばれる前の気持ち

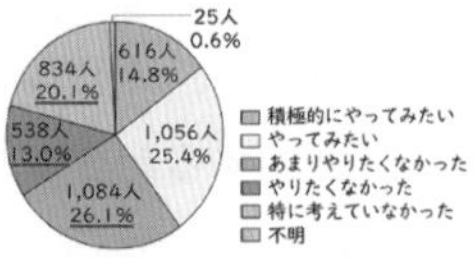

【かいとさんの提案】
実際に裁判員に参加する前は、裁判員制度に対する関心は［㋐］が、参加して経験したあとでは、［㋑］という結果でした。
そこで、「よかった」と感じた裁判員経験者に、［㋒］を提案したいです。

【資料Ⅲ】裁判員として裁判に参加した感想

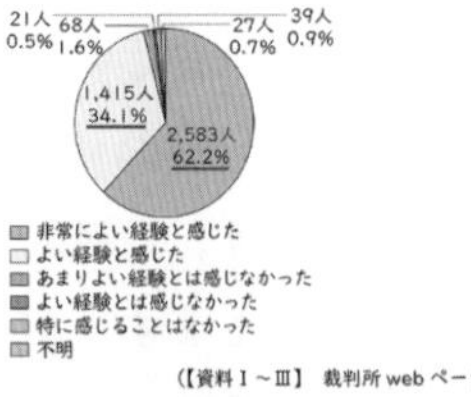

（【資料Ⅰ～Ⅲ】 裁判所 web ページ）

㋐ 低い　㋑ [例]「よかった」と感じた人が多い

㋒ [例]その経験を話してもらう会を開くこと

73

[1] （2）衆議院・参議院の議決が一致しない場合があります。国の意思が決定されないのでは、不都合が生じます。そのときに、解散があり、任期が短い衆議院の方が、選挙を通して国民の意思が反映されていると考えられるので、衆議院に強い権限が認められています。

[2] ㋐　資料Ⅱより、「あまりやりたくなかった」「やりたくなかった」「特に考えていなかった」と答えた人が約60％で、裁判員制度に対する関心が低いことが読み取れます。「高くない」でも正解です。

㋑㋒　資料Ⅱより、裁判員に選ばれる前は、「あまりやりたくなかった」「やりたくなかった」と、「積極的にやってみたい」「やってみたい」は、同じくらいの人数でした。しかし、資料Ⅲより、裁判に参加した後では、「非常によい経験と感じた」「よい経験と感じた」と答えた人が90％をこえ、「よかった」と感じた人が多いことが読み取れます。そのため、かいとさんは、裁判員制度への関心を高め、裁判員辞退率の上しょうが収まるように、裁判員経験者に、その「よかった」経験を話してもらう会を開くという提案をしています。

裁判員制度は、2009年に始まった制度です。国民の中から選ばれる裁判員が、刑事裁判に参加して、裁判官といっしょに審理し、被告人が有罪か無罪かを、また、有罪の場合は、その量刑の判断を行います。裁判に国民が参加することで、国民の視点が裁判の内容に反映され、国民の司法に対する理解が深まることが期待されています。

社会 3

大昔のくらし、そして国づくりへ

[1] たくみさんは、古代の人々のようすがわかる資料をいくつか見つけました。この資料をゆづきさんといっしょに、時代ごとに分けてみることにしました。

（1） 次の㋐～㋕の資料は、どの時代のものですか。それぞれあてはまる時代に分けて、記号で答えましょう。

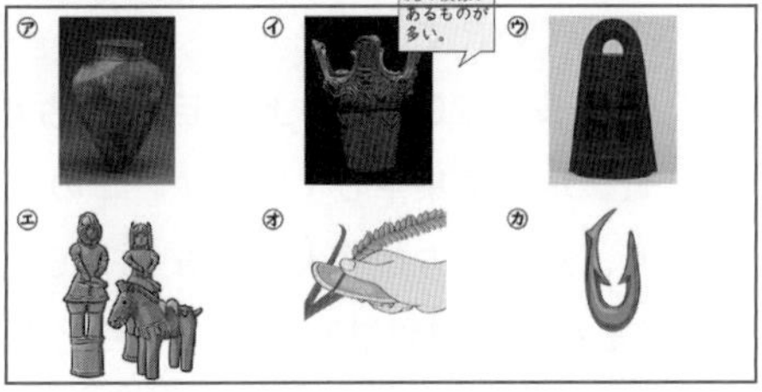

縄文時代	弥生時代	古墳時代
㋑、㋕	㋐、㋒、㋔	㋓

ヒント
㋕は魚つりに使うよ。

たくみ：㋒は、「銅鐸」とよばれる資料で、これは、祭りのときに音を出して使われるものらしいよ。
ゆづき：どんな音かきいてみたいな。右の資料の表面の絵は何？
たくみ：銅鐸が使われていたころのくらしのようすだね。

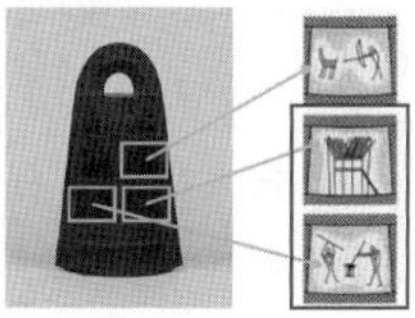

74

ステップ 1 ＞ 情報を読み取る

判断力 ☆☆☆
思考力 ☆☆☆
表現力 ☆☆☆

ゆづき：真ん中の絵にかかれている床の高い建物は、（❶）ね。
たくみ：下の絵は、脱穀しているようすかな。
ゆづき：このころには、（❷）が行われていたんだね。

（2） ❶、❷の（　）にあてはまることばを書きましょう。

❶ 高床倉庫　❷ 米づくり〔稲作〕

ヒント
床を高くするのは、湿気やネズミよけのためだね。

[2] たくみさんは、古代の人々がどんなものを食べていたかを調べて、「人々の食べ物」をこよみにした、次の資料Ⅰ、Ⅱを見つけました。

【資料Ⅰ】

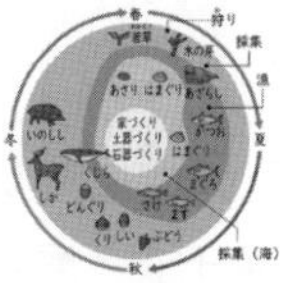

【資料Ⅱ】

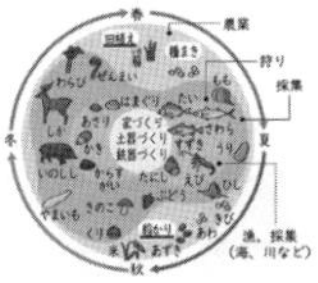

（1） 弥生時代のくらしを示すのは、資料Ⅰ、資料Ⅱのどちらですか。

資料Ⅱ

（2）（1）のように判断した理由として正しいものを、次のア～エから1つ選んで、記号で答えましょう。

ア　食べ物は、すべて狩りや漁・採集にたよっているから。
イ　人々は協力して、くじらなどの大型の獲物をとっているから。
ウ　食べ物を得る手段の中心が、稲作という農作業だから。
エ　食べ物の種類が少ないから。

ウ

75

[1]

（1）㋐　弥生土器です。㋑の縄文土器に比べて、白っぽいのが特ちょうです。これは、高温で焼いているからです。

㋑　縄文時代につくられた土器です。焼く温度が低いので、赤茶色をしています。食べ物の調理や保存に使われたと考えられています。

㋒　「銅鐸」という青銅器で、祭りなどで使われた楽器のようなものと考えられています。弥生時代の遺跡から出土します。

㋓　「はにわ（埴輪）」とよばれる素焼きの土器で、古墳の上に並べられたり、古墳内にいっしょにまいそうされたりします。

㋔　弥生時代に使われた石器で、「石包丁」です。稲の穂先をかり取るときに用いられました。

㋕　動物の骨でつくられたつり針です。縄文時代の遺跡から出土します。

（2）銅鐸の表面には、絵がほられているものも多く、当時のくらしのようすを知ることができます。

❶　真ん中の絵は、「高床倉庫」とよばれる、収穫した稲を入れておく倉庫とみられています。建物が、地面から高いところにあるのは、湿気やネズミなどから稲を守るためでした。

❷　脱穀しているようすから、米づくり（稲作）が行われていたことがわかります。

[2]

（1）弥生時代には、米づくりが始まっています。「米づくり」のようすの有無を目安に判断しましょう。

（2）ア・イ　資料Ⅱの内容にあてはまりません。

エ　食べ物の種類という点で見れば、種類が少ないのは資料Ⅰです。資料Ⅱでは、米以外の栽培も行われているようすがうかがえます。

社会

3 大昔のくらし、そして国づくりへ

1 ひなさんは、大阪府にある世界遺産になっている「仁徳天皇陵古墳」の全長が世界一だと聞いて、次の資料Ⅰ、Ⅱを参考に、古墳について調べ、下のようにまとめました。

【資料Ⅰ】おもな古墳の分布

※境界は昔の国境を示しています。

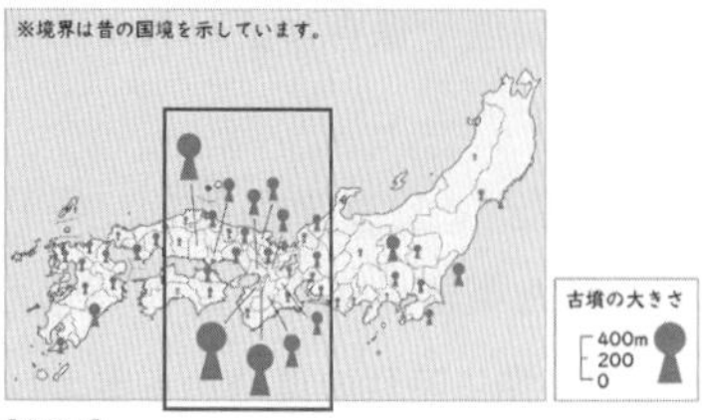

【資料Ⅱ】

仁徳天皇陵古墳：大仙古墳ともいう。
古墳建造にかかわった人数：のべ680万7000人　　工事期間：15年8か月

【ひなさんのまとめ】
「古墳」とは、その地域を［ ㋐ ］て、近畿や瀬戸内海の沿岸地域から各地に広がったものです。長さ200 m以上の巨大な古墳は、現在の［ ㋑ ］地方に多くみられます。仁徳天皇陵古墳にみられるように、古墳をつくるには、多くの人々が長い期間働く必要があります。このことから、この地域の豪族は強大な力と富をもっていたことがわかります。この中からより大きな力をもつくにが現れ、［ ㋒ ］という政府をつくり、大王（後の天皇）を中心として、支配を広げました。5～6世紀ごろには、［ ㋓ ］地方から関東・東北地方南部の豪族を従えました。

（1）仁徳天皇陵古墳のような形の古墳を何といいますか。

前方後円墳

76

ステップ2 ＞ 情報を読み取って考える

判断力 ☆☆☆
思考力 ☆☆☆
表現力 ☆☆☆

（2）㋐～㋓の［　］にあてはまることばを書きましょう。

㋐ 例 支配していた豪族〔王〕の墓　㋑ 近畿
㋒ 大和朝廷〔大和政権〕　㋓ 九州

（3）ひなさんのまとめの下線部について、「このことから」が指す内容を、次のことばに続けて、「人々」「期間」ということばを使って書きましょう。

古墳をつくるには、
例 長い期間、多くの人々が働く必要がある。

（4）古墳の建造には、建築・焼き物などの専門知識をもった、中国や朝鮮半島から日本にやってきた人々が協力しました。この人々を何といいますか。漢字で書きましょう。

渡来人

2 次の資料Ⅰの人物について、れんさんは資料Ⅱを見つけました。資料Ⅱは、この人物がつくった役人の心構えです。この人物の名前と、資料Ⅱ中の下線部の2つのことばを使って、この人物が目指した政治を書きましょう。

【資料Ⅰ】

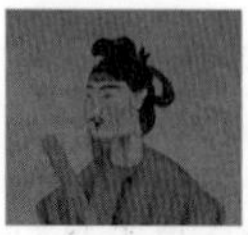

【資料Ⅱ】

第1条　人の和を第一にしなければなりません。
第2条　仏教をあつく信仰しなさい。
第3条　天皇の命令は、必ず守りなさい。
第12条　地方の役人が勝手に、みつぎ物を受け取ってはいけません。

人物 **聖徳太子** は、

政治 例 仏教を広め、天皇中心の政治を目指した。

77

1

(1) 仁徳天皇陵古墳（大仙古墳）は、日本最大の前方後円墳で、大阪府堺市にあります。

(2) ㋐　古墳は、その地域を支配した豪族の墓で、九州から東北地方まで広く分布しています。

㋑　長さ200 m以上の巨大な古墳は、近畿地方に集中しています。このことから、近畿地方に強大な力をもった支配者（または支配組織）が存在したと考えられます。

㋒　大和（今の奈良県）、河内（今の大阪府）には大きな前方後円墳が集中していて、この地域の豪族が強大な力をもっていたとわかります。この中から、より強大な力をもつくに（政府）である大和朝廷（大和政権）がつくられました。

(3) 下線部のすぐ前の文を参照しましょう。古墳をつくるには、多くの人々を長い期間働かせることのできる強大な力と富が必要であったと考えられます。

(4) このころ、中国や朝鮮半島から一族で日本に移り住んだ人々を「渡来人」といいます。かれらは、中国や朝鮮半島の国の進んだ技術や知識を日本に伝えました。

ポイント
古墳については、多くのなぞが残されているよ。例えば、「前方後円墳の前はどっち？」など、気になる点については調べてみよう。

2

資料Ⅰの人物は「聖徳太子」といわれています。「厩戸皇子」、「厩戸王」とよばれることもあります。
資料Ⅱは、太子がつくった「十七条の憲法」です。「仏教を敬うこと」「天皇の命令には必ず従うこと」など、天皇中心の国づくりにおける役人の心構えを示しています。

社会 3

大昔のくらし、そして国づくりへ

1 さくらさんは、聖武天皇に興味をもち、次の資料Ⅰ～Ⅲからその時代のようすなどを調べ、年表にまとめました。

聖武天皇の年表

年	できごと
710	都が ㋐ に移される
720	九州で反乱がおこる
724	天皇の位につく
734	大地震がおこる
737	都で病が流行する
740	貴族の反乱がおこる 都を恭仁京に移す
741	[あ]国分寺を建てる命令を出す
743	[い]大仏をつくる命令を出す
744	都を難波宮に移す 都を紫香楽宮に移す
745	都を ㋐ にもどす
749	天皇の位を退く
752	大仏開眼式が行われる
756	聖武天皇がなくなる

【資料Ⅰ】㋐のようす

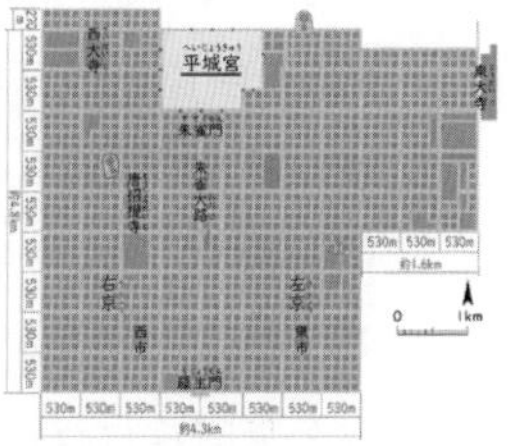

【資料Ⅱ】国分寺の分布

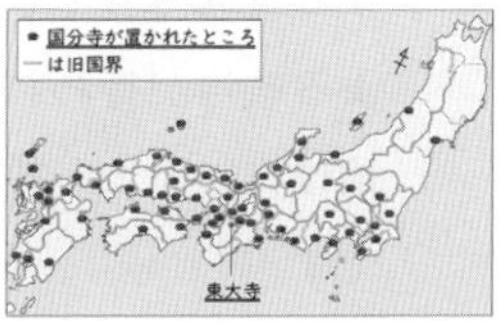

【資料Ⅲ】国分寺を建てる詔

…近ごろ、作物の実りが豊かではなく、病もはやっている。そこで国民の幸福を求めるため、国ごとの神社の修造と仏像をつくらせ、写経をさせた。すると今年は天候が順調で穀物も豊作だった。……諸国に命じて七重の塔一基を建て、写経をして納めさせよ。願うところは、仏の加護が今もこの先も満ちていることである。…

（一部要約）

78

ステップ 3

情報をもとに考えたことを表現する

判断力 ☆☆☆
思考力 ☆☆☆
表現力 ☆☆☆

（1） 資料Ⅰは、年表中の㋐のようすを表したものです。㋐の □ にあてはまることばを書きましょう。

平城京

（2） さくらさんは、年表中の下線部[あ]、[い]の命令がなぜ出されたのかを、次のようにまとめました。年表と資料Ⅲの「国分寺を建てる詔」を参考に、㋑～㋖の □ にあてはまることばを書きましょう。同じ記号の □ には、同じことばが入ります。

【さくらさんのまとめ】
聖武天皇が即位したころ、㋑、㋒、㋓が立て続けにおこっていて、社会不安が広がっていました。作物の実りも悪い状態が続いていました。聖武天皇は、㋔で民衆の不安をしずめ、国を守ろうと考えました。天皇は、全国 60 か所あまりに国分寺を建て、都には総国分寺として㋕を建てて、㋕には㋖を納めることを命じました。

㋑ [例]反乱　㋒ [例]地震　㋓ [例]伝染病

㋔ [例]仏教〔ほとけ〕の力　㋕ 東大寺

※㋑～㋓は順番がちがっても正解です。

㋖ 大仏

（3） 資料Ⅱの「国分寺の分布」から、どんなことが読み取れますか。考えたことを 30 字程度でまとめましょう。

[例]天皇〔国・朝廷〕の支配は、広く九州から東北南部にまでおよんでいる。

ヒント
国分寺は九州から東北地方まで広く分布しているよ。

79

1

（1） 710 年、都は、元明天皇によって藤原京から平城京へ移されました。この平城京に都を移した 710 年から 794 年までが、奈良時代とされますが、その間に何度か都を移しています。平城京に再び都を構えたのは、８世紀の半ばになります。伝染病が流行したり、貴族の反乱があったりするたびに、都を移していたようです。

（2） ㋑「反乱」、㋒「地震」、㋓「伝染病」が続き、人々の間には不安が広がっていました。「地震」は「災害」や「ききん」、「伝染病」は「病気」でも正解です。聖武天皇は、資料Ⅲにあるように、仏教（ほとけ）の力で、社会に広まった不安を取り除こうとしました（㋔）。国分寺を全国に建て、東大寺を総国分寺として、大仏づくりを命じました。大仏完成までには、９年の年月と 260 万人以上の力、日本中から集めた大量の金属が使われました。

（3） 資料Ⅱの国分寺の分布を見ると、東北の南部から九州までの広い地域に、天皇（朝廷）の力が、広がっていたことがわかります。国分寺の地名は、現在も東京都国分寺市（武蔵国分寺）、長野県上田市国分（信濃国分寺）、三重県鈴鹿市国分町（伊勢国分寺）、大分県大分市国分（豊後国分寺）など、各地に残っています。また、国分寺の総本山として、奈良に置かれていたのが、東大寺です。

社会 4

貴族の世から武士の時代へ

1 8世紀の終わりごろに、新しい都で始まった時代のようすについて、次の資料Ⅰ、Ⅱを見ながら、ゆづきさんたちが話しています。

ゆづき：新しい都とは平安京のことよね。
たくみ：その都で行われた政治は、その後 400 年も続いたよ。どんな時代だったのかな。
ゆづき：貴族が政治の中心の時代といわれているよね。
たくみ：身分の高い貴族は、(　　) という様式の広い家に住んでいたみたい。
ゆづき：資料Ⅱを見ると、小さな舟をうかべることができる池があるよ。

【資料Ⅰ】もち月の歌

この世をば
わが世とぞ思ふもち月の
かけたることも
なしと思へば
〈要約〉
この世はわたしのもので、思い通りにならないものはない。

【資料Ⅱ】貴族の住まい

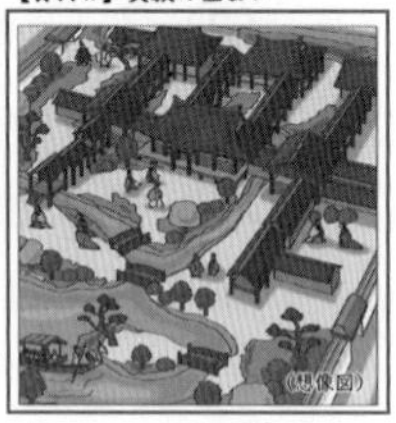

(1) 下線部について、たくみさんは次のようにまとめました。㋐～㋒の [　　] にあてはまることばを書きましょう。

有力な [㋐] が朝廷の中心にいて、[㋑] にかわって政治を行っていた時代です。もっとも栄えたのは、資料Ⅰの歌を残した [㋒] の時代です。

㋐ 貴族　㋑ 天皇　㋒ 藤原道長

(2) (　) にあてはまる様式を何といいますか。漢字で書きましょう。

寝殿造

80

ステップ 1 ＞ 情報を読み取る

判断力 ☆☆☆
思考力 ☆☆☆
表現力 ☆☆☆

2 たくみさんは、平安文化に興味をもち、いくつかの資料を見つけました。

(1) たくみさんが集めた次の資料ア～オのうち、平安文化にあてはまらないものをすべて選んで、記号で答えましょう。

ア 正倉院の宝物

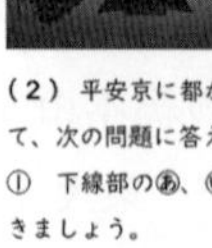

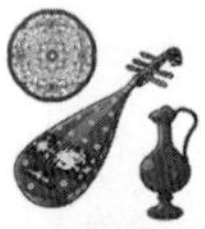

イ

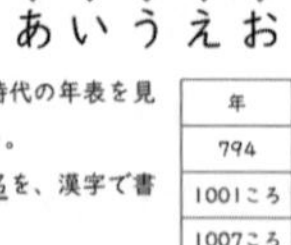

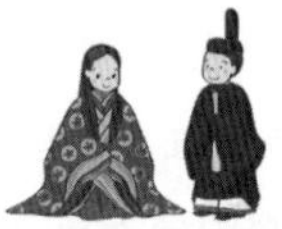

ウ

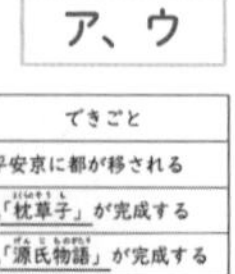

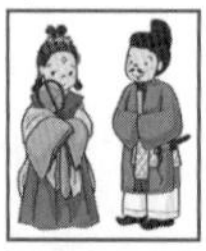

エ 平等院鳳凰堂

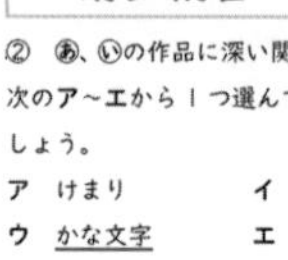

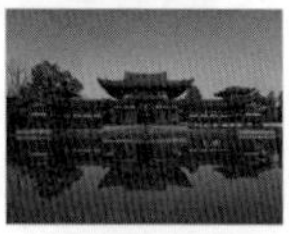

オ かな文字

安 以 宇 衣 於
↓ ↓ ↓ ↓ ↓
あ い う え お（くずし字）
↓ ↓ ↓ ↓ ↓
あ い う え お

ア、ウ

(2) 平安京に都があった時代の年表を見て、次の問題に答えましょう。

年	できごと
794	平安京に都が移される
1001ころ	㋐「枕草子」が完成する
1007ころ	㋑「源氏物語」が完成する
1016	藤原道長が摂政となる
1017	道長が太政大臣となる 藤原氏が栄える
1027	道長がなくなる

① 下線部の㋐、㋑の作者名を、漢字で書きましょう。

㋐ 清少納言　㋑ 紫式部

② ㋐、㋑の作品に深い関係のあるものを、次のア～エから1つ選んで、記号で答えましょう。

ア けまり　イ 七夕
ウ かな文字　エ 万葉集

ウ

81

1 資料Ⅰの「もち月の歌」は、1018 年に藤原道長がむすめを天皇のきさきとしたときによんだとされるものです。藤原氏は、大化の改新の中心となった中臣鎌足の子孫です。平安京は 794 年に長岡京（784 年に平城京から移された都）から移された都です。

(1) ㋐㋑　大化の改新後、天皇を中心とする政治制度が整えられましたが、政治を実際に行ったのは、藤原氏を中心とする貴族たちでした。貴族とは、律令による政治が行われた時代に、朝廷で高い地位について、政治の中心となった人々です。

㋒　藤原道長は 1016 年に摂政となり、その前後、約 30 年にわたって朝廷で大きな力をもち、道長を中心とする藤原氏一族が、朝廷の高い位を独占しました。

(2) 上級貴族の住む住居の建築様式を寝殿造といいます。住居の広さは 100 m 四方もあり、正面の正殿（寝殿）を中心に、北、東、西に建物がつくられ、それらが渡り廊下で結ばれています。また、南には池があり、島もつくられていました。

2 **(1)** アは奈良時代に建てられた東大寺にある正倉院の宝物の鏡、びわ、水差しです。

(2) ①㋐「枕草子」は清少納言が著した随筆集で、当時の人々のようすがえがかれています。

㋑「源氏物語」は紫式部作の長編小説で、貴族の生活を知ることができます。

② かな文字は、漢字をくずした形でひらがなが、漢字の一部をもとにしてかたかながつくられました。かな文字ができたことによって、日本人の考え方や物の見方を、くわしく表すことができるようになりました。

社会 4 貴族の世から武士の時代へ

れんさんは、武士と貴族とのちがい、武士がいつごろ、どうやって力をもつようになったのかを調べて、次の資料Ⅰ、Ⅱを見つけました。

【資料Ⅰ】貴族のくらし

（想像図）

【資料Ⅱ】武士のくらし

（想像図）

（1）れんさんは、資料Ⅰ、Ⅱを参考に、貴族とはちがう武士のくらしを、次のようにまとめました。⑦～⑦の □ にあてはまることばを書きましょう。

貴族の家にある池は、遊びのための池ですが、武士の家を囲む水路は、しん入をさまたげる堀の役割があります。また、武士の家の門には ⑦ を置き、 ④ に備えて馬屋があり、武士は常に ⑦ や乗馬の練習をしています。

⑦ 例 見張り　④ 例 戦い　⑦ 例 武芸

（2）武士の中には、有力な貴族や朝廷に仕えて力をつけるものも現れ、一族のかしらを中心にまとまりをつくりました。これを何といいますか。

武士団

82

ステップ2 ＞ 情報を読み取って考える

判断力 ☆☆☆
思考力 ☆☆☆
表現力 ☆☆☆

（3）（2）の中で、東国（東日本）に勢力を広げた集団を何といいますか。

源氏

（4）れんさんは、源頼朝の年表をつくりました。④ □ にあてはまる戦いは何ですか。次のア～ウから1つ選んで、記号で答えましょう。
ア 一ノ谷の戦い　イ 壇ノ浦の戦い
ウ 屋島の戦い

イ

年	できごと
1159	平治の乱で平氏に敗れる
1160	伊豆へ流される
1180	平氏打倒の兵をあげる
1185	④ で平氏をほろぼす 軍事や警察の仕事をする ⑦ 、年貢の取り立てなどを担当する ⑦ を各地に置く
1192	源頼朝が ⑦ になる
1219	北条氏が権力をにぎる

（5）④～⑦の □ にあてはまることばを書きましょう。

④ 守護　⑦ 地頭　⑦ 征夷大将軍

（6）頼朝は京都ではなく、鎌倉に幕府を開きました。その理由を、右の地図の地形に着目して、「三方」ということばを使って書きましょう。

例 一方は海に面し、三方を山に囲まれているので、せめられにくいから。

（7）頼朝の開いた幕府と御家人（頼朝に従った武士）との結びつきを示す右の図の、A、Bにあてはまることばを書きましょう。

A ご恩　B 奉公

83

1

（1）資料Ⅱの鎌倉時代の武士の住居を館（やかた）といいます。資料Ⅰの寝殿造（しんでんづくり）に比べて質素で実用的なつくりであることが読み取れます。館の周りには堀（ほり）や土塁（どるい）がめぐらされ、門には見張りのための矢倉（やぐら）もつくられています。武士は戦いに備えて、武芸にはげみました。

（2）平安時代の後半に各地で生まれた武士は、実力をたくわえ、やがて有力な武士を中心にまとまり、武士団が生まれました。その中心となったのが、天皇（てんのう）の子孫で地方に土着した源氏（げんじ）と平氏（へいし）です。

（3）11世紀半ばに東北地方でおこった争いを、源義家（みなもとのよしいえ）がしずめ、源氏は東国に勢力をのばしました。

（4）1180年に始まった源氏と平氏の戦いは、1184年の一ノ谷の戦い（いちのたに）（兵庫県）、1185年の屋島の戦い（やしま）（香川県）でいずれも平氏が敗れ、本州と九州の間で行われた壇ノ浦の戦い（だんのうら）（山口県）で平氏はほろびました。これらの戦いで、源氏の中心となって戦ったのが源義経（よしつね）です。

（5）④⑦ 壇ノ浦の戦い以後、源頼朝（よりとも）は対立するようになった源義経をとらえることを名目にして、国ごとに守護（しゅご）、土地ごとに地頭（じとう）を置くことを、朝廷（ちょうてい）に認めさせました。守護・地頭には、それぞれ有力な御家人（ごけにん）が任命されました。

⑦ 源頼朝が征夷大将軍（せいいたいしょうぐん）に任じられたことで、これ以後、征夷大将軍は、武士のかしらを意味するようになりました。

（6）鎌倉は古くから源氏と関係が深い土地で、相模湾（さがみわん）に面し三方を山に囲まれ守りのかたいこの地に、頼朝は幕府を開きました。

（7）土地を仲立ちに結びついた幕府（将軍）と御家人の関係を、ご恩と奉公（おんほうこう）の関係といいます。

社会 4

貴族の世から武士の時代へ

1 都が平安京にあったころ、貴族が政治の中心でした。藤原道長はどのようにして強大な力をもつことができたのかを、資料を参考に、「むすめ」「天皇」ということばを使って、40字程度で書きましょう。

[例]自分のむすめを天皇のきさきにして、強いつながりをつくり、大きな権力をもった。

【資料】天皇と藤原氏のつながり

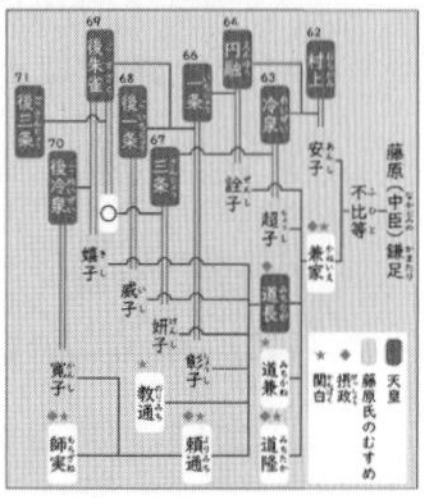

2 かずとさんとさくらさんは、鎌倉幕府のときに、元という国に二度せめられたことを知り、資料Ⅰ、Ⅱを見つけ、そのようすやその後の社会の変化などを調べました。

【資料Ⅰ】蒙古襲来絵詞

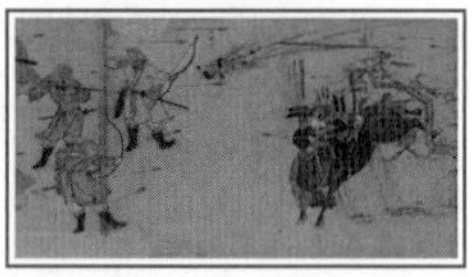

【資料Ⅱ】博多湾沿岸の防塁

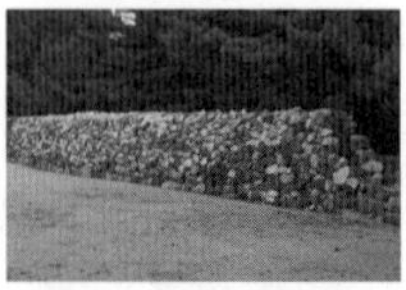

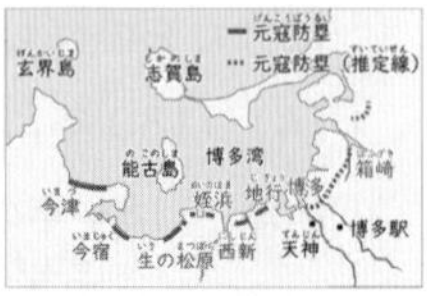

ステップ 3

〉情報をもとに考えたことを表現する

判断力 ☆☆☆
思考力 ☆☆☆
表現力 ☆☆☆

かずと：元というのはモンゴル人の国で、大陸で大きな勢力をもっていたよ。
さくら：その国が日本に従うように、使者を送ってきたんだよね。
かずと：そのときに執権だった（❶）は、きょ否したよ。
さくら：それで、元の大軍が、九州の（❷）湾にせめてきたんだね。
かずと：元軍は、日本では知られていない武器を使っていたし、戦い方も日本とはちがっていて、苦戦したよ。
さくら：資料Ⅱの写真の高い石のかべは、武士がつくったのかな。
かずと：元軍が再びせめてくることを想定して、幕府が九州の武士たちにつくらせたんだ。長さは全部で20 kmもあったらしいよ。

（1）❶、❷の（　）にあてはまることばを書きましょう。

❶ 北条時宗 ❷ 博多

（2）下線部の元軍の戦い方について、資料Ⅰから読み取れることを書きましょう。

[例]火器〔てつはう〕の使用、集団で戦う。

（3）元軍との戦いのあと、元軍は追いはらったものの、幕府と御家人たちの関係に変化が生じました。どのように変わったかを、次のようにまとめました。㋐〜㋒の［　　］にあてはまることばを書きましょう。

御家人たちは、元軍との戦いで、多くの損害があったにもかかわらず、相手の［㋐］を得ることはできませんでした。そのため、戦いに参加したのに、［㋑］をもらえない武士が多く出ました。その結果、［㋒］。

㋐ [例]領地〔領土〕 ㋑ [例]恩賞

㋒ [例]幕府に不満をもつ武士が増えました

1 藤原氏はむすめを天皇のきさきとし、そのむすめが産んだ子が天皇となることで、天皇の親せきとして大きな力をもつようになっていました。藤原氏が、天皇が幼いころは摂政として、成人してからは関白として行った政治を、摂関政治といいます。

2 （1）❶ 執権は鎌倉幕府に置かれた重要な役職で、政治の中心として、代々北条氏がその役職についています。北条時宗は8代執権として、元との戦いでは御家人を指揮しました。
❷ 博多湾は現在の福岡県に位置し、1274年の文永の役では、約3万の元軍がここに上陸しています。そのため、幕府は文永の役のあと、御家人に命じて博多湾岸に防塁を築かせました。この防塁が1281年の弘安の役の時に、大きな役割を果たしています。
（2）資料Ⅰ中の武士の上を、火をふいてばく発しているのが、「てつはう」とよばれる武器です。陶器に火薬や鉄片などをつめたもので、音、けむり、ほのおなどで人や馬をおどろかせました。
また、元軍は、複数の人がいっしょになって戦っていることも読み取れます。当時の日本では、武士は「一騎打ち」といって、単独で戦う形がふつうでした。
（3）元寇は日本を守るための戦いであったことから、元軍を退けることができても、領地・金銀などを得ることはできませんでした。そのため、幕府は御家人に恩賞をあたえることができず、御家人たちの間で幕府に対する不満が広がっていきました。

社会 5

室町文化と人々のくらし / 全国統一への動き

[1] ゆづきさんとたくみさんは、室町時代について、次の資料Ⅰ～Ⅲを見つけました。

【資料Ⅰ】

【資料Ⅱ】

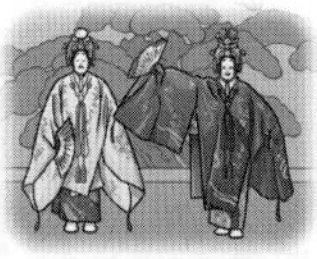

【資料Ⅲ】

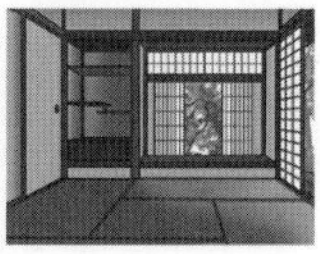

(1) 資料Ⅰ～Ⅲに関連することばを、それぞれ次のア～カから1つずつ選んで、記号で答えましょう。

ア 大和絵　イ 狂言　ウ 水墨画（すみ絵）　エ 書院造
オ 寝殿造　カ 能

Ⅰ ウ　Ⅱ カ　Ⅲ エ

(2) 資料Ⅰの絵画の技法を完成させた人物の名前を書きましょう。

雪舟

(3) 室町幕府の説明として正しいものを、次のア～エから1つ選んで、記号で答えましょう。

ア 室町幕府は、源頼朝が開いた武士の政権である。
イ 3代将軍足利義満は、中国の宋と貿易を行い、京都北山に金閣を建てた。
ウ 将軍を補佐する役職は、執権とよばれた。
エ 8代将軍足利義政のとき、応仁の乱がおき、京都は戦いであれ果てた。

ヒント
中国（宋）と貿易を行ったのは、平清盛だね。

エ

86

ステップ1 > 情報を読み取る

判断力 ☆☆☆
思考力 ☆☆☆
表現力 ☆☆☆

[2] 戦国時代に日本がヨーロッパの国と交流をもったことを知って、ゆづきさんとたくみさんは、どんなつながりだったのかを調べました。

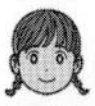

ゆづき：種子島に流れ着いた中国船に乗っていたヨーロッパ人が、鉄砲を伝えたんだね。

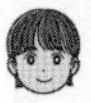

たくみ：その鉄砲は、その後の日本に強く影響し、多くのものをもたらしたよ。

年	できごと
1543	[ア]人が鉄砲を伝える
1549	[イ]がキリスト教を伝える
1569	織田信長がキリスト教をゆるす
1573	信長が室町幕府をほろぼす

(1) 右の地図を参考に、㋐の□にあてはまる国名を書きましょう。

各国の新航路開たく

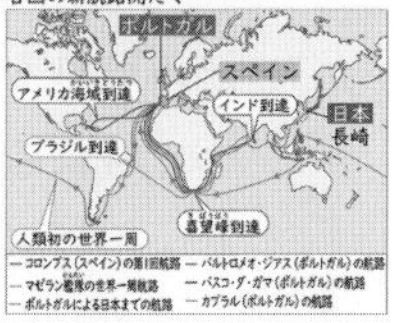

ポルトガル

(2) たくみさんは、日本語の中にポルトガルやスペインのことばが、外来語として入っていることを知りました。その外来語にあてはまらないものを、次のア～オから1つ選んで、記号で答えましょう。

ア 天ぷら	イ こん平とう	ウ カボチャ	エ おんぶ	オ 屏風
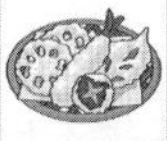	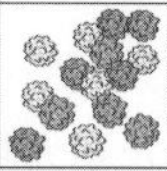	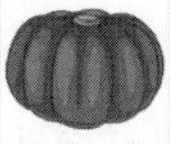	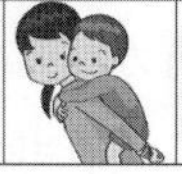	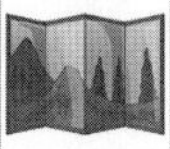

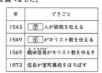

ヒント
1つは日本語がポルトガル語やスペイン語に入った例だよ。

オ

(3) ㋑の□にあてはまる人物の名前を書きましょう。

（フランシスコ＝）ザビエル

87

1

(1)(2) 資料Ⅰ　雪舟のえがいた水墨画（すみ絵）「秋冬山水図」の一部です。禅僧であった雪舟は、中国（明）で水墨画を学び、帰国後、日本の水墨画を大成しました。

資料Ⅱ　能は能面をつけて演じます。観阿弥・世阿弥は、室町幕府3代将軍足利義満の保護を受け、それまで村や寺社で行われていた猿楽・田楽をもとに、能を大成しました。

資料Ⅲ　書院造とよばれる武家住宅の建築様式で、障子、ふすま、ちがい棚などがみられます。

(3) ア　室町幕府は、1338年に足利尊氏が征夷大将軍に任じられたことにより、京都に開かれました。

イ　足利義満が貿易を行った中国の王朝は明です。

ウ　室町幕府で鎌倉幕府の執権と同じような役割を果たした役職は管領です。管領は、有力な守護大名が任命されました。

2

(1) 1543年、種子島に流れ着いた船に乗っていたポルトガル人から、種子島の領主が鉄砲を購入したことが、日本中に鉄砲が広まるきっかけとなりました。

(2) エ　「おんぶ」はポルトガル語の「ombro（オンブロ）」から生まれたとされています。

(3) スペイン人のイエズス会宣教師であったフランシスコ＝ザビエルが鹿児島に上陸して、キリスト教を伝えました。ザビエルは日本で布教活動を行ったあと、1551年にインドに渡り、翌年、中国で死去しています。

ポイント
当時のヨーロッパの国々は世界中に進出したよ。地図で確認しておこう。

社会 5

室町文化と人々のくらし / 全国統一への動き

1 れんさんは、室町時代の農民やまちの人々のくらしについて調べて、次の資料Ⅰ～Ⅲを見つけました。

【資料Ⅰ】月次風俗図屛風

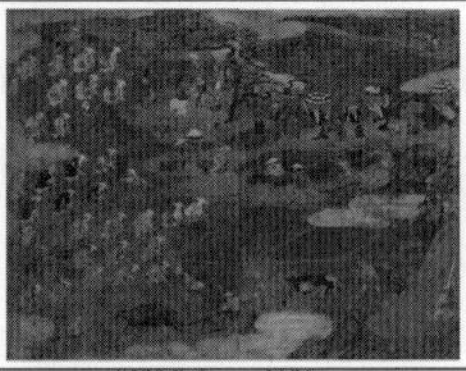

【資料Ⅱ】大山寺縁起絵巻

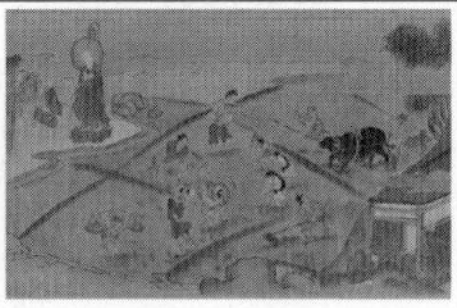

【資料Ⅲ】今堀日吉神社文書

今堀惣のおきて
一 寄合があることを知らせて、二度出席しない者は、50文のばっ金とする。
一 よそ者は、身元保証人がなければ村内に住まわせてはならない。
一 村の共有地と村人の私有地との境界の争いは、金銭で解決すること。
一 村の共有林で、若木や葉枝を切り取った村人は、村人としての身分を失う。
（一部要約）

注：「惣」は、室町時代の農村の自治組織で、共有地や用水の管理などを行いました。

（１） 資料Ⅰ、Ⅱから読み取れることとして正しいものを、次のア～オからすべて選んで、記号で答えましょう。

ア 田植えをするかたわらで、おどっている人々がいる。
イ モミは直まきにしている。
ウ 集団で田植えをしている。
エ 土地を耕すのに、牛を使っている。
オ 使っている農具は１種類だけである。

ア、ウ、エ

88

ステップ 2 ＞ 情報を読み取って考える

判断力 ☆☆☆
思考力 ☆☆☆
表現力 ☆☆☆

（２） れんさんは、資料Ⅲを見て、室町時代の農村について、次のようにまとめました。㋐、㋑の□にあてはまることばを書きましょう。

室町時代の農村では、村人同士の［㋐］を強めるために、このようなおきてをつくり、自分の村の利益や［㋑］を守ろうとしたと考えられます。

㋐ [例]**つながり**　㋑ [例]**安全**

2 ひなさんは、市のようすを調べたところ、鎌倉時代の資料Ⅰ、室町時代の資料Ⅱを見つけました。

【資料Ⅰ】鎌倉時代の市のようす

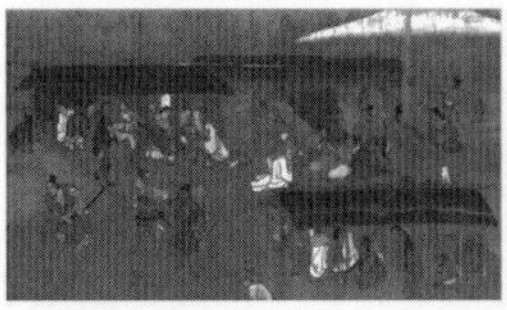

【資料Ⅱ】室町時代の市のようす

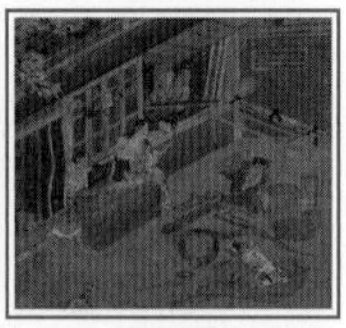

ひなさんはこの２つの資料を比べて、気づいたことや、考えられることを、次のようにまとめました。㋐、㋑の□にあてはまることばを書きましょう。

鎌倉時代には月に数度、不定期に品物を売り買いする市が開かれるようになりました。店は、［㋐］があるだけの簡単なものでした。それに比べて、室町時代の店は床や台がしっかりしていて、不定期ではなく［㋑］になっていったと考えられます。

㋐ [例]**屋根**　㋑ [例]**常設の店**

89

1

（１）資料Ⅰと Ⅱは、室町時代の田植えと田楽のようすを表しています。傘をかぶり同じ衣装で着かざった女性が集団で田植えをし、男性は、太鼓・小鼓をならし笛をふきながら田楽をおどったり、苗を運んだりしています。また、牛を使って田を耕しているようすが読み取れます。
イ　モミの直まきは、縄文時代の終わりに、稲作が伝えられたころなどに行われていた方法で、資料からは苗を植えていることが読み取れます。
オ　農具は資料Ⅱから、くわのほか、牛にからすきという農具をつけて、田を耕していることがわかります。
（２）鎌倉時代に高まった農業生産は、室町時代にはより高まりました。共同で農作業をするなど、効率的に農作業を行うために、村人同士のつながりを強化するようになりました。村人が自らおきてをつくり、自分たちの財産や生活、村の安全を守るための組織をつくり上げていったと考えられます。「安全」は「くらし」「財産」でも正解です。

2

室町時代になると、鎌倉時代に比べて市を開く場所や回数も増え、常設の市も現れるようになりました。また、資料から読み取れるように、市の開かれる場所につくられる店も、鎌倉時代の店に比べて、しっかりとじょうぶにつくられていることがわかります。商業の発達とともに商人の力も強くなり、室町時代の後半には、有力な商工業者を中心に、自治を行うところも出てきました。今に伝えられている京都の祇園祭も、力をもった商工業者により伝えられたものです。

社会 5　室町文化と人々のくらし / 全国統一への動き

かずとさんとさくらさんは、戦国時代を統一に導いた2人の武将について、どのように戦国の世をまとめていったかを調べて、次の資料Ⅰ〜Ⅴを見つけました。

【資料Ⅰ】おもな戦国大名(1560年ごろ)　【資料Ⅱ】おもな戦国大名(1570年ごろ)

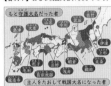

【資料Ⅲ】

織田・徳川軍　武田軍

(犬山城　白帝文庫所蔵)

【資料Ⅳ】　　　(1577年)　【資料Ⅴ】　　　(1588年)

安土の町中に対する定め
一　この安土の町は楽市としたので、いろいろな座は廃止し、さまざまな税は免除する。
一　街道を行き来する商人は、中山道を素通りせず、必ずこの町に宿をとるようにせよ。(要約)

一　百姓が刀やわきざし、弓、やり、鉄砲、その他の武器をもつことは固く禁止する。不必要な武器をもち、年貢を納めず、一揆をくわだてたりする者は処ばつする。
一　取り上げた武器はむだにはしない。新しくつくる大仏のくぎなどにする。(要約)

90

ステップ3 ＞ 情報をもとに考えたことを表現する

判断力 ☆☆☆　思考力 ☆☆☆　表現力 ☆☆☆

かずと：戦国大名が出てくるのは、室町幕府の力が弱まった、応仁の乱よりあとだね。各地の力をもった大名の中から現れたのかな。
先　生：資料Ⅰを見てごらん。幕府に仕えていた(❶)から、戦国大名になった人もいます。また、大名の家来だった人が、主人をたおして戦国大名になった例もあります。
さくら：戦国大名たちの中から、大きな力をもった大名が出てきたんだね。
かずと：資料ⅠとⅡを比べると、10年ほどの間に領地を大きくしているのが、(❷)、武田、(❸)だよ。
さくら：そして、おきた戦いが、資料Ⅲの(❹)というわけね。
先　生：(❹)は、大名たちのその後の戦い方に、大きな影響をあたえました。

(1) ❶〜❹の(　)にあてはまることばを書きましょう。同じ番号の(　)には、同じことばが入ります。

❶ 守護大名　❷ 織田　❸ 徳川　❹ 長篠の戦い

(2) 下線部の「大きな影響」とはどのようなことですか。「大量の」「効果的」ということばを使って、30字程度で書きましょう。

例 一騎打ちから、大量の鉄砲を効果的に使う戦い方に変化した。

(3) 資料ⅣとⅤを出した武将の名前と法令名を、それぞれ書きましょう。

| 資料Ⅳ | 武将：織田信長 | 法令：楽市(・楽座)令 |
| 資料Ⅴ | 武将：豊臣秀吉 | 法令：刀狩令 |

(4) 資料ⅣとⅤが出された目的を、それぞれ20字程度で書きましょう。資料Ⅴについては、「身分」ということばを使いましょう。

| 資料Ⅳ | 例 地域の商業や工業をさかんにするため。 |
| 資料Ⅴ | 例 武士と百姓・町人[商人や職人]の身分を区別するため。 |

※❷、❸は順番がちがっても正解です。

91

1 資料Ⅰは、桶狭間の戦い(愛知県)が行われたころの戦国大名の領地、資料Ⅱは、織田信長が室町幕府15代将軍、足利義昭を追放して、室町幕府をほろぼしたころの戦国大名の領地を表しています。資料Ⅲは、1575年に行われた織田信長・徳川家康連合軍と武田勝頼軍が戦った長篠の戦い(愛知県)のようす、資料Ⅳは、織田信長が安土城下に出した楽市・楽座令、資料Ⅴは、豊臣秀吉が出した刀狩令です。

(1) ❶ 室町時代、幕府が任命した守護が力をもち、国内の武士を自分の家来として従え、国を支配するようになった守護を守護大名といいます。薩摩(鹿児島県)の島津氏、駿河(静岡県)の今川氏、甲斐(山梨県)の武田氏などは守護大名から戦国大名となりましたが、多くの戦国大名は、守護大名の家来や地方の有力者が守護大名にかわって、領地を独自に支配するようになったものです。

❷ 織田信長は1560年の桶狭間の戦い以後、美濃(岐阜県)の斎藤氏、近江(滋賀県)の浅井氏、越前(福井県)の朝倉氏などをほろぼし、領地を広げていきました。

❸ 桶狭間の戦い後、織田信長と同盟を結んだ徳川家康は、今川氏の領地に侵攻し、領地を広げていきました。

(2) 織田・徳川連合軍は、大量の鉄砲を使用して武田軍を破っています。

(3)(4) 資料Ⅳ 織田信長が商工業を発展させるため、城下での営業の自由を保障したものです。この政策とともに関所をなくし、交通の発展を図りました。

資料Ⅴ 豊臣秀吉が行った刀狩と太閤検地により、身分制度が整えられ、兵農分離が進められました。

社会 6 江戸幕府と人々のくらし

1 つむぎさんは、江戸時代がおよそ 260 年も続いたことに興味をもち、調べたところ、次の資料を見つけました。

つむぎ：200 人以上もいる大名の領地を決めるには、工夫があったと思うよ。

お姉さん：幕府が直接治めた地域があることがわかるかな。大名をいくつかに分けたのは、工夫の一つじゃないかな。

【資料】大名配置図（1632 年ごろ）

☆ 40万石以上の大名
25～40万石未満
△ 10～25万石未満
・ 幕府が直接支配したおもなところ
・ おもな城下町

0　　200km

（1）次の①～③の大名を何といいますか。

① 徳川氏の親類の大名

| 親藩 |

② 古くからの家来の大名

| 譜代（大名） |

③ 関ヶ原の戦いの前後ころ家来になった大名

| 外様（大名） |

（2）資料の大名配置図から読み取れる内容としてあてはまらないものを、次のア～エから 1 つ選んで、記号で答えましょう。

ア 大阪や京都など重要な地域は、幕府が直接治めた。
イ 古くからの家来の領地は、江戸・大阪に近い地域に置いた。
ウ 九州・東北地方には、新しく家来になった大名が多い。
エ 新しく家来になった大名は、監視するために江戸の近くに置いた。

| エ |

92

ステップ 1 ＞ 情報を読み取る

判断力 ☆ ☆ ☆
思考力 ☆ ☆ ☆
表現力 ☆ ☆ ☆

2 ゆうきさんは、江戸幕府が開かれて 10 年ほどして、全国の大名に向けて出された法令について調べ、資料 I、II を見つけました。

ゆうき：資料 I は、2 代将軍の名前で出したものだと聞きました。

先 生：大名が守らなければならないきまりで、違反するとばっせられました。

ゆうき：幕府は、城の修理や、結婚まで規制しているのですね。

先 生：なかでも、大名たちに影響が大きかったのは、下線部 Ⓑ の制度です。

ゆうき：資料 II のように、江戸まで行列で移動したのですよね。

【資料 I】

― 学問や武芸を身につけ、常にはげむこと。
― 城を修理する場合は、幕府に届け出ること。
― 幕府の許可なしに結婚してはならない。

（次は Ⓑ 3 代将軍のとき加えられた）

― Ⓑ大名は、領地と江戸に交代で住み、毎年 4 月江戸に参勤すること。
― Ⓒ大きな船をつくってはならない。（一部）

（1）資料 I の法令名を書きましょう。

| 武家諸法度 |

（2）下線部 Ⓐ の 3 代将軍の名前を書きましょう。

| （徳川）家光 |

（3）下線部 Ⓑ は 3 代将軍のときにできた制度です。何という制度ですか。

| 参勤交代 |

ヒント
1年おきに江戸と領地に住まなければならない制度だね。

【資料 II】

（4）下線部 Ⓒ について、幕府が大きな船をつくることを禁じた理由として正しいものを、次のア～エから 1 つ選んで、記号で答えましょう。

ア 江戸の町には、大きな船が通れる川がないため。
イ 諸大名の軍事力を制限して、幕府に歯向かわないようにするため。
ウ 幕府の財政に影響が出るため。
エ 藩の領民の生活に影響が出るため。

| イ |

93

---

1 （1）① 親藩のなかでも特に重要な大名は、徳川家康の子が藩主となった水戸、紀伊、尾張の三大名で、家康の直系が絶えたとき、将軍を選出することができました。

② 徳川家に古くから仕えていた家来から大名に取りたてられた大名を、譜代大名といいます。石高は少ないですが、江戸を守る重要地に配置されたほか、幕府の要職についています。

③ 関ヶ原の戦い前後に幕府に従った大名を外様大名といいます。関ヶ原の戦いでは西軍として、東軍との戦いに敗れた、薩摩の島津、長州の毛利なども、外様大名として存続しました。

ポイント 外様大名は幕府の要職にはつけず、江戸から遠い地域に配置されているね。

（2）ア 重要な都市のほか、重要な鉱山も、幕府が直接支配しました。

イ 幕府が直接支配する幕領も、多くが江戸に近い関東地方に置かれています。

ウ 九州・東北地方に領地をもつほとんどの大名が外様大名です。

2 （1）（2） 武家諸法度は、1615 年に徳川秀忠の名で最初に出され、その後、将軍がかわるたびに出されています。資料 I は、1635 年に 3 代将軍徳川家光の時代に出されたもので、これにより、幕府の制度はほぼ整えられました。

（3）大名に対して 1 年ごとに領地と江戸を往復させる制度が、参勤交代です。さらに、大名の妻子は、人質として江戸で暮らすことを義務づけられました。参勤交代にはばく大な費用がかかるため、藩の財政を苦しめる原因の 1 つとなりました。

（4）大きな船とは、具体的には米 500 石（約 75 トン）を積むことができる船のことです。

50

社会 6

江戸幕府と人々のくらし

[1] ひなさんは、江戸の浮世絵を調べて、浮世絵が今のわたしたちのくらしと関係があることを知りました。

ひ　な：最新のパスポートのデザインが浮世絵になったよね。
れ　ん：浮世絵って、江戸時代にでてきたよね。
ひ　な：それまでの絵画とちがって、町人たちに流行したんだって。

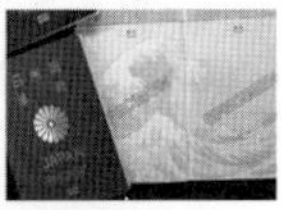

(1) このパスポートに使われている浮世絵の作者を、次のア～エから1つ選んで、記号で答えましょう。

ア　雪舟　イ　葛飾北斎　ウ　歌川広重　エ　近松門左衛門

ヒント
雪舟は室町時代の画家。近松門左衛門は人形浄瑠璃の脚本家だね。

イ

(2) 次のア～ウの3つの絵から、浮世絵を1つ選んで、記号で答えましょう。

ア
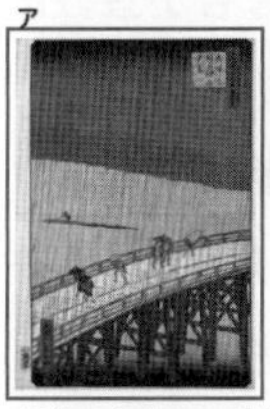
イ
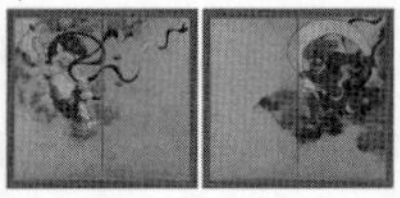
ウ
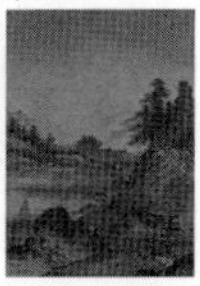

ア

(3) ひなさんは、浮世絵が町人や百姓に流行した理由を、次のようにまとめました。㋐、㋑の□にあてはまることばを書きましょう。

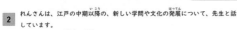

浮世絵は版画なので、同じものを大量につくることができます。そのため、絵1枚の値段を［㋐］でき、［㋑］ことができます。

㋐ [例]安く　㋑ [例]町人や百姓でも買う

94

ステップ 2

情報を読み取って考える

判断力 ☆☆☆
思考力 ☆☆☆
表現力 ☆☆☆

[2] れんさんは、江戸の中期以降の、新しい学問や文化の発展について、先生と話しています。

先　生：幕府の方針で鎖国を続けていたこのころ、外国の書物を手に入れるのは大変なことでした。8代将軍徳川吉宗が、書物の輸入の制限をゆるめたので、ヨーロッパの新しい知識や技術を学ぶことができるようになったのです。
れ　ん：それが蘭学ですね。㋐オランダの医学書をほん訳・出版した㋑医者たちがいたのですね。
先　生：知らない医学用語に苦労を重ねて、ほん訳が終わるまでに4年もかかったそうです。
れ　ん：蘭学と同じころ、㋒国学という学問も広まったと聞きました。

(1) 下線部㋐にあてはまる書物の名前を書きましょう。また、下線部㋑にあてはまる人物の名前を、一人書きましょう。

㋐ 解体新書　㋑ 杉田玄白

(2) 資料I、IIを参考に、オランダ語の医学書を4年もかけて、ほん訳・出版した理由を、次のようにまとめました。□にあてはまることばを書きましょう。

自分たちが使っている漢方の医学書に比べて、オランダの医学書の解剖図の□おどろき、この医学書を広める必要性を痛感したから。

[例]正確さに

【資料I】漢方の医学書の解剖図
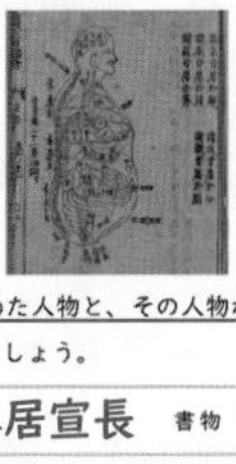

【資料II】オランダの医学書の解剖図
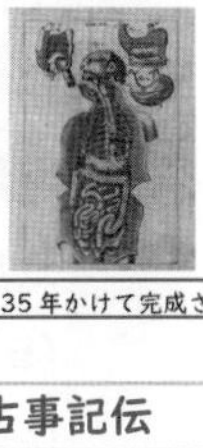

(3) 下線部㋒の国学を研究し広めた人物と、その人物が35年かけて完成させた書物の名前を、それぞれ書きましょう。

人物 本居宣長　書物 古事記伝

95

1

(1) パスポートに使われているのは、葛飾北斎がえがいた「富嶽三十六景　神奈川沖浪裏」です。雪舟は室町時代に水墨画を大成した人物、歌川広重は葛飾北斎と同時期に「東海道五十三次」などの風景画をえがいた人物です。近松門左衛門は江戸時代に、歌舞伎や人形浄瑠璃の脚本を書いた人物です。

(2) ア　歌川広重のえがいた「名所江戸百景　大はしあたけの夕立」です。日本の浮世絵に影響を受けたオランダのゴッホは、19世紀にこの作品をまねた絵をかいています。

イ　江戸時代初期に、俵屋宗達がえがいた「風神雷神図屏風」です。

ウ　室町時代に、雪舟がえがいた水墨画の「秋冬山水図」の一部です。

(3) 浮世絵は江戸時代初期に、菱川師宣によって確立され、多色刷りの版画が発明されたことで安くなり、町人や百姓でも買うことができるようになりました。版画は、絵師、彫師、すり師による協同作業によるものです。

2

(1) ㋐　ドイツで出版された医学書を、オランダ語にほん訳した「ターヘル＝アナトミア」を、日本語にほん訳・出版したものが「解体新書」です。

㋑　杉田玄白・前野良沢らがほん訳し、秋田藩の小田野直武がさし絵をかいています。「前野良沢」でも正解です。

(2) 杉田玄白らは解剖を見学したことで、オランダの医学書にえがかれている解剖図の正確さを確認しました。

(3) 国学は、仏教・儒教が伝えられる前の、日本人の思想・文化を明らかにしようとする学問です。本居宣長が「古事記伝」を著して、国学を発展させました。

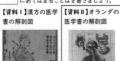

社会 6

江戸幕府と人々のくらし

[1] さくらさんは、江戸時代について、年表にまとめました。

（1）㋐の□にあてはまる家康が任じられた役職を書きましょう。

征夷大将軍

（2）さくらさんは、下線部㋤のキリスト教と幕府の関係について、資料Ⅰを参考に、次のようにまとめました。㋑、㋒の□にあてはまることばを書きましょう。

> 幕府は、それまでも何度か、キリスト教禁止令を出しました。しかし、キリスト教徒は［㋑］、島原・天草一揆をおこしました。幕府は、神への信仰を重んじる信者が、［㋒］をおそれ、キリスト教の禁止、信者の取りしまりを強化しました。

㋑ [例]増え続け

㋒ [例]幕府の命令に従わなくなること

年	できごと
1603	徳川家康が［㋐］になる
1612	㋤キリスト教を禁止する
1615	豊臣家をほろぼす
1635	㋥参勤交代を制度化する
1637	島原・天草一揆がおこる
1641	オランダ人を㋦出島に移す
1703	近松門左衛門が「曾根崎心中」を発表する
1821	伊能忠敬らの日本地図が完成する
1833	天保の大ききんがおこる 百姓一揆・打ちこわしが多発する
1837	大塩平八郎の乱がおこる
1867	朝廷に政権を返す

【資料Ⅰ】キリスト教徒の増加

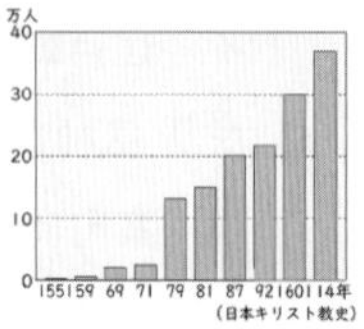

（日本キリスト教史）

（3）下線部㋥について、参勤交代は藩にどんな影響をあたえましたか。資料Ⅱ、Ⅲを参考に、「支出」ということばを使って、50字程度で書きましょう。

ステップ 3

＞ 情報をもとに考えたことを表現する

判断力 ☆☆☆
思考力 ☆☆☆
表現力 ☆☆☆

【資料Ⅱ】大名行列

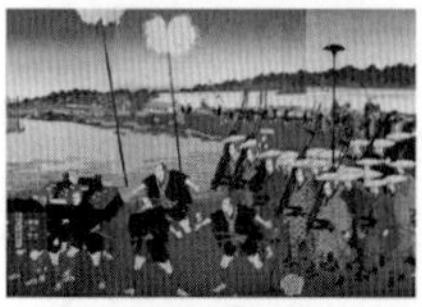

【資料Ⅲ】加賀藩の支出

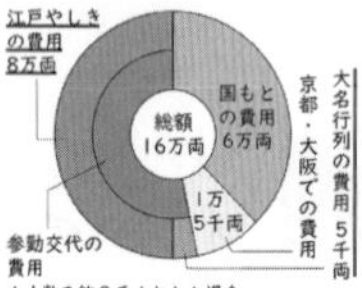

＊人数を約2千人とした場合

ヒント
大名行列には、現代のお金で片道およそ5億円以上かかったといわれているよ。

[例]藩全体の支出の半分以上を参勤交代の費用でしめている。この支出は、藩にとって大きな負担だった。

（4）下線部㋦の出島について、次のような状態を何といいますか。

> 出島は、長崎港につくられた人工島です。貿易を許されたオランダ人は出島に住み、貿易を行いました。幕府は、オランダとの貿易をこの島で行いました。長崎では、中国との貿易も行われました。

鎖国

（5）大阪・江戸の都市の文化は地方へも広がり、教育への関心も高くなって、資料Ⅳのような読み・書き・そろばんを教える教育施設ができました。この施設を何といいますか。

寺子屋

【資料Ⅳ】

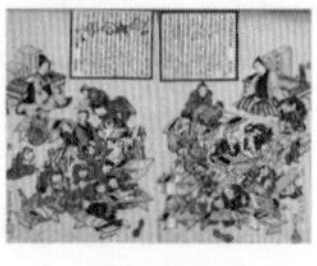

[1]

（1）征夷大将軍という役職は、もともとは東北地方などで勢力をもち、朝廷に従わない人々を従わせるために置かれた臨時の役職でしたが、1192年に源頼朝がこの役職についてからは、武士のかしらを意味するようになりました。

（2）㋑　1549年にフランシスコ＝ザビエルがキリスト教を伝えてから、日本でのキリスト教徒（キリシタン）は急速に増加しました。豊臣秀吉が宣教師を追放した16世紀の終わりごろには、全国で20万人をこえる信者がいたとされています。江戸時代に入り、幕府もキリスト教を禁じました。信者の多くは、表面上は従いましたが、ひそかにキリスト教を信仰する者が多くいました。

㋒　幕府がキリスト教を禁じたのは、幕府の命令に従わなくなるおそれに加え、キリスト教の布教が、スペイン・ポルトガルの海外侵略と結びついて行われてきたことにもよります。

（3）資料Ⅱの大名行列は、参勤交代のようすを表しています。参勤交代の行列は石高によって人数が定められ、石高が多いほど、参加する人数はぼう大な数となります。103万石の加賀藩の支出は、資料Ⅲより、参勤交代の費用で8万5千両と、藩の支出総額16万両の半分をこえ、藩にとって大きな負担となりました。

（4）この幕府の政策は、のちに鎖国とよばれ、長崎以外でも、対馬藩を通して朝鮮、松前藩を通してアイヌの人々、薩摩藩を通して琉球と交易が行われていました。

（5）寺子屋では、浪人、僧侶、神職、医師などが、子どもたちに読み・書き・そろばんなどを教えていました。

社会 7

明治から大正の新しい国づくり

[1] たくみさんは、江戸幕府が続けてきた貿易政策について調べ、**資料Ⅰ**、**Ⅱ**を見つけました。

先　生：「泰平の眠りを覚ます上喜撰（蒸気船）たった四杯で夜も寝られず」これは、幕末によまれた狂歌です。

たくみ：当時の人々は、四せきもの黒船に、おどろいただろうね。

先　生：この使節は、日本に開国を求めるアメリカ大統領の手紙をもってきたのです。

たくみ：翌年、結ばれたのが**資料Ⅰ**の日米和親条約ですね。

注：「狂歌」は、こっけいや風刺を目的とした短歌。

（1）この船団を率いてきた人物の名前を書きましょう。

ペリー

（2）文中の下線部の「開国」と反対の状態を示すことばを、漢字2字で書きましょう。

鎖国

（3）**資料Ⅰ**、**Ⅱ**の2つの条約で、開港した港としてあてはまらない港を、地図中の**ア**～**キ**から1つ選んで、記号で答えましょう。

【資料Ⅰ】

日米和親条約　（一部要約）
第2条　下田・箱館の両港は、アメリカ船のまき・水・食料・石炭など欠乏の品を、日本で補給することに限り、入港してもよい。
第11条　両国のいずれかが必要とした場合、締結日から18か月がたてば、アメリカが下田に、領事を置くことができる。

【資料Ⅱ】

日米修好通商条約　（一部要約）
第3条　下田・箱館のほか、神奈川（横浜）、長崎、新潟、兵庫（神戸）を開港すること。
第4条　日本で輸出入する物品はすべて、別冊のとおり（両国で決めた関税率で）日本の役所に関税を納める。
第6条　日本人に対して法を犯したアメリカ人は、アメリカ領事裁判所で取り調べの上、アメリカの法律によりばっする。

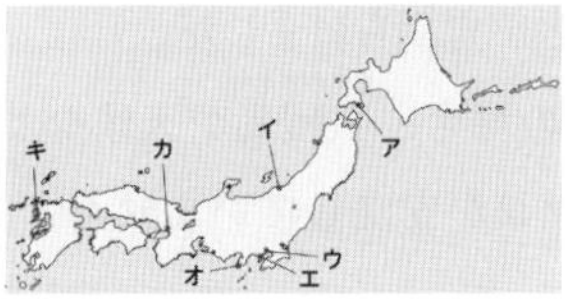

ヒント
浦賀は開港地にはなっていないよ。

エ

98

ステップ 1 ＞ 情報を読み取る

判断力 ☆☆☆
思考力 ☆☆☆
表現力 ☆☆☆

（4）**資料Ⅱ**の条約の第4条には、日本にとって不平等な点があります。その説明として正しいものを、次の**ア**～**エ**から1つ選んで、記号で答えましょう。

ア　日本には関税を決める権利がない。
イ　アメリカ人に領事裁判権を認めている。
ウ　日本人は、外国人の住んでいる地域には入れない。
エ　日本には価格決定権がない。

ア

[2] 江戸幕府がたおれたあと、新政府が行ったいくつかの政策について、次のようにまとめました。

徳川慶喜が政治の実権を朝廷に返したあと、新政府は次々に改革を進めました。藩主に土地と人民を政府に返させる版籍奉還、続いて廃藩置県を行いました。ともに、権力を政府に集中させるためでした。

（1）下線部の「廃藩置県」は、何をどうすることですか。㋐～㋓の□にあてはまることばを書きましょう。

廃藩置県とは、大名が治めていた［㋐］をやめて、［㋑］や府を置き、政府が任命した［㋒］を府に、県には［㋓］を置いて治めさせたことです。

㋐ 藩　㋑ 県
㋒ 府知事　㋓ 県令

【資料】五か条の御誓文（要約）

一、政治のことは、広く人材を集めて［㋔］を開き、多くの意見を聞いて決めよう。
一、国民みんなが心を合わせ、国をさかんにしよう。
一、みんなの志がかなえられるようにしよう。
一、これまでの悪い習慣を改めよう。
一、新しい［㋕］を世界から学び、［㋖］中心の国を栄えさせよう。

（2）上の資料は、新政府の方針が示された「五か条の御誓文」です。㋔～㋖の□にあてはまることばを書きましょう。

㋔ 会議　㋕ 知識　㋖ 天皇

99

[1]

（1）1853年、アメリカ東インド艦隊司令長官のペリーは、浦賀沖に4せきの軍艦を率いて来航し、日本の開国を要求するアメリカ大統領の国書を、幕府に提出しました。国書を受け取った幕府が、回答を翌年に引きのばしたことで、ペリー艦隊は日本を去っています。

（2）1639年にポルトガル船の来航を禁止し、1641年にオランダの商館を長崎の出島に移しました。これらにより完成した、日本が海外との交流の場を、長崎、対馬藩、松前藩、薩摩藩を通してのみに限定した状態を、鎖国とよんでいます。この鎖国状態は、1854年に日米和親条約を結ぶことで、終わりを告げました。

（3）日米和親条約と日米修好通商条約により開港が約束された港は、下田、箱館（函館）、長崎、神奈川（横浜）、新潟、兵庫（神戸）です。エの浦賀は黒船の来航した港ですが、開港地ではありません。

（4）関税とは貿易品にかけられる税のことで、日本には関税自主権がありませんでした。特に、輸入品にかけられる税が重要で、日本国内より安い製品が大量に輸入されると、同じ製品を製造している日本の業者は、大きな打撃を受けます。

[2]

（1）中央集権化を進める政府にとって、大名が土地・人民に対して実権をもつ「藩」は好ましくありませんでした。廃藩置県により、中央政府が全国を支配するしくみが確立されました。

（2）五か条の御誓文は、明治政府の基本方針が示されています。㋔は、「人材を集めて」、「多くの意見を聞く」から「話し合いの場」＝会議とわかります。

社会 7
明治から大正の新しい国づくり

1 ひなさんとれんさんは、明治新政府が、欧米のような近代国家をつくり上げるために打ち出した新しい改革方針について、先生と話しています。

先　生：新政府は、富国強兵・殖産興業を目指して、いろいろな改革を実施しました。
ひ　な：あ学校制度の整備、い徴兵令などかな。
れ　ん：う地租改正もあるでしょ。

【資料Ⅰ】
人々が、その一生を全うするのに必要なものは、知識を広め、才能・技芸をのばすことであり、そのためには学ぶことが重要である。…今後、一般の人民（華族・士族・農民・職人・商人および婦女子）は、村に学校に行かない家がなく、家に学校に行かない人がいないようにしなければならない。（部分要約）

（1）資料Ⅰは、下線部あ～うのどれと関係が深いですか。記号で答えましょう。　[あ]

（2）下線部うの地租改正について、ひなさんが調べて、次のようにまとめました。

・土地の所有者と土地の価格を定めて、[ア]を発行する。
・税は収穫高に対してかけるのではなく、地価を基準にしてかける。
・税率は地価の3%とし、所有者が[イ]で納める。
そのため、土地にかかる税が全国で統一され、一定の金額が納められるようになり、政府の[ウ]しました。

【資料Ⅱ】税収の移り変わり

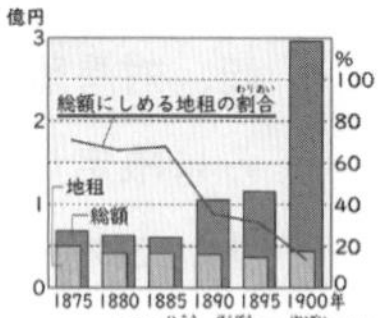
億円
3
2
1
0
%
100
80
60
40
20
0
総額にしめる地租の割合
地租
総額
1875 1880 1885 1890 1895 1900年
（明治以降　本邦主要経済統計）

① ア、イの[　]にあてはまることばを書きましょう。　ア 地券　イ 現金

② 資料Ⅱを参考に、ウの[　]にあてはまることばを書きましょう。　ウ [例]財政が安定

100

ステップ 2
情報を読み取って考える

判断力 ☆☆☆
思考力 ☆☆☆
表現力 ☆☆☆

2 ひなさんとれんさんは、右の資料の題材になった事件のあと、条約改正を求める国民の声が高くなったことを知って、事件について調べました。

先　生：和歌山県沖でイギリスの貨物船がしずんだときに、日本人25人は船とともにしずんで、一人も助かりませんでした。
ひ　な：絵を見ると、西洋人の船員はボートに乗っているようだね。

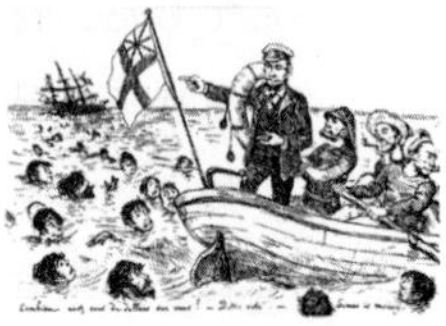

れ　ん：この件で、イギリス人船長は裁判にかけられたけれど、イギリスの領事裁判で重い罪にはならなかったみたい。それで、日本人が、条約改正を強く求めたんだね。

（1）資料の題材になっているのは、何という事件ですか。　ノルマントン号事件

（2）下線部の領事裁判について、次のようにまとめました。ア～ウの[　]にあてはまることばを書きましょう。同じ記号の[　]には、同じことばが入ります。

日本人に対して罪を犯した[ア]人は、[イ]の[ウ]ことができず、[ア]の法律・裁判所（領事館）でさばかれます。

ア イギリス　イ 日本
ウ [例]法律ではさばく

（3）この領事裁判権（治外法権）が廃止されたとき（1894年）の、日本の外務大臣の名前を書きましょう。　陸奥宗光

101

1

(1) 資料Ⅰは1872年に政府が「学制」を定めるにあたり、その目的を説いた文章の一部です。学制では、男女すべての子どもが小学校に通うことが義務づけられました。はじめは、小学校の建設費や授業料の負担が重くて、小学校に行けない子どもが多くいましたが、少しずつ就学率は高くなっていきました。
いの徴兵令は1873年に出されたもので、満20才以上の男子に、3年間の兵役の義務がかせられました。
(2) ① 地券には、土地の広さ、土地の名目、地価、所有者名などが記されました。また、地価の3%の納税は、「税金（現金）」で行うことが定められました。
② 年貢の場合、収穫高が天候などに左右され、税収が安定していませんでした。

2

(1) 1886年におこった、ノルマントン号事件は、横浜から神戸に向かったイギリスの貨物船が、和歌山県沖で難破した際、船長をふくむ乗組員は脱出できたのに、乗客の日本人すべてがなくなった事件です。
(2) 1858年にアメリカ・イギリス・フランス・ロシア・オランダの5か国と結んだ修好通商条約では、領事裁判権（治外法権）が認められていました。これは、外国人が日本で犯した犯罪に対して、日本は裁判を行えず、犯罪を犯した人の国の領事が裁判を行うという権利です。そのため、ノルマントン号事件では、船長は軽いばつしか受けず、なくなった日本人に対する賠償も認められませんでした。
(3) 陸奥宗光は、伊藤内閣の外務大臣として条約改正交渉を行い、1894年に日英通商航海条約で、領事裁判権の廃止に成功しました。陸奥宗光は、日清戦争の下関講和会議にも参加しています。

社会 7

明治から大正の新しい国づくり

1 さくらさんは、明治・大正時代について、年表にまとめました。

（1）㋐の[ ]にあてはまることばを書きましょう。

大日本帝国憲法

（2）殖産興業にあてはまらないものを、下線部のⓐ～ⓔから1つ選んで、記号で答えましょう。

[い]

（3）下線部[お]の自由民権運動について、次の問題に答えましょう。

① 資料1の要望書を政府に提出するなどして、運動を指導した人物の名前を書きましょう。

板垣退助

② 資料1を提出したのをきっかけに、自由民権運動はさかんになりました。自由民権運動とはどのような運動か、資料1を参考に、30字程度で書きましょう。

年	できごと
1867	幕府が政権を朝廷に返す
1868	五か条の御誓文を発表する
1869	東京・横浜間で電信が開始される
1871	[あ]郵便制度が始まる [い]廃藩置県を行う 岩倉使節団が出発する
1872	学制が公布される 新橋・横浜間に[う]鉄道が開通する [え]富岡製糸場で生産が開始される
1873	徴兵令が公布される 地租改正が行われる
1874	[お]自由民権運動がさかんになる
1877	西南戦争がおこる
1889	[㋐]が発布される
1890	国会が開設される

【資料1】

現在の政権がどこにあるか考えてみますと、上は皇室にあるのではなく、下は人民にあるのでもなく、ただ一部の政府にどくせんされています…国家がほうかいしそうな勢いにあることを救う方法をたずねてみましたが、ただ天下の世論をのばすしかありません。国民から選ばれた議員によって構成される議院を立てるしかありません。（部分要約）

[例]社会問題の解決のため、国民が自ら政治参加することを求める運動。

102

ステップ 3

＞情報をもとに考えたことを表現する

判断力 ☆☆☆
思考力 ☆☆☆
表現力 ☆☆☆

2 明治・大正時代に、日本がかかわった外国との戦争があると知ったかずとさんは、調べて年表にまとめました。

（1）㋐、㋑の[ ]にあてはまることばを書きましょう。

㋐ 日清　㋑ 日露

年	できごと
1894	Ⓐ[㋐]戦争が始まる
1902	日英同盟が結ばれる
1904	Ⓑ[㋑]戦争がおこる
1911	関税自主権が回復される
1914	Ⓒ第一次世界大戦が始まる
1923	関東大震災がおこる
1925	普通選挙制度が定められる

（2）右の資料は、当時の新聞にのった風刺画で、絵のタイトルは『火中の栗』です。

① この絵は、年表中のⒶ～Ⓒのどれかを風刺しています。1つ選んで、記号で答えましょう。

Ⓑ

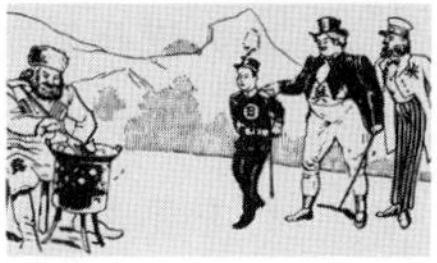

② 4人の人物の国名と関係を明確にして、絵の内容を、次のように説明しました。㋒～㋖の[ ]にあてはまることばを書きましょう。
なお、栗は韓国を表していると考えられています。

[㋒]の焼いている栗を取りたいが、やけどをしたくない[㋓]と[㋔]が、若い[㋕]をけしかけて、栗を[㋖]としている絵です。

㋒ ロシア　㋓ イギリス　㋔ アメリカ　㋕ 日本

㋖ [例]取り出させよう

※㋓、㋔は順番がちがっても正解です。

103

1

（1）1889年に発布された大日本帝国憲法は、伊藤博文らを中心に草案がつくられました。天皇を中心とする中央集権国家を目指したもので、君主権の強いプロシア（ドイツ）を参考にしています。

（2）殖産興業は、近代的産業を育てることを目的に、官営工場の建設、交通や通信、貨幣や銀行の整備などが進められました。[あ]は前島密を中心に整えられ、[え]はフランス人の指導のもと、フランスの機械を導入して開設しました。

（3）① 資料Iは1874年に、板垣退助、後藤象二郎ら8人の名前で出された民撰議院設立の建白書です。この建白書がきっかけとなり自由民権運動が始まりました。

② 自由民権運動は1870年代から80年代にかけて広まった政治運動です。薩摩・長州藩出身者による政府の打倒、国会開設などを要求し、国民の間にも政治参加を求める動きが出てきました。

2

（1）㋐ 朝鮮の支配をめぐり、日本と清との間でおこったのが日清戦争です。近代的な軍隊をもつ日本が勝利し、1895年に結ばれた下関条約で、日本は約3億円の賠償金、遼東半島、台湾、澎湖諸島などを得ました。

㋑ 満州（中国東北部）・韓国をめぐり、日本とロシアとの間でおこったのが日露戦争です。日本が勝利し、1905年に結ばれたポーツマス条約で、日本は樺太南部などを領土としましたが、賠償金が得られなかったため、国民の間に不満が高まりました。

（2）Ⓑの1904年におきた日露戦争を風刺する絵です。栗を焼いているのはロシア、日本を後ろからおしているのは、アメリカとイギリスです。

社会 8

昭和〜現代

1 昭和はかつてない不景気で始まります。たくみさんとゆづきさんは、大正の終わりごろから、昭和の初めごろの社会のようすについて調べ、次の資料を見つけました。

たくみ：資料を見ると、第一次世界大戦のとき、輸出が好調で㋐日本は好景気だったのに、戦後まもなく、急に不景気になっているね。

【資料】日本の輸出入推移

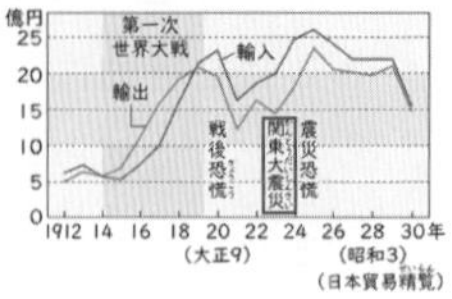

（日本貿易精覧）

ゆづき：大正の終わりごろ、㋑大きな自然災害がおきたんだよね。

先生：その大災害に加えて、昭和になって間もない 1929 年、アメリカで始まった不景気が日本に影響しています。その後、1931 年に満州にいた日本軍が（❶）をおこし、元清国の皇帝を元首として（❷）を独立させました。

ゆづき：そんなの認められる？

たくみ：国際連盟は承認しなかったから、日本は㋒国際連盟を脱退したんだね。

（1）下線部㋐のように、第一次世界大戦中、日本が好景気になった理由として正しいものを、次のア〜エから1つ選んで、記号で答えましょう。

ア　日本の工業製品を、ヨーロッパにたくさん輸出したから。
イ　ヨーロッパの製品を、安く輸入して、別の国に高く売っていたから。
ウ　ヨーロッパ・アメリカからの輸入が、輸出を上回っていたから。
エ　ヨーロッパ・アメリカへの輸出が、輸入を上回っていたから。

ア

104

ステップ 1 ＞ 情報を読み取る

判断力 ☆☆☆
思考力 ☆☆☆
表現力 ☆☆☆

（2）下線部㋑の大きな自然災害とは何ですか。

ヒント
東京・神奈川が大きな被害を受けているよ。

関東大震災

（3）資料のように、第一次世界大戦後、日本の輸出が減少した理由を、たくみさんは次のようにまとめました。㋐〜㋒の □ にあてはまることばを書きましょう。

第一次世界大戦が終わって、[㋐]の工業生産力が[㋑]してくると、日本の輸出はのびなくなりました。その上、[㋒]で始まった不景気が、日本にもおしよせ、日本は深刻な不景気になりました。

㋐ ヨーロッパ　㋑ [例]回復　㋒ アメリカ

（4）❶、❷の（　）にあてはまることばを書きましょう。

❶ 満州事変　❷ 満州国

（5）下線部㋒について、次の □ にあてはまることばを書きましょう。

日本は国際連盟を 1933 年に脱退した後、国際的に□していきました。

孤立

（6）❶に続いておきた3つの戦争と、その順序を正しく表しているものを、次のア〜エから1つ選んで、記号で答えましょう。

ア　太平洋戦争➡第二次世界大戦➡日中戦争
イ　第二次世界大戦➡朝鮮戦争➡太平洋戦争
ウ　日中戦争➡第二次世界大戦➡太平洋戦争
エ　朝鮮戦争➡第二次世界大戦➡太平洋戦争

ウ

105

1

(1) 第一次世界大戦で、日本は連合国側として参戦しましたが、戦場はおもに日本からはなれたヨーロッパであったことから、ヨーロッパ諸国にかわり輸出が急増した日本は、それまでにない好景気となっていました。第一次世界大戦による好景気で、急速に金持ちとなった人は当時、成金とよばれました。

(2) 1923 年 9 月 1 日に発生した地震によってこうむった災害が、関東大震災です。関東地方を中心に大きな被害をもたらしました。

(3) ㋒　1929 年に、アメリカでの株価の大暴落から始まった世界恐慌は、当時、社会主義政策をとっていたソビエト連邦を除く多くの国に、深刻な影響をあたえました。

(4) ❶　「満州（中国東北部）を日本のものにすれば、不景気からぬけ出せる」という考えが広まり、1931 年、満州にいた日本軍が中国軍を攻撃し、満州事変になりました。

❷　1932 年に、清朝最後の皇帝である溥儀を元首として満州国が建国されましたが、その実権は日本がにぎっていました。満州国は、1945 年に日本の敗戦により消滅しました。

(5) 1931 年の満州事変、1932 年の日本の満州国建国に際して、国際連盟が、満州国を承認せず、日本の軍隊の引きあげを要求したことから、1933 年に日本は国際連盟を脱退しました。これにより、日本は国際社会から孤立していくことになります。

(6) 日中戦争は 1937 年、第二次世界大戦は 1939 年、太平洋戦争は 1941 年、朝鮮戦争は 1950 年に始まっています。

社会 8

昭和～現代

[1] さくらさんとかずとさんは、第二次世界大戦・太平洋戦争後の日本について、年表を見ながら話しています。

さくら：敗戦後、日本は連合国軍の指導によって、戦後改革とよばれる多くの改革を実施したよ。

かずと：選挙制度では、満 20 才以上のすべての国民に選挙権があたえられたね。

さくら：「日本国憲法」という新しい憲法が公布されたよ。

年	できごと	
1946	日本国憲法が公布される	A
1947	教育制度がかわる	A
1952	主権を回復する	A
1956	［㋐］に加盟する	B
1964	東京オリンピック・パラリンピックが開かれる	B
1972	［㋑］が日本に復帰する	B
1978	日中平和友好条約が結ばれる	C
1989	昭和から平成にかわる	C
1995	［㋒］大震災がおこる	C
2011	［㋓］大震災がおこる	
2019	平成から令和にかわる 新型コロナウィルス感染症が世界的に流行する	
2021	東京オリンピック・パラリンピックが開かれる	

（1）㋐～㋓の［　　］にあてはまることばを書きましょう。

㋐ 国際連合〔国連〕 ㋑ 沖縄

㋒ 阪神・淡路 ㋓ 東日本

（2）下線部の「戦後改革」にあてはまらないものを、次のア～キから２つ選んで、記号で答えましょう。

ア　男女平等

イ　言論・思想の自由を保障

ウ　地租改正　　エ　軍隊を解散

オ　６・３制の義務教育制度

カ　政党を復活　　キ　徴兵制度

ウ、キ

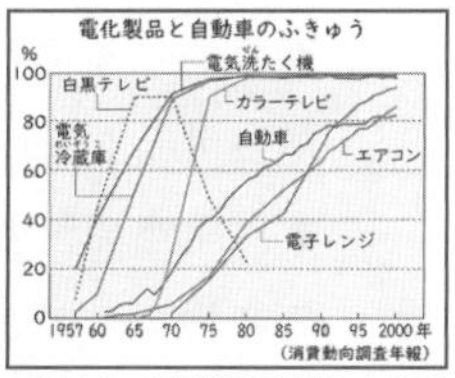
電化製品と自動車のふきゅう
%
100
80
60
40
20
0
白黒テレビ
電気洗たく機
カラーテレビ
電気冷蔵庫
自動車
エアコン
電子レンジ
1957 60 65 70 75 80 85 90 95 2000年
（消費動向調査年報）

（3）かずとさんは、第二次世界大戦後のある時期が「高度経済成長期」とよばれることを知り、右のグラフを見つけました。「高度経済成長期」とはど

ステップ 2

〉情報を読み取って考える

判断力 ☆☆☆
思考力 ☆☆☆
表現力 ☆☆☆

んな時期ですか。㋔～㋗の［　　］にあてはまることばを書きましょう。また、その時期を年表のＡ～Ｃから１つ選んで、記号で答えましょう。

高度経済成長期には、［㋔］が急速にのび、［㋕］の発展にともなって、人々のくらしに余裕ができ、［㋖］や［㋗］が家庭に広まりました。

㋔ [例]工業生産額　㋕ 経済　㋖ [例]電化製品

㋗ [例]自動車　記号 Ｂ

※㋖、㋗は順番がちがっても正解です。

かずと：東京 2020 のオリンピックで授与されたメダルは、リサイクルなんだって。

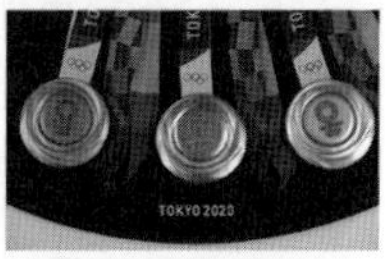
TOKYO 2020

さくら：えっ、どういうこと？

かずと：「（　　）からつくる！みんなのメダルプロジェクト」というらしい。使わなくなった携帯電話や小型家電を集めて、そこから取り出した金属でメダルをつくったと聞いたよ。

さくら：どれくらいつくれたの？

かずと：必要な 5000 個のメダルはできたらしいよ。使わなくなった携帯電話や小型家電などにふくまれる金の量は、日本が世界１位だというデータがあるよ。

おもな資源国の金のまい蔵量の比かく

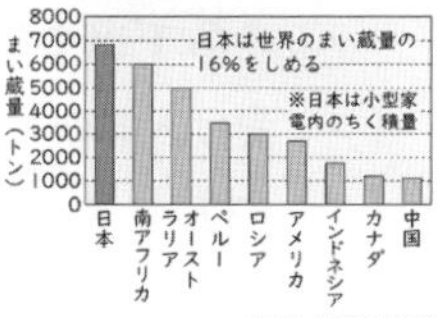
まい蔵量（トン）
8000
7000
6000
5000
4000
3000
2000
1000
0
日本は世界のまい蔵量の16%をしめる
※日本は小型家電内のちく積量
日本
南アフリカ
オーストラリア
ペルー
ロシア
アメリカ
インドネシア
カナダ
中国

（物質・材料研究機構）

（4）（　）にあてはまることばを、次のア～ウから１つ選んで、記号で答えましょう。

ア　海底鉱山　　イ　都市鉱山　　ウ　金鉱山

イ

[1]

(1) ㋐　それまで日本の国連加盟に反対していたソビエト連邦（現ロシア連邦）との間で、日ソ共同宣言に調印したことで、国際連合への加盟が実現しました。

㋑　返還後も、沖縄には広大なアメリカの軍事基地が残されています。

㋒　神戸市を中心に、死者約 6400 人という大きな被害をもたらしました。

㋓　東北地方から関東地方の太平洋沿岸部を中心に、大きな被害をもたらしました。

(2) ア　民法の改正により、男女平等による家族制度が定められました。

イ　日本国憲法の制定により、言論・思想の自由が保障されました。

ウ　地租改正は、明治政府が行った税制の改革です。

エ　ポツダム宣言を受け入れることで、軍隊は解散されました。

オ　1947 年に教育基本法とともに制定された学校教育法により、６・３制の義務教育が定められました。

カ　1940 年に成立した大政翼賛会により、すべての政党が解散していましたが、民主化政策により復活しました。

キ　1873 年、徴兵令により制度化された徴兵制度は、1945 年 11 月に終わりました。

(3) 1955 年から始まった日本の高度経済成長は、1973 年の石油危機まで続きました。

鉄鋼や自動車などの重化学工業が発展して工業生産額がのび、日本の経済は急速に発展しました。家庭では、電気洗たく機・電気冷蔵庫などの電化製品や自動車が広まり、人々の生活は豊かになっていきました。

(4) 都市鉱山を有効に活用するため、2013 年から「小型家電リサイクル法」が施行されています。

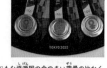

社会 8 昭和～現代

1 ひなさんとれんさんは、満州事変に始まり、1945年まで続いた戦争で、人々のくらしはどうなったのかを調べました。

ひ な：満州国をつくったあと、日本軍は中国本土に軍を進めているのね。

先 生：資料Ⅰを見ると、1937年に、日本軍は中国軍と（　）の郊外で㋐戦いを始め、それが各地に広がっていることがわかりますね。そのころ、㋑「満州は日本の生命線」といわれていました。

れ ん：資料Ⅱと、何か関係があるのかな。

【資料Ⅰ】戦争の広がり

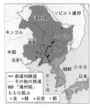

（1）（　）にあてはまる地名を書きましょう。

北京

（2）下線部㋐の戦いを何といいますか。

日中戦争

（3）下線部㋑の表す内容になるように、㋐、㋑の □ にあてはまることばを書きましょう。

満州には、日本に足りない資源が豊富で、日本から多くの会社が進出し、当時30万人以上の移民がいるなど、 ㋐ 的・ ㋑ 的のさまざまな面で、重要な地域と考えられていました。

【資料Ⅱ】満州の資源分布

・南満州鉄道
・その他の鉄道
「満州国」
おもな鉱山 ・金 ・鉄 ・石炭 ・銅

㋐ 例 **軍事** ㋑ 例 **経済**

※㋐、㋑は順番がちがっても正解です。

108

ステップ**3** ＞ 情報をもとに考えたことを表現する

判断力 ☆ ☆ ☆
思考力 ☆ ☆ ☆
表現力 ☆ ☆ ☆

2 ひなさんたちは、戦局が不利になってからの国内のようすについて、次の資料Ⅰ、Ⅱを見つけました。

【資料Ⅰ】 □ 女学生

【資料Ⅱ】 □ 小学生

（1）資料Ⅰでは「働き手」、資料Ⅱでは「空襲」ということばを使って、それぞれの □ にあてはまる写真の説明を、理由とともに書きましょう。

【資料Ⅰ】 例 **働き手が不足しているため、武器工場で働く女学生**

【資料Ⅱ】 例 **空襲をさけるために、学校単位で地方に疎開する小学生**

（2）1945年、連合国3国の名で日本に無条件降伏をうながす宣言を発表しています。この宣言を何といいますか。

ポツダム（宣言）

（3）右の写真は、日本政府が最終的に（2）の宣言を受け入れる要因の1つとなったできごとのあとの都市のようすです。このできごととは何ですか。2つの都市名を入れて、簡単に書きましょう。

例 **広島・長崎への原子爆弾の投下。**

109

---

1 （1）（2）1937年、北京郊外の盧溝橋で、日本軍と中国軍が衝突したことをきっかけとして、日中戦争が始まりました。この戦争は、国際法で定められている宣戦布告をしないまま始まり、日本と中国との全面戦争となりました。日中戦争が始まると、中国ではそれまで対立していた中国国民党と中国共産党が協力体制をとり、日本に対抗するようになります。

（3）1905年のポーツマス条約により日本は満州における鉄道の権利を得て、南満州鉄道株式会社をつくりました。この会社は、鉄道事業を行うだけでなく、軍事的に重要な、鉱山・製鉄業、港湾、電力供給を管理しました。また、ホテル業、航空会社の経営や、満州で産出する農産物すべてを支配下に置くなど、国内の経済にも深く関与していました。

2 （1）資料Ⅰ　戦争が長引くにつれて、成人男性の多くが兵隊として戦地に送られたため、国内での労働力が不足し、工業生産、食料生産の減少になやまされました。これを解消するため、中学生や女学生が労働力として、武器工場などで働くことが、強制されるようになりました。

資料Ⅱ　1944年からアメリカ軍による空襲が激しくなったため、空襲の対象となる都市部の児童の集団疎開（学童疎開）が始まりました。

（2）ポツダム宣言は、1945年7月26日に、アメリカ・イギリス・中国の3か国の名で出されました。日本政府がこれを受け入れたのは、1945年8月14日です。

（3）アメリカ軍は、1945年8月6日に広島、9日に長崎に、原子爆弾（原爆）を投下しました。この爆弾で、何十万人もの命がうばわれ、写真のように、まちはふき飛びました。

社会
9 世界の中の日本

1 次は、たくみさんとゆづきさんが、日本とつながりの深い国について集めた資料です。❶〜❻は国旗、地図は6か国の位置、資料Ⅰ〜Ⅵは日本とそれぞれの国との輸出入品の上位5位を示しています。

【資料Ⅰ】

日本への輸出	億円	日本からの輸入	億円
鉄鉱石	5541	機械類	1744
肉類	975	自動車部品	1045
とうもろこし	739	有機化合物	405
有機化合物	576	鉄鋼	255
コーヒー	496	金属製品	132
計	10825	計	4596

【資料Ⅱ】

日本への輸出	億円	日本からの輸入	億円
原油	27684	自動車	3022
石油製品	1128	機械類	664
有機化合物	451	鉄鋼	238
アルミニウム	358	自動車部品	202
銅くず	147	タイヤ・チューブ	161
計	30194	計	4889

【資料Ⅲ】

日本への輸出	億円	日本からの輸入	億円
石炭	18813	自動車	9846
液化天然ガス	15401	機械類	2590
鉄鉱石	10826	石油製品	1217
銅鉱	2599	タイヤ・チューブ	604
肉類	2038	自動車部品	301
計	57533	計	16745

【資料Ⅳ】

日本への輸出	億円	日本からの輸入	億円
機械類	20275	機械類	58854
医薬品	8645	自動車	35850
液化石油ガス	5021	自動車部品	8980
液化天然ガス	4723	科学光学機器	3834
肉類	4524	医薬品	2805
計	89156	計	148315

110

判断力 ☆☆☆
思考力 ☆☆☆
表現力 ☆☆☆

【資料Ⅴ】

日本への輸出	億円	日本からの輸入	億円
機械類	8961	機械類	21356
石油製品	5245	鉄鋼	5043
鉄鋼	3533	プラスチック	3430
有機化合物	1550	有機化合物	3107
プラスチック	1493	科学光学機器	2409
計	35213	計	57696

【資料Ⅵ】

日本への輸出	億円	日本からの輸入	億円
機械類	99843	機械類	80208
衣類	15823	プラスチック	10899
金属製品	7321	自動車	9440
織物類	5943	科学光学機器	7090
家具	5314	自動車部品	6771
計	203818	計	179844

（2023/24年版 日本国勢図会 統計年度は2021年）

（1）地図と資料Ⅰ〜Ⅵから読み取れることとして正しいものを、次のア〜エから1つ選んで、記号で答えましょう。
ア 地図を見る限り、日本とつながりの深い6か国は、すべてアジアの国である。
イ 6か国のうち、日本との貿易総額が最も多いのは、資料Ⅳの国である。
ウ 6か国のうち、日本への輸出額が日本からの輸入額を上回っている国は3か国である。
エ 資料Ⅱの国については、日本への輸出額の90%以上が原油である。

エ

（2）❶〜❻の国名を書き、それぞれにあてはまる資料を、資料中の下線部を参考に、Ⅰ〜Ⅵから1つずつ選んで、記号で答えましょう。

❶ 韓国	記号 Ⅴ	❷ アメリカ	記号 Ⅳ
❸ ブラジル	記号 Ⅰ	❹ サウジアラビア	記号 Ⅱ
❺ 中国	記号 Ⅵ	❻ オーストラリア	記号 Ⅲ

111

1

（1）ア ❶〜❻の国のうち、アジアに位置するのは❶の韓国（大韓民国）、❹のサウジアラビア、❺の中国（中華人民共和国）です。このうち、❶の韓国と❺の中国は東アジア、❹のサウジアラビアは西アジアに位置しています。❷のアメリカ（アメリカ合衆国）は北アメリカ、❸のブラジルは南アメリカ、❻のオーストラリアはオセアニアに位置しています。

ポイント 地図帳で日本とそれぞれの国の位置を確認しておこう。

イ 貿易総額の多い国は、多い順にⅥ→Ⅳ→Ⅴ→Ⅲ→Ⅱ→Ⅰとなります。

ウ 日本への輸出が日本からの輸入を上回っているのは、Ⅰ、Ⅱ、Ⅲ、Ⅵの4か国です。

エ Ⅱの国の日本への輸出の91.7%を原油（石油）がしめています。

（2）資料Ⅵは、下線部の輸出額・輸入額が、ともに6か国中で最大であるので、❺中国であることがわかります。

資料Ⅳは、下線部の輸出額・輸入額が、ともに6か国中で2番目に多いので、❷アメリカであることがわかります。

資料Ⅱは、下線部の原油を多く産出し、日本に多く輸出している❹サウジアラビアであることがわかります。

資料Ⅰは、下線部の肉類やコーヒーなどを日本に多く輸出している❸ブラジルであることがわかります。

資料Ⅲは、下線部の石炭や鉄鉱石などを日本に多く輸出している❻オーストラリアであることがわかります。

残りの資料Ⅴは、日本の隣国である❶韓国であることがわかります。

社会 9

世界の中の日本

1 れんさんとひなさんは、国際協力とはどんなことなのかを調べ、次の資料Ⅰ、Ⅱを見つけました。

【資料Ⅰ】青年海外協力隊の派遣実績るい計

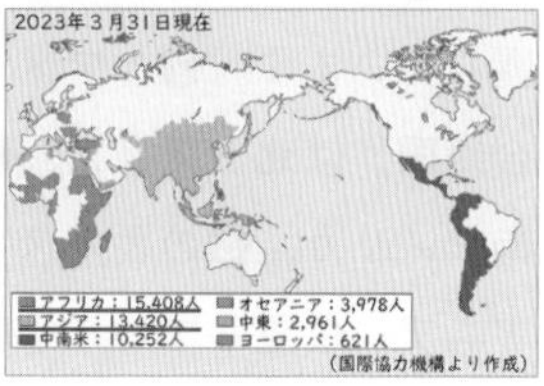
2023年3月31日現在
アフリカ：15,408人
アジア：13,420人
中南米：10,252人
オセアニア：3,978人
中東：2,961人
ヨーロッパ：621人

（国際協力機構より作成）

【資料Ⅱ】青年海外協力隊の分野別派遣実績

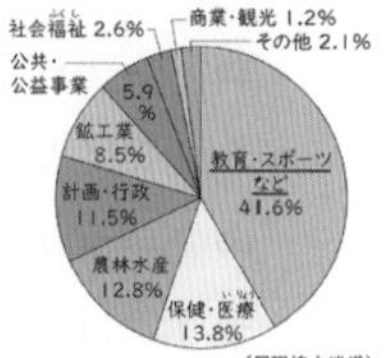
社会福祉 2.6%
商業・観光 1.2%
その他 2.1%
公共・公益事業 5.9%
鉱工業 8.5%
計画・行政 11.5%
農林水産 12.8%
保健・医療 13.8%
教育・スポーツなど 41.6%

（国際協力機構）

れん：国際協力ってよく聞くけど、何をするんだろう。

先生：国際社会全体の平和・安定・発展には、助け合うことが必要ですね。

ひな：支援が必要な国（発展途上国）を、（❶）をこえて支援することが必要ってこと？

先生：そうですね。政府が主体となって行うのが、政府開発援助（ODA）です。ODAは、国民の税金がおもな財源となっています。

ひな：（❷）は聞いたことがあるよ。NPOだったかな？

れん：NPOは非営利組織だよ。

ひな：ODAの実行機関は国際協力機構というんだよね。そういえば、となりに住んでいるお兄さんが、青年海外協力隊で活動しているよ。

（1）❶、❷の（　）にあてはまることばを書きましょう。ただし、❷はアルファベット3文字の非政府組織です。

❶ [例]国境　❷ NGO

（2）下線部の組織の略称を、アルファベットで書きましょう。

JICA

112

ステップ 2

情報を読み取って考える

判断力 ☆☆☆
思考力 ☆☆☆
表現力 ☆☆☆

（3）れんさんは、調べたことや資料Ⅰ、Ⅱから読み取ったことを、次のようにまとめました。㋐～㋒の□にあてはまることばを書きましょう。同じ記号の□には、同じことばが入ります。

青年海外協力隊の派遣先は、支援を必要としている国が多いからか、インドネシアをふくむ[㋐]、[㋑]、中南米の国が多いです。青年海外協力隊は、教育・[㋒]などの分野や保健・医療、農林水産の指導として多く派遣されています。また、[㋒]を通じた国際協力の取り組みによって、ここで指導を受けて、パラリンピックに出場した選手もいるということです。

㋐ アジア　㋑ アフリカ　㋒ スポーツ

（4）ひなさんは、ODAが必要な理由を、資料Ⅲを見て、次のようにまとめました。㋓～㋕の□にあてはまることばを書きましょう。

【資料Ⅲ】日本の食料自給率などの変化

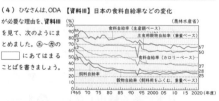

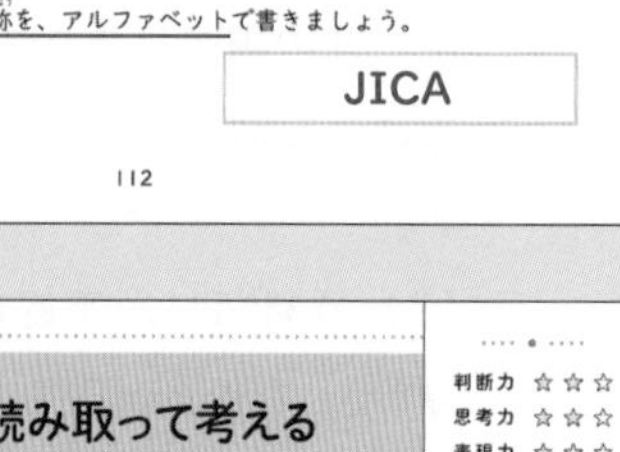
(%)
（農林水産省）
食料自給率（生産額ベース）
主食用穀物自給率（重量ベース）
食料自給率（カロリーベース）
飼料自給率
穀物自給率（飼料用をふくむ、重量ベース）
86
80
73
62
55
67
60
37
28
25
1965 70 75 80 85 90 95 2000 05 10 15 2020（年度）

日本は資源の少ない国です。エネルギー自給率は、わずか13%（2021年度）ほどで、最少に近い状況です。また、資料Ⅲより、食料自給率も、37%（2020年度）まで低下し、先進国の中では最低ラインです。いいかえると、日本が[㋓]や[㋔]などを安定供給するためには、安定して安全な輸入が必要です。輸入相手国の[㋕]を整えることが必要です。

㋓ [例]エネルギー　㋔ [例]食料　㋕ [例]環境

※㋓、㋔は順番がちがっても正解です。

113

1 （1）❶　問われているのは「国際協力とは？」です。2行目の先生のことば「国際社会全体」「助け合う」を目安に考えると、「こえる」必要があるのは、「国境」とわかります。「国」、「人種」、「民族」なども正解です。

❷　すぐあとの、れんさんのことばに着目しましょう。NGOは、貧困、環境、飢餓など、世界的な問題に取り組む民間の団体をいいます。日本語では「非政府組織」といい、おもに海外でNPO（非営利組織）と同じような活動をする組織です。日本では、世界的な課題に取り組む組織をNGO、おもに国内の課題に取り組む組織をNPOといいます。

（2）JICA（国際協力機構）は、日本のODAの実行機関です。

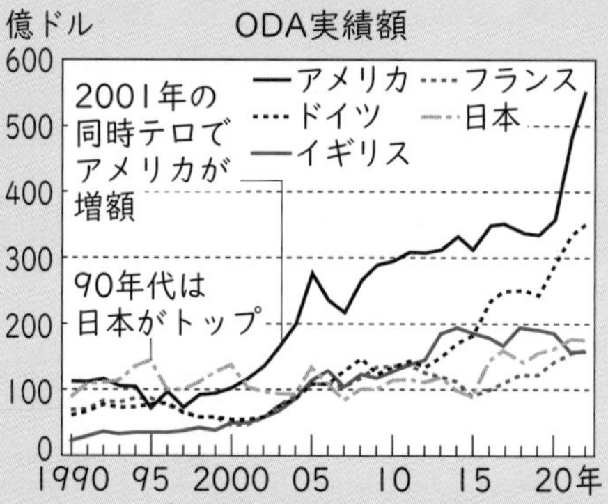
億ドル
ODA実績額
600
500
400
300
200
100
0
アメリカ
フランス
ドイツ
日本
イギリス
2001年の同時テロでアメリカが増額
90年代は日本がトップ
1990 95 2000 05 10 15 20年

（2023/24年版　世界国勢図会）

（3）㋐㋑　支援を必要としているのは、発展途上国に多く、青年海外協力隊は資料Ⅰからわかるように、アジア、アフリカ、中南米などへ派遣されています。2023年3月までに、93か国に、合計46,640名の隊員が派遣されています。

（4）日本は、エネルギー、食料ともに輸入大国です。輸入相手国の紛争や、気候変動は、輸入量に大きく響くことになります。安定した輸入量を確保するためには、相手国の環境が大切になります。

社会 9

世界の中の日本

1 さくらさんは、国際連合について、次のように調べました。

・[㋐]年 10 月に、51 か国の加盟国で設立されました。2023 年 9 月現在、日本をふくめ 193 か国が加盟しています。
・組織として、主要機関および、次の 15 の専門機関などがあります。

国連食糧農業機関(FAO)	国際民間航空機関(ICAO)	国際農業開発基金(IFAD)
国際労働機関(ILO)	国際通貨基金(IMF)	国際海事機関(IMO)
国際電気通信連合(ITU)	国連教育科学文化機関([㋑])	国連工業開発機関(UNIDO)
世界観光機関(UNWTO)	世界保健機関(WHO)	世界知的所有権機関(WIPO)
世界気象機関(WMO)	万国郵便連合(UPU)	世界銀行グループ(WBG)

・その他の機関の 1 つに国連児童基金([㋒])があります。

(1) ㋐~㋒の[ ]にあてはまる数やことばを書きましょう。

㋐ 1945 ㋑ UNESCO ㋒ UNICEF

(2) さくらさんは、国連児童基金の活動理念の基本になっている「子どもの権利条約」について調べたところ、右の 4 つの原則を見つけました。この権利を参考に、「子どもの権利条約」とはどのような条約か、30 字程度で書きましょう。

差別の禁止	子ども自身や親の人種、性、意見、障がい、経済状況などどんな理由でも差別されないこと。
最善の利益	「子どもにとって最もよいことは何か」を第一に考えること。
生命、生存、発達に対する権利	すべての子どもの命が守られ、もって生まれた能力を十分にのばして成長できるよう、医療、教育、生活への支援などを受けること。
意見の尊重	自由に意見を表すことができ、大人はその意見を子どもの発達に応じて十分に考慮すること。

[例]すべての子どもの生命と発達を、最大限確保することを義務づけた条約。

114

ステップ 3 > 情報をもとに考えたことを表現する

判断力 ☆☆☆
思考力 ☆☆☆
表現力 ☆☆☆

(3) 次の❶~❸は、国連児童基金の活動計画の一部です。❶~❸は、SDGsの 17 の目標(ゴール)のどれと結びつきますか。あてはまる目標の番号を書きましょう。

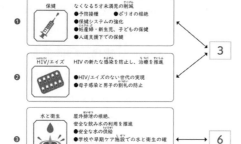

❶ 保健
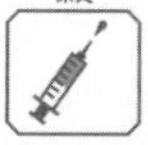
なくなる5才未満児の削減
●予防接種 ●ポリオの根絶
●保健システムの強化
●妊産婦・新生児、子どもの保健
●人道支援下での保健

❷ HIV/エイズ
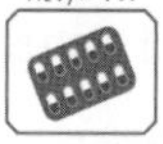
HIV の新たな感染を防止し、治療を推進
●HIV/エイズのない世代の実現
●母子感染と男子の割礼の防止

❶❷ → 3

❸ 水と衛生

屋外排泄の根絶、
安全な飲み水の利用を推進
●安全な水の供給
●学校や早期ケア施設での水と衛生の確保と衛生教育
●手洗い設備とトイレ
●人道支援下での水と衛生

❸ → 6

SDGs の 17 の目標(ゴール)

1 貧困をなくそう	7 エネルギーをみんなに そしてクリーンに	13 気候変動に具体的な対策を
2 飢餓をゼロに	8 働きがいも経済成長も	14 海の豊かさを守ろう
3 すべての人に健康と福祉を	9 産業と技術革新の基盤をつくろう	15 陸の豊かさも守ろう
4 質の高い教育をみんなに	10 人や国の不平等をなくそう	16 平和と公正をすべての人に
5 ジェンダー平等を実現しよう	11 住み続けられるまちづくりを	17 パートナーシップで目標を達成しよう
6 安全な水とトイレを世界中に	12 つくる責任つかう責任	

115

1

(1) ㋐ 国際連合は、第一次世界大戦後の 1920 年につくられた国際連盟が、第二次世界大戦をさけることができなかったことを教訓として、第二次世界大戦の戦勝国である5つの大国を中心に、1945 年6月にサンフランシスコで調印された国際連合憲章をもとに、同年 10 月に成立しました。日本がこの国際連合に加盟したのは、日ソ共同宣言に調印した 1956 年です。

㋑ 国連教育科学文化機関(ユネスコ)は、教育・科学・文化・通信を通じた世界平和と安全を目的として設立された専門機関です。本部はフランスのパリにあり、世界遺産に関する仕事は、この機関が行っています。

㋒ 国連児童基金(ユニセフ)は、1946 年に発展途上国の児童への食料・医薬品・医療などの援助を目的として設立された機関です。日本も第二次世界大戦後に、この機関から援助を受けています。

(2)「子どもの権利条約」は、18 才未満の人(=子ども)の基本的人権を保障するためにつくられた国際条約です。基本的な考え方は、「1 差別のないこと」「2 子どもにとって最もよいこと」「3 命を守られ成長できること」「4 子どもが意味のある参加ができること」の 4 つの原則で示され、子どもの命とその発育・発達を確保することを義務づけています。

(3) ❶の保健、❷の HIV/エイズは、「すべての人に健康と福祉を」という目標3の具体的ターゲットです。❸の水と衛生は「安全な水とトイレを世界中に」という目標 6 のターゲットの 1 つです。

持続可能な開発目標(SDGs)は、2015 年 9 月の国際連合のサミットで採択された「よりよい世界のために世界中の人が取り組む目標」です。

社会

まとめ問題

1 れんさんは、日本の歴史の中で気になるできごとをぬき出して調べることにしました。次の❶～❻は、古代から現在までの日本でおきたできごとを、年代順に並べたものです。〔1問　5点〕

れん

❶ 仁徳天皇陵古墳（大仙古墳）がつくられた。
❷ 東大寺の大仏が完成した。
❸ 織田信長が安土城を築く。
❹ 伊能忠敬の日本地図が完成する。
❺ 日本国憲法が公布された。
❻ 法律が改正され、選挙権年令が（　　）才になった。

（1）❶の仁徳天皇陵古墳のような形の古墳を何といいますか。

前方後円墳

（2）れんさんは、❷の「東大寺の大仏」について、次のようにまとめました。㋐～㋒の［　］にあてはまることばを書きましょう。㋒には「不安」「仏教」ということばを使って、15字程度で書きましょう。

奈良に新しい都［㋐］ができてしばらくすると、都に病気がはやり、また、各地に反乱や災害がおこるなど、社会全体に不安が広がりました。このころ即位した［㋑］は、［㋒］、政治を行うことを願い、東大寺に大仏をつくる命令を出しました。大仏の造立は国家の一大事業となり、完成には10年近い年月を要しました。

㋐ 平城京　㋑ 聖武天皇

㋒ [例]仏教の力で社会の不安を取り除き

（3）れんさんは、❷と❸の間に始まった文化を調べ、次の文化について

116

点

の㋐、㋑の文と、作品についての資料Ⅰ、Ⅱを見つけました。正しい組み合わせを、下のア～エから1つ選んで、記号で答えましょう。

あ　武士や貴族の間で茶を飲む習慣が広まった。書院造の床の間をかざる生け花もさかんになった。

い　貴族は寝殿造のやしきでくらし、囲碁やけまりなどが行われた。

【資料Ⅰ】

【資料Ⅱ】

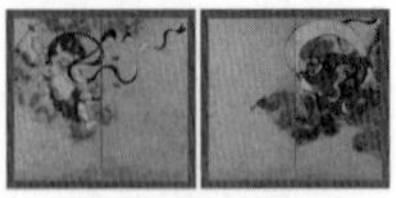

ア　文化－あ　作品－資料Ⅰ　　イ　文化－あ　作品－資料Ⅱ
ウ　文化－い　作品－資料Ⅰ　　エ　文化－い　作品－資料Ⅱ

ア

（4）❸の織田信長が、安土を拠点に天下統一を目指した理由を、れんさんは次のようにまとめました。右の地図を参考に、㋓、㋔の［　］にあてはまることばを書きましょう。

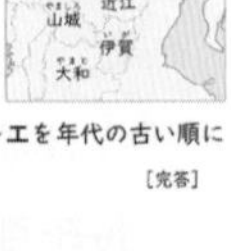

安土は［㋓］のほとりにあって、［㋔］の便が良く、都のある京都に近いからです。

㋓ 琵琶湖　㋔ [例]水上交通

（5）次のア～エは❸と❹の間のできごとです。ア～エを年代の古い順に並べかえ、記号で答えましょう。〔完答〕

ア　刀狩令が出される。
イ　杉田玄白らがオランダの医学書のほん訳『解体新書』を出版する。
ウ　豊臣秀吉が朝鮮半島に出兵する。
エ　参勤交代の制度ができる。

ア→ウ→エ→イ

問題は次のページに続きます。

117

1

（1） 仁徳天皇陵古墳（大仙古墳）のような形の古墳を、前方後円墳といい、円形と方形を組み合わせた形をしています。大規模な古墳の多くはこの形のものが多く、東北地方南部から九州地方にまで広く分布しています。

（2） ㋐　710年に都が移された平城京は、奈良盆地北部に位置し、大きさは東西約4.3 km、南北約4.8 kmで、碁盤目状に東西・南北に走る道路で区画されています。現在、復元・整備が行われ、朱雀門などが新たにつくられました。

㋑　聖武天皇は724年に天皇となり、国ごとに国分寺・国分尼寺をつくり、平城京に東大寺を建てて、そこに大仏を安置しました。

㋒　聖武天皇は、仏教を深く信仰しており、仏教（仏）の力を借りて、国民の不安を取り除こうと考えました。天皇が進めた大仏づくりには、多くの農民が動員されたほか、木材・銅など、ばく大な材料が必要とされたため、国民にとっては大きな負担となりました。

「仏教」「不安」のうち、どちらか一方しかない場合は×です。「社会」は、「国民」「人々」でも正解です。

（3） あは室町時代、いは平安時代の文化の説明です。資料Ⅰは室町時代に雪舟がえがいた水墨画（すみ絵）、資料Ⅱは江戸時代に俵屋宗達がえがいた屏風です。

（4） 安土は、京都と東国・北陸を結ぶ大きな道が通っているほか、琵琶湖を利用した水運にも恵まれた場所でした。

（5） アは1588年、イは1774年、ウは1592年と1597年、エは1635年のできごとです。

社会 まとめ問題

（6）❹と❺の間におきた「日清戦争」に関連する資料としてあてはまるものを、次のア〜エから1つ選んで、記号で答えましょう。

ア イ ウ エ

イ

（7）❺の日本国憲法が公布されたころに実施された改革として正しくないものを、次のア〜ケから1つ選んで、記号で答えましょう。

ア 軍隊の解散	イ 男女平等	ウ 独占的企業の解体
エ 労働者の権利の保障	オ 政党の復活	カ 言論・思想の自由の保障
キ 6・3制の義務教育制度	ク 25才以上の男子に選挙権	ケ 女性の参政権の保障

ク

（8）❻の（　）にあてはまる数を書きましょう。

18

2 日本国憲法と政治のしくみについて、次の問題に答えましょう。[1問 5点]

（1）右の資料は『あたらしい憲法のはなし』という、当時の文部省がつくった教科書の一部です。資料の下線部は、憲法の三つの原則のうち、どれにあたりますか。

平和主義

こんどの憲法では、日本の国が、決して二度と戦争をしないように、二つのことを決めました。一つは、兵隊も軍艦も飛行機も、およそ戦争をするためのものは、いっさいもたないということです。（中略）もう一つは、よその国と争いごとがおこったとき、決して戦争によって、相手を負かして、自分の言い分を通そうとしないと決めたのです。

118

（2）政治のしくみを、次のように図にしました。図中の❶〜❻にあてはまるものを、下のア〜カから1つずつ選んで、記号で答えましょう。

ア 世論　イ 選挙　ウ 国民審査
エ 裁判官をやめさせるかどうかの裁判を行う
オ 内閣総理大臣の指名、内閣不信任の決議
カ 最高裁判所長官の指名、その他の裁判官の任命

❶オ ❷エ ❸カ ❹イ ❺ア ❻ウ

3 次の❶、❷のカードは、ひなさんが身近な国についてまとめたものです。カードを読み取って、あてはまる国名を書きましょう。[1問 5点]

面積：8,510 千km²	面積：2,207 千km²
人口：2億1531 万人（2022 年）	人口：3641 万人（2022 年）
首都：ブラジリア	首都：リヤド
おもな言語：ポルトガル語	おもな言語：アラビア語・英語
あいさつ：ボアタルデ（こんにちは）	あいさつ：アッサラームアライクム（こんにちは）
日本へのおもな輸出品：鉄鉱石・とうもろこし・肉類	日本へのおもな輸出品：原油・石油製品

❶ ブラジル　❷ サウジアラビア

119

（6）ア　日露戦争に関する地図です。日本海海戦に勝利したことが、日本を勝利に導く大きなきっかけとなりました。

イ　日清戦争に関する地図です。

ウ　太平洋戦争に関する地図です。ハワイ、マレー半島を奇襲攻撃して、太平洋戦争が始まりました。

エ　日中戦争に関する地図です。1937年7月7日に、日本軍と中国軍が北京郊外の盧溝橋で軍事衝突したことがきっかけとなり、日本と中国の全面戦争となりました。

（7）ク　日本国憲法が公布された時点で、選挙権は、満20才以上のすべての男女にあたえられました。

（8）2015年6月に公職選挙法が改正され、それまで満20才以上であった選挙権が、満18才以上と改められました。

2 （1）平和主義は、日本国憲法の前文と第9条により明確に規定されています。

（2）アの世論は、国民の内閣に対する意思の表明（❺）です。イの選挙は、国民が国会議員を選ぶという主権の行使（❹）になります。ウの国民審査は、国民による裁判所への抑制の働きかけ（❻）です。エは、裁判所に対する国会からの監視・抑制の働きかけ（❷）、オは国会から内閣への働きかけ（❶）になります。カは、内閣が裁判所に対して行います（❸）。

3 ❶　ブラジルの面積は、日本の20倍以上あります。その首都名がヒントになるでしょう。鉄鉱石の産出量が多く、日本の鉄鉱石の輸入先としては、オーストラリアに次いで2番目です。

❷　世界有数の産油国であるサウジアラビアです。日本への輸出のほとんどが石油関連という点に注目しましょう。